DASH:

Stijlkamers / Interiors on Display

Delft Architectural Studies on Housing

Editorial

The cover of this issue of *DASH* shows a home interior that was exhibited in Berlin in 1952, at the exhibition 'Wir bauen ein besseres Leben' / 'We're Building a Better Life'. In this model interior, which was designed like a brilliant white laboratory, American actors showed the audience that had flocked to Berlin how you were supposed to live in this kind of house. An expert in a white coat, who towered above the drab audience, was on hand to explain the house, and what the actors were doing.

Like no other picture, this photograph shows how the housing interior has been seized upon in the modern era as a tool in emancipatory and political processes (from both the outside in and from the inside out) that have dramatically changed the dwelling landscape. With the rise of mass housing in the previous century, dwelling undeniably became an architectural task, and the interior has played an important role in this process.

Yet one can also ask whether the home interior can indeed be seen as an architectural project. After all, within the four walls of one's own house, the resident will go his own way, unseen and undisturbed, with the walls separating the private from the public. The house is furnished and customized to one's own needs, and is decorated with the paraphernalia of everyday life and the memories of the past. Despite this personal dimension, history has shown that the home interior has also always been linked to representation, and that makes it by definition an architectural assignment: just think of the interiors of large houses and noble palaces. The rise of mass housing over the past 100 years concentrated on dwelling as an architectural task, and that created the space for the home interior to also be an architectural assignment, one that has since overtaken the noble elite and the decorative. Nowadays it seems that every interior is considered an 'architectural' project, or better yet a 'design' project: just take a look at any magazine kiosk to see how dwelling consumers are inundated with information on the latest trends. The interior seems more than ever to have become an instrument by which an individual presents himself to the world, much in the way that fashion is also such an instrument.

For *DASH*, this focus on the home interior is interesting because (in)explicitly formulated ideas about the interior always play a role, and always have done, in the design of homes; this is true not only in the design of private houses, but also of mass housing. The transfer of these ideas primarily took place, and still takes place, through the interiors themselves, which are publicized by the media (books, magazines, newspapers, television, films, exhibitions, department stores, catalogues, home design blogs). Some of these interiors are specially made to express a specific view about dwelling and architecture. In this issue of *DASH*, we explicitly focus on these exhibited home interiors, which we call 'interiors on display'. We examined 15 of these rooms from the last century: interiors that were never inhabited, but that were exhibited at exhibitions and fairs. In most cases, the interiors were broken down, and only live on in the form of drawings and/or photographs. Leading up to this documentation, five essays and an interview offer different perspectives on the idea of the interior as an architectural assignment, as a commercial object and as a tool in creating artistic, avant-garde and cultural reflections on society. This issue of *DASH* thus presents a small cross section of more than 100 years of dwelling, in the context of the rapidly changing (Western) society, and shows how these developments have been architecturally projected onto the interior.

Redactioneel

De omslag van *DASH* nr. 11 toont een woninginterieur dat in 1952 tentoongesteld werd in Berlijn op de tentoonstelling 'Wir bauen ein besseres Leben' / 'We're Building a Better Life'. In dit modelinterieur, vormgegeven als een stralend wit laboratorium, deden Amerikaanse acteurs aan het toegestroomde Berlijnse publiek voor hoe er gewoond moest worden in een dergelijk huis. Een deskundige in witte jas, die boven het grauwe publiek uittorende, voorzag het huis en de handelingen van de acteurs van uitleg.

Als geen ander beeld toont deze foto hoe het woninginterieur in de moderne tijd is aangegrepen als instrument in emancipatoire en politieke processen, van buiten af én van binnen uit, die het wonen drastisch hebben veranderd. Met de opkomst van de massawoningbouw in de vorige eeuw is het wonen onmiskenbaar een architectonische opgave geworden en het interieur speelt daarbij een belangrijke rol.

Men kan zich echter afvragen of het woninginterieur wel een architectonische opgave kan zijn. Binnen de vier muren van het eigen huis gaat de bewoner immers zijn gang, ongezien en ongestoord, waarbij de muren het private van het publieke scheiden. Het huis wordt ingericht en aangepast naar eigen wensen, gedecoreerd met de parafernalia van het dagelijks leven en de herinneringen aan het verleden. Dit persoonlijke ten spijt, laat de geschiedenis zien dat het wooninterieur ook altijd aan representatie verbonden is en daarmee per definitie een architectonische opgave: denk alleen al aan de interieurs van grote woonhuizen en adellijke paleizen. De opkomst van de massawoningbouw in de laatste 100 jaar heeft het wonen als architectonische opgave centraal gesteld en daarmee ook aan het woninginterieur de ruimte gegeven om een opgave te worden, die de adellijke elite en het decoratieve voorbij is gestreefd. Tegenwoordig lijkt ieder interieur gezien te worden als 'architectonisch', of beter nog, 'design'-project: men hoeft slechts in een willekeurige kiosk rond te kijken om te zien hoe de woonconsument overspoeld wordt met informatie over de laatste trends. Het interieur lijkt meer dan ooit een middel geworden waarmee een individu zichzelf aan de wereld presenteert, zoals de mode dat ook doet.

Voor *DASH* is deze aandacht voor het woninginterieur interessant, omdat al dan niet expliciet geformuleerde ideeën over het interieur altijd een rol spelen (en gespeeld hebben) bij het ontwerpen van woningen, niet alleen bij het ontwerp van privé woonhuizen, maar ook binnen de massawoningbouw. De overdracht van deze ideeën vond (en vindt) voornamelijk plaats via de interieurs zelf, die door de media (boeken, tijdschriften, kranten, televisie, films, tentoonstellingen, warenhuizen, catalogi, woon-blogs) publiek gemaakt worden. Een deel van deze interieurs is speciaal gemaakt om een specifieke opvatting over wonen en architectuur uit te drukken. Op deze tentoongestelde woninginterieurs, die we hier 'stijlkamers' noemen, richten we ons in dit nummer van *DASH*.

Voor dit nummer hebben we 15 stijlkamers onderzocht uit de afgelopen eeuw, interieurs die nooit zijn bewoond, maar wel getoond op tentoonstellingen en beurzen. In de meeste gevallen zijn de interieurs weer afgebroken en restten alleen tekeningen en/of foto's. Voorafgaand aan deze documentatie bieden vijf essays en een interview verschillende perspectieven op het interieur als architectonische opgave, als commercieel object, en als instrument in kunstzinnige, avant-gardistische en culturele reflecties op de maatschappij. *DASH* biedt daarmee een kleine dwarsdoorsnede over 100 jaar wonen in de context van de sterk veranderende (westerse) samenleving en laat zien op welke manier dit architectonisch geprojecteerd is in het interieur.

Hans Teerds

Lebensraum
Lebensraum

Notities over Hannah Arendt en het private domein
Notes on Hannah Arendt and the Private Realm

Adolf Loos, woonhal landhuis Khuner, 1930
Adolf Loos, living hall of the Khuner house, 1930

1

In haar roman *The Fountainhead* (1943) brengt de Amerikaanse filosofe Ayn Rand binnen vier pagina's een interieur ter sprake: de studentenkamer van de hoofdpersoon, architect Howard Roark. Dat er zo snel een interieur aan de orde komt, is op zijn minst een teken van het belang ervan, niet alleen voor schrijvers van romans, maar zeker ook in het alledaagse leven. Kennismaken met een ons onbekend interieur maakt veel duidelijk over de bewoner. Niet alleen de voor de hand liggende zaken als wat voor meubels in welke stijl zich in het interieur bevinden (van IKEA of uit Milaan), en welke boeken er in de kast staan (als er überhaupt een boekenkast is), maar het vertelt ook iets over het leven zelf dat er geleefd wordt. Bovendien daagt een interieur ook uit: het vraagt de bezoeker zich te verhouden tot de bewoner, juist omdat het een alledaagse en in zekere zin gedeelde omgeving is, die herkenning of vervreemding oproept.

Voor Rand is het interieur een van de instrumenten om te belichten wat voor figuur haar hoofdpersoon nu eigenlijk is. De roman begint met Roark als hij net geschorst is van zijn architectuuropleiding. Voor de deur van haar huis staat zijn hospita hem op te wachten.

> Mevrouw Keating had nooit het gevoel gehad dat Roark er echt woonde. Geen enkel voorwerp had hij toegevoegd aan de noodzakelijke meubels waarmee ze de kamer had ingericht: geen foto's, geen vlaggen, geen enkel spoor van menselijke aanwezigheid. Alleen zijn kleren en tekeningen had hij meegenomen naar zijn kamer.[1]

Er komen meer interieurs aan bod in *The Fountainhead*, sommige gedomineerd door boeken, andere expressief gebeeldhouwd, soms is het een enorme rommel, of is juist alles perfect in stijl en balans. Het interieur is afwisselend een teken van intellect, van een (would-be) publieke figuur, een mislukte kunstenaar, of een goed ontwikkelde stijl. Nergens is het echter zo kaal, sober en onpersoonlijk als bij Roark. Hij is dan ook de meest onafhankelijke en doelgerichte figuur in de roman, en het interieur onderstreept dat. Er zijn geen persoonlijke eigendommen, er is geen familie in beeld, er is zelfs geen verleden waaraan herinnerd wordt. En dus staan er geen portretten op de schoorsteenmantel, hangen er geen aandenkens aan mooie gebeurtenissen aan de muur, laat staan afbeeldingen van zijn helden boven de tekentafel. Roark is vrij, er is niets dat hem bindt, en het interieur van zijn kamer toont die vrijheid in het gebrek aan persoonlijke *touch*.

Het lege interieur is één van de hints in het verhaal dat de figuur van Roark utopische lading heeft, zoals dat ook het geval is met de stichting van het nieuwe Atlantis, dat in het slot van Rand's invloedrijke roman *Atlas Shrugged* (1957) wordt beschreven.[2] In *The Fountainhead* gebruikt Rand Roark als commentaar op algemeen menselijke verhoudingen, vooral wanneer ze hem afzet tegen mede-architect Peter Keating (inderdaad, de zoon van Roark's hospita) die altijd op zoek is naar de juiste carrièrekansen en ongekend zenuwachtig is over wat mensen 'er wel niet van vinden'. Keating stijgt op de maatschappelijke ladder van succes en aanzien, maar verliest daarmee ook zijn vrijheid en integriteit. Voor Roark geldt het tegenovergestelde. Er is maar één architect die hem iets kan leren, en die is in de ogen van het publiek mislukt. Zelf weigert hij opdrachten als opdrachtgevers hem vragen rekening te houden met 'het publiek'. Hij gaat nog liever in een steengroeve werken dan dat hij slecht werk aflevert bij een andere architect. Hij krijgt succes en erkenning, maar die volgen pas na strijd en volharding. Met andere woorden: hij durft door de pijn heen te bijten, en als het moet ook pijn te doen, om een hoger ideaal te verwezenlijken. Een dergelijke figuur heeft geen bezit nodig, geen interieur

1

In her novel *The Fountainhead* (1943), American author and philosopher Ayn Rand describes an interior within the first four pages: the student room of her protagonist, architect Howard Roark. This early introduction of an interior is an indication of its importance, in novels as much as in daily life. A previously unfamiliar interior can tell us a great deal about its occupant, and not just the obvious things like the style of furniture he or she has chosen (from IKEA or Milan) or what books are displayed in the bookcase (if there is a bookcase at all). It also reveals something about the life being lived there. And an interior also poses a challenge: it invites the visitor to relate to the occupant, precisely because it is an everyday and in some sense a shared environment, which evokes either recognition or alienation.

Rand uses the interior as a mechanism with which to shed light on her protagonist's character. The novel opens just after Roark has been suspended from his architecture degree. His landlady is waiting for him in front of her house.

> Mrs. Keating had never had the feeling that Roark really lived there. He had not added a single object to the bare necessities of furniture which she had provided; no pictures, no pennants, no cheering human touch. He had brought nothing to the room but his clothes and his drawings.[1]

This is not the only interior described in *The Fountainhead.* Some are dominated by books, others have sculptural touches; some are extremely messy, others exude a sense of perfect style and harmony. The interior represents, in turn, intellect, a (would-be) public figure, a failed artist or a sophisticated style. But nowhere is it as bare, sober and impersonal as in Roark's room. He is the most independent and purposeful character in the novel, and the interior underlines this. It contains no personal possessions; there is no sign of family, not even any reminder of the past. And so there are no portraits on the mantelpiece, no mementos of happy times on the wall, let alone pictures of his heroes above the drawing board. Roark is free, there is nothing that binds him, and the interior of his room reflects that freedom in its lack of a personal touch.

The empty interior hints at the fact that the figure of Roark carries a utopian charge, as did the founding of the new Atlantis, described at the conclusion of Rand's influential novel *Atlas Shrugged* (1957).[2] In *The Fountainhead*, Rand uses Roark to comment on human relationships, especially when she compares him to fellow architect Peter Keating (that's right, the son of Roark's landlady) who is always looking for career opportunities and is incredibly anxious about what people 'might think'. Keating climbs the social ladder of success and prestige, but loses his freedom and integrity in the process. Roark does the exact opposite. There is only one architect who can teach him anything, and he is a failure in the eyes of the public. Roark refuses assignments when clients ask him to take 'the public' into account. He would rather work in a stone quarry than deliver shoddy work for another architect. He achieves success and recognition, but only after a lengthy struggle and perseverance. In other words: he grits his teeth through the pain, and will even cause pain if necessary, in order to achieve a higher ideal. Such a figure needs no possessions, no interior that mediates between him and the world, that furnishes him with a 'home', while at the same time fencing him into the world he is fighting. The only thing that really matters is his most personal 'possession', his creativity – and as long as he clings to that it cannot be taken from him. And that is what is expressed by that initial description of his student

dat bemiddelt tussen hem en de wereld, een 'thuis' verschaft, maar hem tegelijkertijd ook vasthoudt door hem in te kapselen in de wereld waartegen hij strijdt. Het enige wat er echt toe doet, is zijn meest persoonlijke 'bezit', zijn creativiteit – en zolang hij daaraan vasthoudt, kan hem die niet ontnomen worden. Juist dat komt tot uitdrukking in die allereerste beschrijving van zijn studentenkamer: alle persoonlijke verbanden zijn geëlimineerd, enkel zijn stapel tekeningen (en kleding) trekt de aandacht.

2

In tal van utopieën en dystopieën is het eigen huis, en de daaraan verbonden idee van privacy verdacht. 'Thuis' zijn in deze wereld moet voorkomen worden, privacy is afgeschaft of beperkt, en bezit moet worden gedeeld met de hele gemeenschap – immers, wie het te comfortabel heeft, krijgt andere doelen; eigen bezittingen ondermijnen de toewijding aan de publieke zaak, en wie weet wat er niet uitgespookt wordt achter gesloten deuren![3] De Duits-Amerikaanse filosofe Hannah Arendt heeft ongekend fel gereageerd op dit idee, waarvan ze de echo traceerde in het gedachtegoed van Karl Marx en de totalitaire experimenten in communistisch Rusland. Juist voor de toewijding aan de wereld, stelde ze, is een privaat domein én privaat bezit noodzakelijk.

Arendt wordt alom gezien als degene die in de twintigste eeuw de problematiek van het publieke domein in het filosofisch debat heeft geïntroduceerd, vrijwel op de voet gevolgd door de Duitse filosoof Jürgen Habermas. Habermas publiceerde in 1962 zijn studie *Strukturwandel der Öffentlichkeit*, waarin hij stelt dat veranderingen in de privésfeer van de burgerij in de zeventiende en achttiende eeuw leidden tot het ontstaan van de publieke sfeer. Concreet: door een andere organisatie van werk en huishouden kreeg de burgerij (om eerlijk te zijn: het mannelijke hoofd van het huishouden) 'vrije tijd': om een salon of koffiehuis te bezoeken en, gestimuleerd door de opkomende pers, te discussiëren over actualiteiten. Volgens Habermas ontworstelde de samenleving zich hierdoor aan het feodale bestel. De publieke discussie over actualiteit vormde een nieuwe sfeer in de maatschappij, tussen feodale staat en markt in. Met andere woorden, de publieke sfeer betrof de ruimte voor uitwisseling van ideeën en overtuigingen, ruimte voor het maatschappelijk gesprek en voor de ontwikkeling van een publieke opinie, die niet gedomineerd werd door overheidsbemoeienis of vatbaar was voor marktwerking.[4] Integendeel: de beide sferen van overheid en markt moesten zich leren verhouden tot deze nieuwe publieke sfeer.

Arendt publiceerde vier jaar vóór Habermas' *Strukturwandel* haar boek *The Human Condition*, dat aanvankelijk bedoeld was als kritiek op het gedachtegoed van Karl Marx. Gaandeweg richtte ze haar pijlen op Marx' focus op 'arbeid' en de 'arbeider', en het idee dat de sleutel tot een oplossing van de klassenstrijd in 'arbeid' gevonden kan worden. Het boek behelst, zoals ze eenvoudigweg stelt, 'niet meer te zijn dan nadenken over wat wij doen',[5] en dat was heel wat meer dan 'arbeiden' alleen. Aan arbeid voegde ze 'werk' en 'handelen' toe, waarbij haar aandacht vooral op de laatste categorie is gericht. De mens is niet alléén op aarde. Er zijn mensen, in meervoud, die bovendien van elkaar verschillen. Het is deze conditie van pluraliteit die de grondslag is van het politieke handelen en spreken. Arendt plaatst dit politieke handelen nadrukkelijk in relatie (maar vooral in oppositie) tot het menselijke arbeiden en werken, begrippen die in alledaags taalgebruik door elkaar heen lopen, maar die volgens haar van elkaar onderscheiden moeten worden. Arbeiden behelst alles wat noodzakelijk is om in leven te blijven, terwijl werken de activiteit is van de ambachtsman:

room: all personal connections have been eliminated, so only his stack of drawings (and clothes) demand our attention.

2

In many utopias and dystopias, private home ownership, and the corresponding idea of privacy, is suspect. Being 'at home' must be avoided in such a world. Privacy has been abolished or restricted, and possessions must be shared with the community at large – after all, those who become too comfortable may start pursuing different goals. Private property undermines commitment to the public good, and who knows what people get up to behind closed doors![3] German-American philosopher Hannah Arendt fiercely criticized this notion, echoes of which she traced back to the theories of Karl Marx and the totalitarian experiments in communist Russia. A private domain and private property, she argued, are actually indispensable to commitment to the world.

Arendt is generally credited with introducing the issue of the public realm into the twentieth-century philosophical debate, followed almost immediately by German philosopher Jürgen Habermas. In 1962 Habermas published his study *Strukturwandel der Öffentlichkeit* (The Structural Transformation of the Public Sphere), in which he argues that changes to the bourgeoisie's private sphere in the seventeenth and eighteenth centuries led to the emergence of the public sphere. More specifically: a different organization of work and household gave the bourgeoisie (or to be fair: the male head of the household) 'leisure time': the time to visit a salon or coffeehouse and, stimulated by the rise of the press, to discuss current affairs. Habermas claims that this enabled society to wrest itself from the feudal system. Public debate about current affairs created a new sphere in society, somewhere between feudal state and market. In other words, the public sphere comprised the space for the exchange of ideas and beliefs, space for social conversation and for the development of a public opinion, which was neither coloured by government intervention nor susceptible to market forces.[4] On the contrary: the twin spheres of government and market had to learn to relate to this new public sphere.

Four years prior to Habermas's *Strukturwandel*, Arendt published her book *The Human Condition*, which was initially intended as a critique of Karl Marx's ideas but gradually began to home in on Marx's focus on 'labour' and the 'labourer', and the notion that 'labour' might provide the key to a solution to the class struggle. The book sets out to do, as she puts it simply, 'nothing more than to think what we are doing',[5] and that is a whole lot more than 'labour' alone. To labour she adds 'work' and 'action', and she goes on to concentrate primarily on the latter category. Man is not alone in this world. The world is occupied by men, plural, who differ from one another. It is this condition of plurality that forms the foundation of political action and speech. Arendt places this political action explicitly in relation (but especially in opposition) to human labour and work, concepts that tend to overlap in every usage, but which she believes ought to be differentiated. Labour encompasses everything that is necessary for the sustenance of life, while work is the activity of the artisan: it produces long-lasting products that give life structure and embed it in the world. Labour and work are part of private life, she argues, political activities are part of public life.[6] So Arendt makes a distinction between the nature of the activities people engage in; they have either a public or a private character.[7] At the same time it is clear – and Arendt stresses this – that private activities (can) have a major impact on the public realm. Without 'things' (that is: the products of human work) politics is pointless. Things lend the world its permanence, and the transience of the business of politics makes sense only in the context of such longevity.

het produceert producten met een lange levensduur, die het leven structureren en inbedden in de wereld. Arbeid en werk behoren tot het private leven, stelt ze, de politieke activiteiten tot het publieke.[6] De grens die Arendt trekt, ligt dus in de aard van de activiteiten die mensen ontplooien; ze hebben ofwel een publiek, ofwel een privaat karakter.[7] Het is tegelijk wel duidelijk – en dat onderstreept Arendt ook – dat de private activiteiten grote impact (kunnen) hebben op het publieke domein. Zonder 'dingen' (dat is: de resultaten van het menselijk werken) heeft politiek geen zin. Het zijn de dingen die de wereld haar permanentie geven, en alleen in de context van een dergelijke lange duur heeft de vluchtigheid van het politieke bedrijf zin.

Hoewel Arendt dus prioriteit geeft aan het publieke domein, speelt het private domein in haar analyse wel degelijk een (hoewel onderschatte) rol. Arendt heeft actief hieraan bijgedragen door te benadrukken dat een leven dat enkel in het private domein geleefd wordt, en dus niet deelneemt aan het publieke domein, niet volwaardig menselijk genoemd kan worden. Een mens, met andere woorden, komt slechts tot zijn volle recht wanneer hij deelneemt aan het publieke leven.[8] Arendt neemt hier het begrip privé in zijn oorspronkelijke betekenis van privatief: uitgesloten zijn. Wie enkel binnen het private domein blijft, is uitgesloten van dat wat de mens tot mens maakt.[9] De cruciale gedachte is hier dat slechts wat door anderen wordt gezien en gehoord, ook werkelijk gestalte krijgt. Wat in het openbaar verschijnt en van vele kanten kan worden gezien en door vele oren kan worden gehoord, krijgt een zekere objectiviteit; dat wat verborgen blijft, rest subjectiviteit.

Arendt benadrukt echter ook dat het publieke domein niet zou kunnen bestaan zonder het private domein. Ze wijst op minstens drie belangrijke aspecten van het private domein. Het eerste is het belang van privaat bezit. Arendt's model van publiek en privaat is gebaseerd op de Griekse en Romeinse *polis*, met de agora als ultieme publieke ruimte en het politieke debat als ultieme publieke praktijk.[10] Hoewel dit debat in de openbaarheid en voor het gehoor van ieder die dat maar wilde werd gevoerd, was participatie in het debat slechts toegestaan voor huiseigenaren. Zonder eigen huis en huishouden werd men niet erkend als burger van de stad. Arendt benadrukt hier om te beginnen het belang van het huishouden: alleen zij die vrijgesteld waren van de dagelijkse beslommeringen (omdat ze vrouw, kinderen en slaven hadden die dit voor hun rekening konden nemen), konden zich wijden aan de polis. Het publieke domein is het domein van de vrijheid, het private domein dat van de noodzakelijkheid en, niet te vergeten, van het zwoegen om aan die noodzakelijkheden te voldoen.[11] Wie niet aan de vrijheid toekomt, wie slechts bezig is met de noodzakelijkheden van het leven, is in Arendt's ogen dus nog niet tot het werkelijke mens-zijn doorgedrongen. Die blijft verstoken van de participatie buiten het eigen subjectieve domein.

Omgekeerd geldt echter ook, en dat is het tweede punt dat Arendt maakt: een leven dat zich slechts in het helle licht van het publieke domein afspeelt, vervaagt. Het verliest zijn diepte, zijn vermogen aan de wereld te verschijnen. Het heeft het private domein nodig om op adem te komen, gevormd te worden, om daarna weer in het openbaar te kunnen verschijnen en te participeren.[12] Het duister, hoewel dat negatief klinkt, betekent vooral dat iets aan het zicht onttrokken is, en daardoor beschermd is tegen de continue maalstroom van het publieke leven.

> Deze vier muren, waarbinnen het privéleven wordt geleefd, vormen een schild tegen de wereld en specifiek tegen de publieke aspecten van de wereld. Ze begrenzen een veilige plek, zonder

So although Arendt prioritizes the public realm, the private realm certainly plays a role, albeit an underrated one. Arendt has actively contributed to this by stressing that a life lived only in the private realm, that is, one that has no role in the public realm, cannot be seen as fully human. In other words, a human being only comes into his own when he participates in public life.[8] Arendt interprets the concept of private here in its original meaning of privative: being deprived. Those who dwell only within the private realm are deprived of what makes a human being a human being.[9] The crucial idea here is that only what is seen and heard by others constitutes reality. What appears in public and can be observed and heard by many acquires a certain objectivity; that which remains hidden has only subjectivity.

However, Arendt also stresses that the public realm could not exist without its private counterpart. She highlights at least three important aspects of the private realm. The first is the importance of private property. Arendt's model of public and private is based on the Greek and Roman *polis*, featuring the agora as the ultimate public space and the political debate as the ultimate public practice.[10] Although this debate was conducted in public and free to be listened to by anyone who was interested, participation in the debate was the prerogative of home owners. Without a house and a household, one was not recognized as a citizen of the city-state. Arendt highlights the importance of the household: only those who were free from the necessities of life (because they had a wife, children and slaves who could take care of these) were in a position to devote themselves to the city-state. The public realm is the domain of freedom; the private realm that of necessity and, not to forget, of the drudgery to tend to those necessities.[11] Those who have not yet gained this freedom, who are ruled by the necessities of life, have in Arendt's view not yet arrived at true humanity. They are deprived of participation outside their own subjective domain.

But conversely, and this is Arendt's second point, a life lived exclusively in the bright glare of the public realm will fade. It will lose depth, its ability to appear into the world. It needs the private realm to recover, to reform, in order to reappear and participate in public again afterwards.[12] Although it may sound negative, darkness means first and foremost that something has been hidden from view, and is therefore shielded from the continuous maelstrom of public life.

> These four walls, within which people's private life is lived, constitute a shield against the world and specifically against the public aspect of the world. They enclose a secure place, without which no living thing can thrive. This holds good . . . for human life in general. Wherever the latter is consistently exposed to the world without the protection of privacy and security its vital quality is destroyed.[13]

If this destruction is manifest anywhere, it is in the appearance of homeless people living like ghosts on the streets. Being homeless not only means living unprotected from wind and rain, it means first and foremost not having a safe place where you can be more or less secure and sheltered, a place to which you can withdraw in order to recharge, before re-entering the domain of uncertainty and danger.[14] It is against this backdrop that Arendt stresses the importance of one's own household as well as that of the own home as a necessary condition. Private property was therefore regarded with respect in the city-state. The boundaries between private properties were treated like sacred *spaces*.[15]

The darkness of the house and the blinding glare of the outside depend on each other, they are inextricably linked. Distinct from family

Filmset van de verfilming van *The Fountainhead*, interieur van Howard Roark's appartement, 1957
Film set of the adaptation of *'The Fountainhead'*, interior of Howard Roark's apartment, 1957

Ultieme huiselijkheid, Adolf en Nina Loos' appartement in Wenen, 1903. Slaaplamer en haard
Ultimate domesticity, Adolf and Nina Loos' apartment in Vienna, 1903. Bedroom and fireplace

welke geen levend wezen kan gedijen. Dit geldt (…) voor het menselijk leven in het algemeen. Als dit laatste consequent wordt blootgesteld aan de wereld, zonder de bescherming van privacy en zekerheid, worden haar vitale kwaliteiten vernietigd.[13]

Als deze destructie ergens tastbaar is, dan is het wel in de verschijning van veel daklozen als schimmen in de straten. Dakloos zijn betekent niet alleen onbeschermd tegen weer en wind te moeten leven, het betekent vooral ook geen veilige plek te hebben waar men min of meer zeker kan zijn van de eigen zaak en omgeving, een plek om zich terug te trekken en zich op te laden, voordat men weer ten tonele verschijnt in het domein van onzekerheid en onveiligheid.[14] Het is in dit perspectief dat Arendt niet alleen het belang van het eigen huishouden, maar ook het eigen huis als noodzakelijke voorwaarde benadrukt. Privaat bezit werd binnen de polis dan ook met respect benaderd. De grenzen van het private bezit werden behandeld alsof het sacrale *ruimten* waren.[15]

Het duister van het huis en het verblindende licht van buiten hebben elkaar nodig, zijn onlosmakelijk met elkaar verbonden. Los van het gezinsleven, met zijn beschermende en educatieve kanten, betekent dit voor Arendt óók dat het private domein ruimte geeft aan de dingen in het leven die niet in de openbaarheid *kunnen* verschijnen. Ze legt de scheiding tussen publiek en privé in wat enerzijds zichtbaar moet worden en anderzijds onzichtbaar moet blijven. Wat in de openbaarheid verschijnt, krijgt maximale zichtbaarheid en daardoor ook realiteit.[16] Er zijn echter ook zaken in het leven die in het verborgene moeten blijven: de intimiteit van liefde en vriendschap, de ervaringen van geboorte en dood.[17] Zowel het lichamelijke als het romantische behoort tot het domein van de noodzakelijkheden, stelt Arendt. Ze zijn te zeer verbonden met de behoeften van het individu om tot publieke zaak gemaakt te worden.[18] Je zou het ook anders kunnen omschrijven: het private domein biedt ruimte aan de zaken die eigenlijk onze spraak te boven gaan, waar in essentie niet over gesproken kan worden, noch onderhandeld, of juist waar we niet over uitgesproken raken. Die zaken hebben een beschermde plaats nodig, te midden van persoonlijke ‘dingen’ en hun inherente herinneringen.[19] ‘De enige werkelijke waarborg voor het in het donker blijven van wat onttrokken moet zijn aan het licht der openbaarheid, is het bezit van een eigen huis, een eigen domein waarop men zich kan terugtrekken en zichzelf kan zijn.’[20]

Het eigen domein, kortom, is als een persoonlijk centrum in de publieke wereld. Vooral in haar latere werk komt Arendt terug op de noodzaak van een dergelijk centrum, als ze ingaat op een menselijke activiteit die ze in *The Human Condition* bewust achterwege had gelaten: de activiteit van het denken. In *The Human Condition* wilde Arendt zich bewust afzetten tegen de lange traditie van de filosofie, waarin het teruggetrokken bestaan, dat toekomt aan het denken, als hoogst haalbare wordt gewaardeerd. Alleen in afzondering zou men tot het authentieke zelf kunnen komen. Arendt stelt er voor in de plaats dat we ons ‘zelf’ nooit kunnen leren kennen, enkel dan via de ander. Alleen door ons handelen en spreken, door onze actie en reactie, ontvouwen we wie we zijn. Wanneer ze echter het denken ter sprake brengt, ook al in *The Human Condition* trouwens, omschrijft ze dat als een ‘interne’ dialoog.[21] De private ruimte, waarin men afgezonderd is van alle interactie, zou daarvoor wel eens een voorwaarde kunnen zijn – maar met die gedachte vertroebelt Arendt haar eigen scherpe scheidslijn tussen het private als ruimte van noodzakelijkheid en het publieke als ruimte van vrijheid. Denken behoort immers eerder tot het domein van de vrijheid dan dat van de noodzakelijkheid.[22]

life with its protective and educational aspects, Arendt also takes this to mean that the private realm accommodates those things in life that *cannot* appear in public. She believes the distinction between public and private is that which must be made visible on the one hand and that which must remain invisible on the other. What appears in public acquires maximum visibility and hence reality.[16] However, there are some things in life that need to remain hidden: the intimacy of love and friendship, the experiences of birth and death.[17] Both the physical and the romantic belong to the realm of necessity, Arendt claims. They are too closely tied up with the needs of the individual to be made a public matter.[18] Put differently: the private realm provides space for the ineffable, the issues we cannot discuss or negotiate, or indeed the ones we cannot stop talking about. Those issues need a safe place, among personal ‘things’ and their inherent memories.[19] ‘The only efficient way to guarantee the darkness of what needs to be hidden against the light of publicity is private property, a privately owned place to hide in.’[20]

In short, the private realm is like a personal centre in the public world. In her later work, especially, Arendt revisits the necessity of such a centre when she examines a human activity she deliberately left out of *The Human Condition*: the activity of thinking. In *The Human Condition* Arendt wanted to distance herself from the time-honoured philosophical tradition in which the secluded life, which is devoted to thinking, is seen as the highest state of which human beings are capable. It was believed that one could only arrive at the authentic self in isolation. Instead, Arendt proposes that we can never get to know our ‘self’ except via the other. Only through our action and speech, through action and reaction, do we become who we are. However, when she raises the subject of thinking, also *The Human Condition*, she describes it as an ‘internal’ dialogue.[21] The private space, in which one is cut off from all interaction, could well be a condition for this – but with that thought Arendt blurs her own sharp distinction between the private as a space of necessity and the public as a space of freedom. After all, thinking belongs more to the domain of freedom than that of necessity.[22]

3

Arendt is practically alone in her description of the private realm as the space for the necessities of life (among which she counts not only household chores and labour, but also the economic thinking that dominates society) and the public as the domain of freedom. In today’s prevailing liberal view of society those realms signify the reverse: the public as the space of restriction (being considerate of one another), the private as the domain of ultimate freedom. To come home is to take off masks and to do as we please. This is the place where: ‘we can do or not do just what we want, unobserved, undisturbed.’[23] Whereas Arendt stresses the origins and specific characteristics of human activities, liberal democracy emphasizes individual autonomy, which problematizes the control over access to goods and services, both in a physical and metaphysical sense. Who has access to what space, what information, what life? It is clear that the government (that is: the public domain) must occupy a neutral position vis-à-vis this private sphere – it has to guarantee a neutral playing field – at least up to a point. As the foundations of liberal democracy are constantly questioned, so too is the boundary between public and private. Where this dividing line is drawn varies from time to time and from place to place. In other words, topical issues demand constant reflection on the boundary between public and private. At what point is the government entitled to intervene behind the front door? And – with Julian Assange and Edward Snowden in mind – to what extent is the government entitled to gather information about its people’s movements?

3

Arendt staat praktisch alleen in haar beschrijving van het publieke domein als de ruimte voor de noodzakelijkheden van het leven (waartoe ze niet alleen het huishouden en het arbeiden schaart, maar ook het hele economische denken dat de samenleving domineert) en het publieke als domein van de vrijheid. In de tegenwoordig dominerende liberale opvatting van de samenleving liggen die domeinen juist andersom: het publieke als ruimte van beperkingen (rekening houden met elkaar), het private als ultiem domein van vrijheid. Thuis komen is maskers afzetten en kunnen doen wat je wilt. Daar geldt: 'We kunnen er precies doen en niet doen wat we willen, ongezien en ongestoord.'[23] Waar Arendt de bron en de specifieke kenmerken van de menselijke activiteiten benadrukt, ligt in de liberale democratie de nadruk op de autonomie van het individu, waarmee de controle over de toegankelijkheid tot zaken en goederen, zowel in fysieke als in metafysische zin, geproblematiseerd wordt. Wie krijgt toegang tot welke ruimte, welke informatie, welk leven? Het is duidelijk dat de overheid (dat is: het publieke domein) zich neutraal dient te verhouden tot deze private sfeer – ze dient het neutrale speelveld te garanderen. Althans, tot op zekere hoogte: met de continue vraag naar de grondslag van de liberale democratie staat ook de grens tussen het publieke en private ter discussie. Waar deze grens ligt, verschilt van tijd tot tijd en van plaats tot plaats. Actuele vraagstukken vragen, met andere woorden, om een voortdurende reflectie op de grens tussen het publieke en private. Op welk moment is de overheid gerechtigd in te grijpen achter de voordeur? En – met Julian Assange en Edward Snowden in de hoofdrol – in hoeverre mag de overheid ook informatie verzamelen over het gaan en staan van haar burgers?

Tegelijkertijd lijkt de grens tussen het publieke en private hol te zijn geworden. De televisie brengt de publieke discussie in de huiskamer, omgekeerd geven in reality series op televisie de deelnemers werkelijk alles bloot.[24] De mobiele telefoon ontlokt intieme gesprekken in de openbare ruimte, terwijl muziek helpt om het individu af te zonderen, zelfs in een publieke omgeving. Camera's houden het gedrag in de gaten.[25] Er is nauwelijks nog een domein van het leven dat verborgen kan blijven, nu overheden en hackers via internet ieders gaan en staan kunnen volgen.

4

Ruim voordat Arendt het private domein duidt als ruimte van het leven, verbond ook Walter Benjamin het interieur met het leven zelf. 'Wonen,' schrijft hij in zijn bekende analyse van de geboorte van het interieur, 'betekent het nalaten van sporen. In het interieur worden deze geaccentueerd.'[26] Leven is sporen nalaten – daar is geen ontkomen aan. Waar in de publieke ruimte die sporen onherroepelijk vervagen, in het interieur blijven ze voor de bewoner zichtbaar en tastbaar, en geven ze omgekeerd kleur aan het leven zelf. Meteen voorafgaand aan bovenstaand citaat schrijft hij: 'Het interieur is niet slechts het universum, maar ook het etui van het private individu.'[27] Zo dicht zit het interieur de mens op de huid, dat het als een etui is – een *perfect fit.* De dingen, van meubels tot apparatuur, spreken voor zich; ze zijn vanzelfsprekend. De dingen zijn afgestemd op ons (levens)ritme, en andersom. Maar meer dan dat: de dingen krijgen betekenis door het leven, ze huisvesten een verhaal.[28] En dat is cruciaal: het interieur komt zo dichtbij, juist door de herinneringen die zich hechten aan het interieur. Thuis zijn is meer dan ergens eten, slapen en werken – het is het *bewonen* van het huis. Dat is: eigen maken, sporen nalaten. Het interieur ordent de herinneringen, geeft ze hun geëigende plaats in de ruimte. Een geur kan een verloren wereld tot leven wekken, geluiden

At the same time the distinction between public and private appears to have been hollowed out. Television brings the public debate into the living room, while the contestants in reality shows bare virtually all.[24] Mobile phones prompt intimate conversations in the public space, whereas music enables individuals to isolate themselves, even in a public environment. Cameras watch our every move.[25] Hardly any area of life remains hidden now that governments and hackers can monitor all of our movements via the Internet.

4

Long before Arendt construed the private realm as the space of life, Walter Benjamin had also linked the interior with life itself. 'To live,' he writes in his well-known analysis of the birth of the interior, 'means to leave traces. In the interior, these are accentuated.'[26] To live is to leave traces – there is no escape from it. Whereas in the public space those traces inevitably fade, in the interior they remain visible and tangible for the occupant, and even inject colour into life itself. Immediately before the above quotation, Benjamin writes: 'The interior is not just the universe, but also the étui of the private individual.'[27] The interior is so close to man that it is like a second skin – a perfect fit. The things, from furniture to equipment, speak for themselves; they are self-evident. The things are geared to our rhythm (of life), and vice versa. But there is more to it: the things are given meaning through living; they accommodate a story.[28] And that is crucial: the interior comes close precisely because of the memories that attach to it. To be at home is more than eating, sleeping and working somewhere – it is to *inhabit* the house. That is to say: to make it your own, to leave traces. The interior orders memories, gives them their appropriate place. A scent can bring a lost world back to life, sounds can move or touch us, the sense of touch can guide us: these all converge in the space of the interior, thereby allowing us to share intimate experiences (for which we have no words).[29] We can only really come 'home' via these traces of life, when life has taken possession of the interior, when we have made the interior our own, the smells have become familiar and we can reappear into the world from there.

Benjamin discusses the interior in a text in which he presents Paris as a nineteenth-century metropolis. Modernity is starting to bring innovation – symbolized by the arcades with their cast-iron constructions. And the interior comes into conscious being, Benjamin argues, through the mutability of modernity, the changes to life, work, our surroundings. It originates in the need for a place of one's own: a small, but personal haven in a turbulent world that is subject to constant change.[30] Benjamin localizes this consciousness quite precisely, placing it the reign (1830-1848) of French King Louis Philippe I. Although democratic rights had been extended and improved in France, huge corruption scandals in parliament and the worsening living conditions of the working classes prompted a second people's revolution. Benjamin stresses that around this time the modern individual experienced a separation where there was not one before: the separation between living and working, between the (domestic) interior and the workplace.[31] Both entities drifted further and further apart and, over time, became opposites. Interestingly enough, Benjamin stresses that in the workplace one deals with real life (although work is increasingly being carried out in bigger, virtual spheres), whereas within the dwelling's interior one harbours illusions.[32] The interior and the private person are in sharp contrast with the modern metropolis, modernization, crowds and public life. The latter invokes the former: the interior as flight. The interior is a safe haven, a familiar domain, in which one can cherish one's personal history in an otherwise cold and

Huiselijkheid als educatief project. Acteurs leren omstanders te wonen in een modern Amerikaans huis. Paviljoen onderdeel van de tentoonstelling 'Wir Bauen ein Besseres Leben, Berlin: Eine Ausstellung über die Produktivität der Atlantischen Gemeinschaft auf dem Gebiet des Wohnbedarfs', in 1952 georganiseerd in Berlijn door The American High Command for Germany.

Domesticity as an educational project. Actors teach bystanders about dwelling in a modern American home. The pavilion was part of the exhibition 'Wir Bauen ein Besseres Leben, Berlin: Eine Ausstellung über die Produktivität der Atlantischen Gemeinschaft auf dem Gebiet des Wohnbedarfs', organized in Berlin in 1952 by the American High Command for Germany.

Huiselijkheid als educatief project. Modern wonen volgens het tijdschrift *Goed Wonen*, 1959
Domesticity as an educational project. Modern living according to the magazine *Goed Wonen*, 1959

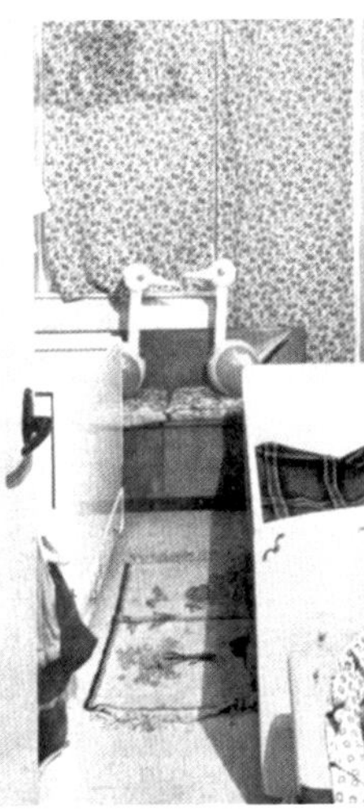

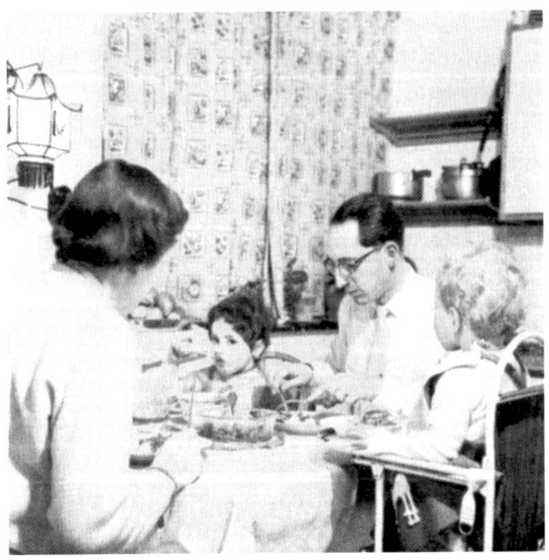

kunnen ons vervoeren of beroeren, de tastzin kan ons thuis brengen: het is de ruimte van het interieur waarin deze samenkomen, waardoor de intieme ervaring (waarvoor woorden ontbreken) gedeeld kan worden.[29] Echt 'thuis' komt men pas via deze sporen van het leven, als het leven bezit heeft genomen van het interieur, we ons het interieur hebben toegeëigend, ook de geuren vertrouwd zijn geworden, en we van daaruit weer in de wereld kunnen verschijnen.

Benjamin brengt het interieur ter sprake in een tekst waarin hij Parijs presenteert als een negentiende-eeuwse metropool. De moderniteit brengt al vernieuwing – en de passages met hun gietijzeren constructies zijn daar het symbool van. In de beweeglijkheid van de moderniteit, het veranderen van het leven, het werk, de omgeving, ontstaat het bewust-zijn van het interieur, stelt Benjamin. Het komt voort uit de behoefte een eigen plek onder de zon te hebben: een klein, maar persoonlijk rustpunt in een woelige wereld die aan voortdurende verandering onderhevig is.[30] Benjamin lokaliseert deze bewustwording vrij precies, namelijk tijdens het bewind (1830-1848) van de Franse koning Louis-Philippe I. Hoewel de democratische rechten in Frankrijk verbreed en verbeterd waren, riep hij een tweede revolutie van het volk over zich af door al te grote corruptieschandalen in het parlement en de verslechtering van de leefomstandigheden van de arbeider. Benjamin benadrukt dat rond deze tijd voor het moderne individu een scheiding ontstaat tussen wat voorheen niet gescheiden was: de scheiding tussen wonen en werken, tussen het (huis)interieur en de werkplek.[31] Beide entiteiten dreven steeds verder uit elkaar en werden in de loop der tijd opposities. Opvallend genoeg benadrukt Benjamin dat men op de werkplek te maken heeft met het echte leven (hoewel dat in steeds grotere, virtuele kringen gebeurt), terwijl men in het interieur van de woning illusies koestert.[32] Het interieur en de private persoon staan hier in schril contrast met de moderne metropool, modernisering, volksmassa's en het publieke leven. Het laatste roept het eerste op: het interieur als vlucht. Het interieur is als een veilig onderkomen, een domein dat vertrouwd is, en waarin de persoonlijke geschiedenis gekoesterd kan worden, in een verder koude en bedreigende omgeving. Eenzelfde analyse – ongetwijfeld voortkomend uit dezelfde Parijse ervaring als Benjamin, die ze aan het begin van de jaren 1940 in Parijs, beide op de vlucht voor de Duitse terreur, had leren kennen – komt ook terug in *The Human Condition*, als Arendt benadrukt dat wat voor het publieke domein irrelevant is, tegelijkertijd juist bijzonder relevant kan zijn voor het individu. Arendt verbindt dit aan een vermeend verval van het publieke domein in Frankrijk, waardoor de

> Fransen meesters [zijn] geworden in de kunst het geluk te vinden in de 'kleine dingen', binnen de ruimte van hun eigen vier muren, tussen kast en bed, tafel en stoel, hond en kat en bloempot, en zij omringen deze dingen met een tedere zorg die het eigen home lijkt te maken tot een laatste toevluchtsoord voor het zuiver menselijke in een zich snel industrialiserende wereld, die aan de lopende band de dingen van gisteren vernietigt om de dingen van vandaag te produceren.[33]

5

Deze nadruk op het persoonlijke leven, de herinnering, de illusie, suggereert dat het woninginterieur geen architectonische opgave kan zijn. De bewoner verzamelt en ordent, leeft en beleeft – hoe kan dat een architectonisch project zijn?

Vier jaar na de eerste versie van 'Paris, Capital of the Nineteenth Century', waaruit ik hierboven citeerde, schrijft Walter Benjamin een

threatening environment. A similar analysis – no doubt inspired by the same Parisian experience as that of Benjamin, whom she met in the early 1940s in Paris, when both were on the run from German terror – can be found in *The Human Condition*, when Arendt argues that what may be irrelevant in the public realm can be extremely relevant to the individual. Arendt links this to the perceived decay of the public realm in France, as a result of which

> . . . the French have become masters in the art of being happy among 'small things', within the space of their own four walls, between chest and bed, table and chair, dog and cat and flowerpot, extending to these things a care and tenderness which, in a world where rapid industrialization constantly kills off the things of yesterday to produce today's objects, may even appear to be the world's last, purely humane corner.[33]

5

This emphasis on personal life, on memory and illusion, suggests that the interior cannot be an architectural brief. If it is the occupant who collects and orders, lives and experiences, then how can it be an architectural project?

Four years after the first edition of 'Paris, Capital of the Nineteenth Century', from which I quoted above, Walter Benjamin wrote a new version of the essay. The same quote returns, albeit with a different emphasis this time. The sentence starts off the same: 'The interior is not just the universe of the private individual; it is also his étui.' But then the text continues with a slight shift in focus: 'Ever since the time of Louis Philippe, the bourgeois has shown a tendency to compensate for the absence of any trace of private life in the big city. He tries to do this within the four walls of his apartment.'[34] You might argue that the former analysis focuses on the traces of life that irrevocably take possession of the interior and are therefore accentuated. It is described as something that just happens. In the revised text, the arrangement of the space and the articulation of the traces have become a deliberate activity on the part of the occupant. The space and the things have a symbolic meaning, which is realized in a deliberate act of the individual. The occupant uses the interior as an instrument with which to mediate between life and the world. The interior has become a space of self-awareness and self-presentation, a form of *social imaginary*.[35] The interior reveals the occupant; it constitutes the presentation of the self to the world. The occupant is read through the interior. The collection and arrangement of furniture, paintings, wallpaper, carpet and books reveals the occupant's taste and style. It presents (real or constructed) wealth, a rich past or a distancing from that past. It says something about the occupants' development, or indeed their aspirations in that direction. In another quote from *The Fountainhead* the successful architecture critic of a popular newspaper assesses the apartment of a colleague, a columnist who frequently writes about interiors:

> Not bad, Dominique. Just about as I'd expect you to have it. A little cold. You know, I wouldn't have that ice-blue chair over there. Too obvious. Fits in too well. Just what people would expect in just that spot. I'd have it carrot red. An ugly, glaring, outrageous red. Like Mr. Howard Roark's hair. That's quite en passant – merely a convenient figure of speech – nothing personal at all. Just one touch of the wrong color would make the whole room. The sort of thing that gives a place elegance. Your flower arrangements are nice. The pictures, too – not bad.[36]

De woning als uitdrukking van het individu in tijden van uniformiteit. Cartoon van W. Fletcher Whyte in het magazine *Life*, januari 1924
The home as an expression of the individual in times of uniformity. Cartoon by W. Fletcher Whyte in *Life* magazine, January 1924

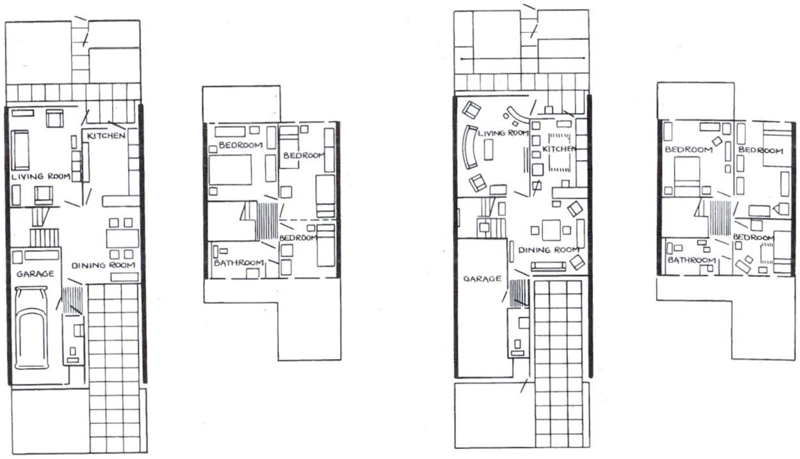

Wanneer het alledaagse leven bezit neemt van de woning. Links plattegrond ingericht zoals voorgesteld door de architect, rechts zoals aangetroffen door onderzoekers een paar maanden na oplevering.

When everyday life takes possession of the home. On the left, floor plan arranged as proposed by the architect, on the right as it was found by researchers a few months after delivery.

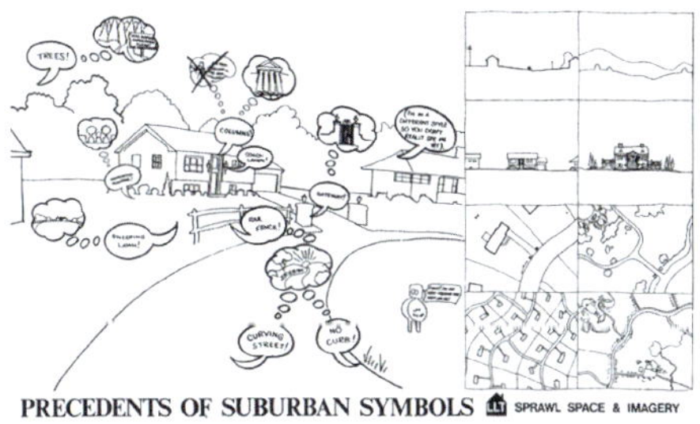

Huiselijkheid als onderzoeksveld. Denise Scott Brown en Robert Venturi ontdekken de symboliek van alledaagse voorwerpen in *Learning From Levittown*, 1970
Domesticity as a research field. Denise Scott Brown and Robert Venturi explore the symbolism of everyday items in *Learning From Levittown*, 1970

nieuwe versie van dit essay. Hetzelfde citaat komt terug, met net een andere intonatie. Het begint hetzelfde: 'Het interieur is niet slechts het universum van het private individu, het is ook zijn etui' maar vervolgt met een klein accentverschil: 'Sinds het tijdperk van Louis-Philippe heeft de bourgeoisie telkens een tendens aan de dag gelegd om het gebrek aan elk spoor van privaat leven in de grote stad te compenseren binnen de vier muren van haar woning.'[34] Je zou kunnen zeggen dat in de eerste analyse de nadruk ligt op de sporen van het leven die onherroepelijk bezit nemen van het interieur, en daardoor geaccentueerd worden. Het is omschreven als een gebeuren. In de herschreven tekst is het schikken van de ruimte en het articuleren van de sporen een bewuste activiteit van de bewoner geworden. De ruimte en de dingen hebben een symbolische betekenis, en die wordt in een bewuste daad van het individu geactualiseerd. Het interieur is een instrument van de bewoner om te bemiddelen tussen het leven en de wereld. Het interieur is een ruimte van zelfbewustzijn en zelfpresentatie geworden, een vorm van *social imaginary*.[35] Het interieur toont de bewoner, het is de presentatie van het zelf aan de wereld. De bewoner wordt gelezen via het interieur. Het laat in de collectie en ordening van de meubels, schilderijen, wandbekleding, vloerbedekking en boeken de smaak en stijl van de bewoner zien. Het presenteert (al dan niet geconstrueerde) rijkdom, een rijk verleden of juist de afstand daartoe. Het vertelt iets over de ontwikkeling van de bewoners, of over de ambities daartoe. Om nog eenmaal *The Fountainhead* te citeren – de populaire architectuurcriticus van een populaire krant beoordeelt het appartement van een collega, een columniste die vaak over interieurs schrijft:

> Niet slecht, Dominique. Precies zoals ik verwachtte dat je het zou hebben. Een beetje kil. Ik zou die ijsblauwe stoel daar niet zetten. Ligt te veel voor de hand, precies wat mensen op die plek verwachten. Ik zou voor peenrood hebben gekozen. Echt een lelijke, felle, verschrikkelijke peenkleur, een beetje zoals Howard Roark's haar. Dat overigens terzijde – alleen bij wijze van spreken – niets persoonlijks hoor! Maar één toets van de verkeerde kleur zou de hele kamer maken. Dat is wat een plek elegant maakt. Je bloemschikkingen zijn aardig. Ook de schilderijen – niet slecht.[36]

Huiselijkheid als thema in de actuele kunst. Guillame Van Der Bijl, *Family Home*, 1988
Domesticity as a theme in contemporary art. Guillaume Van Der Bijl, *Family Home*, 1988

Huiselijkheid als thema in de actuele kunst. Thomas Demand, *Zimmer*, 1996
Domesticity as a theme in contemporary art. Thomas Demand, *Zimmer*, 1996

Huiselijkheid publiek gemaakt. Recent, 2014 (*The Bold and the Beautiful*) en in het prille begin van de soapseries, 1956 (*As the World Turns*)

Domesticity made public. Recently, 2014 (*The Bold and the Beautiful*) and in the very beginning of the soap operas, 1956 (*As the World Turns*)

Noten

1 Ayn Rand, *The Fountainhead* (New York: Signet, 1993), 18 (vertaling HT).
2 De Nederlandse filosoof Hans Achterhuis noemt *Atlas Shrugged* een regelrechte utopie, al geeft hij toe dat hij dit pas naar aanleiding van de kredietcrisis, en na de ontboezemingen van Alan Greenspan dat Ayn Rand zijn gids was, ontdekte. Hans Achterhuis, *De utopie van de vrije markt* (Rotterdam: Lemniscaat, 2010), 43 e.v.
3 In *Utopia* van Thomas More, uiteraard de grondlegger van het genre, hebben deuren geen sloten, en iedereen loopt in en uit. Zie ook Achterhuis' bespreking van de dystopie (*Wij* van Jevgeny Zamjattin) en de utopie (*Women on the Edge of Time* van Marge Piercy) in: Hans Achterhuis, *De erfenis van de utopie* (Amsterdam: Uitgeverij Ambo, 1998), 51, 60.
4 Jürgen Habermas, *The Structural Transformation of the Public Sphere. An inquiry into a Category of Bourgeois Society* (Cambridge, MA: The MIT Press, 1989), 55; Charles Taylor, *Moderniteit in meervoud. Cultuur, samenleving en sociale verbeelding* (Kampen: Uitgeverij Klement, 2005), 97.
5 Hannah Arendt, *Vita Activa* (Amsterdam: Uitgeverij Boom, 1994 [1958]), 16.
6 Ibid., 19-20.
7 Het gaat hier niet over de organisatie en uitvoering van de activiteit. De meeste dagelijkse arbeid en het meeste werk worden immers in samenwerking uitgevoerd. Handelen veronderstelt per definitie een publiek dat ziet en hoort, en vooral ook kan reageren. Zonder publiek bestaat er geen politiek handelen en spreken.
8 Arendt, *Vita Activa*, op. cit. (noot 5), 66.
9 Het begrip *privat* verschijnt in de zestiende eeuw in de Duitse taal; het betekent zoveel als 'zonder publiek ambt zijn', uitgesloten zijn van de openbare sfeer. Heino R. Möller, *Innenräume / Außenwelten. Studien zur Darstellung bürgerlicher Privatheit in Kunst und Warenwerbung* (Giessen: Anabas-Verlag, 1981), 11. Zie ook: Arendt, *Vita Activa*, op. cit. (noot 5), 46.
10 Ongeveer tegelijkertijd werkte Arendt ook aan de afronding van de biografie van Rahel Varnhagen, een van de meest doortastende vrouwen in het Berlijn van de achttiende eeuw, die in haar woning geregeld een salon organiseerde, waar vooraanstaande figuren de actualiteiten bespraken. Toch komt opvallend genoeg Varnhagen en het 'publieke leven' van de salons en koffiehuizen, waarop Habermas zijn concept van de publieke sfeer baseert, in het geheel niet aan de orde in *The Human Condition*. Hannah Arendt, *Rahel Varnhagen, The Life of A Jewess*, (Londen: East and West Library, 1957).
11 Arendt, *Vita Activa*, op. cit. (noot 5), 78.
12 Ibid., 59.
13 Hannah Arendt, 'The Crisis in Education', in: Hannah Arendt, *Between Past and Future* (New York: Penguin Books, 2006 [1968]), 183 (vertaling HT).
14 Seyla Benhabib, *The Reluctant Modernism of Hannah Arendt* (Lanham: Rowman & Littlefield Publishers, 2003 [2000]), 213.
15 Arendt, *Vita Activa*, op. cit. (noot 5), 70/71.
16 Ibib., 57.
17 Arendt spreekt hier zelfs over de heiligheid van het privébezit. Ibid., 70.
18 Vgl: George Kateb, 'Freedom and Worldliness in the Thought of Hannah Arendt', in: *Political Theory*, jrg. 5 (mei, 1977) nr. 2, 144.
19 Het is opvallend hoe dicht Arendt's reflecties op het private domein bij de gedachten van de Weense architect Adolf Loos over het wonen in de moderne metropool (rond 1900) staan. Loos benadrukt de grens tussen publiek en privé, zet haar extra stevig aan, om het interieur te beschermen tegen het openbare leven. De grens tussen publiek en privé, tussen binnen en buiten is opnieuw sacraal. Het huis biedt een podium en omheining, ten behoeve van kwetsbare voorvallen in het familieleven. Uitdrukkingsloos en ongenaakbaar verzet het huis zich tegen de voortdurende beweeglijkheid en vluchtigheid van het publieke leven. Tegelijkertijd speelt Loos een complex spel met de grens, door juist de meest intieme ruimten aan de gevel te leggen, uitzicht te bieden op de entree, terwijl in andere, minder intieme ruimten het zicht naar buiten wordt geblokkeerd. Zie over de ambiguïteit van de grens bij Loos: Beatriz Colomina, *Privacy and Publicity. Modern Architecture as Mass Media* (Cambridge, MA/Londen: MIT Press, 1994), 233-281; zie ook: George Baird, *The Space of Appearance* (Cambridge, MA: MIT Press, 1995), 35; Hilde Heynen, *Architectuur en kritiek van de moderniteit* (Nijmegen: Uitgeverij SUN, 2001),111.
20 Arendt, *Vita Activa*, op. cit. (noot 5), 77.
21 Ibid., 290.
22 Zie: Roger Berkowitz, 'Solitude and the Activity of Thinking', in: Roger Berkowitz, Jeffrey Katz en Thomas Keenan (red.), *Thinking in Dark Times. Hannah Arendt on Ethics and Politics* (New York: Fordham University Press, 2010), 139. Arendt roept echter de denker telkens weer op om naar buiten te gaan en zich onder de mensen te begeven en de wereld te ervaren. Alleen door deze ervaring, en het delen daarvan met anderen, kan de 'werkelijkheid' van de wereld worden vastgesteld. Zie bijv. het boek dat ze vlak voor haar onverwachte dood in 1975 aan het schrijven was: Hannah Arendt, *The Life of the Mind* (San Diego/New York/Londen: Harcourt Inc., 1978), 50.
23 Beate Rössler, *The Value of Privacy* (Cambridge: Polity Press, 2005), 144.
24 Dat dit niet bepaald een ontwikkeling uit het laatste decennium is, laat Lynn

Notes

1 Ayn Rand, *The Fountainhead* (New York: Signet, 1993 [1943]), 18.
2 Dutch philosopher Hans Achterhuis describes *Atlas Shrugged* as an outright utopian novel, although he admits that he did not realize it was until the financial crisis and Alan Greenspan's confession that Ayn Rand was his inspiration. Hans Achterhuis, *De utopie van de vrije markt* (Rotterdam: Lemniscaat, 2010), 43 et seq.
3 In *Utopia* by Thomas More, the founding father of the genre, doors have no locks and everybody is free to walk in or out. See also Achterhuis's analysis of the dystopia (*We* by Jevgeny Zamjatin) and the utopia (*Women on the Edge of Time* by Marge Piercy) in: Hans Achterhuis, *De erfenis van de utopie* (Amsterdam: Uitgeverij Ambo, 1998), 51, 60.
4 Jürgen Habermas, *The Structural Transformation of the Public Sphere. An Inquiry into a Category of Bourgeois Society* (Cambridge, MA: MIT Press, 1989), 55; Charles Taylor, *Moderniteit in meervoud. Cultuur, samenleving en sociale verbeelding* (Kampen: Uitgeverij Klement, 2005), 97.
5 Hannah Arendt, *The Human Condition* (Chicago: University of Chicago Press 1999 [1958]), 5.
6 Ibid., 7.
7 This is not about the organization and execution of the activity. Most routine labour and work is carried out in collaboration. Action assumes by definition a public that can see and hear it, and above all react to it. Without an audience there is no political action and speech.
8 Arendt, *The Human Condition*, op. cit. (note 5), 58.
9 The term *privat* first appears in the German language in the sixteenth century; it means as much as 'not having a public office', being excluded from the public sphere. Heino R. Möller, *Innenräume / Außenwelten. Studien zur Darstellung bürgerlicher Privatheit in Kunst und Warenwerbung* (Giessen: Anabas-Verlag, 1981). 11. See also: Arendt, *The Human Condition*, op. cit. (note 5), 38.
10 Around the same time Arendt completed the biography of Rahel Varnhagen, one of the most intrepid women in eighteenth-century Berlin, who held frequent salons in her home, where prominent figures discussed current affairs. Yet surprisingly Varnhagen and the 'public life' of the salons and coffeehouses, from which Habermas derives his concept of the public sphere, is not addressed at all in *The Human Condition*. Hannah Arendt, *Rahel Varnhagen, The Life of A Jewess* (London: East and West Library, 1957).
11 Arendt, *The Human Condition*, op. cit. (note 5), 73.
12 Ibid., 52.
13 Hannah Arendt, 'The Crisis in Education', in: Hannah Arendt, *Between Past and Future* (New York: Penguin Books, 2006 [1968]), 183.
14 Seyla Benhabib, *The Reluctant Modernism of Hannah Arendt* (Lanham: Rowman & Littlefield Publishers, 2003 [2000]), 213.
15 Arendt, *The Human Condition*, op. cit. (note 5), 63/64.
16 Ibid., 50.
17 Arendt even speaks of the sacredness of private property. Ibid., 62.
18 Cf: George Kateb, 'Freedom and Worldliness in the Thought of Hannah Arendt', *Political Theory*, vol. 5 (May, 1977) no. 2, 144.
19 It is remarkable how close Arendt's reflections on the private domain are to Adolf Loos's ideas about living in the modern metropolis (around 1900). The Viennese architect emphasizes the boundary between public and private, and turns it into a feature, to shield the interior from public life. The dividing line between public and private, between inside and outside, is once again sacred. The house offers a platform and an enclosure to accommodate the vicissitudes of family life. Expressionless and inaccessible, the house defends itself against the constant flux and transience of public life. At the same time, Loos plays a complex game with this boundary, by placing the most intimate spaces directly behind the façade and by offering a view of the entrance, while blocking the outside view in other, less intimate spaces. On the ambiguity of boundaries in Loos, see Beatriz Colomina, *Privacy and Publicity. Modern Architecture as Mass Media* (Cambridge, MA/London: MIT Press, 1994), 233-281; see also: George Baird, *The Space of Appearance* (Cambridge, MA: MIT Press, 1995), 35; Hilde Heynen, *Architectuur en kritiek van de moderniteit* (Nijmegen: Uitgeverij SUN, 2001), 111.
20 Arendt, *The Human Condition*, op. cit. (note 5), 71.
21 Ibid., 291.
22 See: Roger Berkowitz, 'Solitude and the Activity of Thinking', in: Roger Berkowitz, Jeffrey Katz and Thomas Keenan (eds.), *Thinking in Dark Times. Hannah Arendt on Ethics and Politics* (New York: Fordham University Press, 2010), 139. However, Arendt keeps urging the thinker to go outside and mingle with people and experience the world. It is only through this experience, and sharing it with others, that the 'reality' of the world can be established. See for instance the book she was working on shortly before her unexpected death in 1975: Hannah Arendt, *The Life of the Mind* (San Diego/New York/London: Harcourt Inc., 1978), 50.
23 Beate Rössler, *The Value of Privacy* (Cambridge: Polity Press, 2005), 144.
24 This is not exactly a development exclusive to the last decade, as shown by Lynn Spigel in: Lynn Spigel, 'The Suburban Home Companion: Television and the Neighborhood Ideal in Postwar America', in: Beatriz Colomina, *Sexuality & Space* (New York: Princeton Architectural Press, 1992).
25 Cf Bart Verschaffel, *Van Hermes en Hestia. Teksten over architectuur* (Ghent:

Spigel zien in: Lynn Spigel, 'The Suburban Home Companion: Television and the Neighborhood Ideal in Postwar America', in: Beatriz Colomina, *Sexuality & Space* (New York: Princeton Architectural Press, 1992).

25 Vgl. Bart Verschaffel, *Van Hermes en Hestia. Teksten over architectuur* (Gent: A&S/Books, 2006), 19.

26 Walter Benjamin, *The Arcades Project* (Cambridge, MA/Londen: The Belknap Press of Harvard University Press, 1999), 9 (vertaling HT). Volgens Hilde Heynen behoort het 'wonen dat sporen nalaat' tot de negentiende eeuw en is dat door de moderniteit verloren geraakt. Benjamin's tekst ademt dit verlies, getekend door heimwee naar dit 'echte wonen', gebaseerd op een 'ervaring'. Hilde Heynen, 'Moderniteit en architectuur in het werk van Walter Benjamin', in: Krisis, jrg. 9 (1989) nr. 2, 21 (http://www.krisis.eu/content/1989-2/1989-2-04-heynen.pdf).

27 Vgl. opnieuw Adolf Loos' opvatting van architectuur, die dicht bij de functie van kleding komt: 'De algemene taak van de architect is te voorzien in comfortabele en leefbare ruimte' (vertaling HT), zie: Colomina, *Privacy and Publicity*, op. cit. (noot 19), 265.

28 Het is vooral op deze manier dat het interieur gebruikt wordt in romans. Vgl. Klaske Havik, *Urban Literacy. Reading and Writing Architecture* (Rotterdam: nai010 publishers, 2014), 42-47.

29 Vgl. de historicus Tony Judt, die een specifiek interieur (een hotel in Zwitserland) gebruikt om zijn herinneringen te ordenen, te duiden en te onthouden, op het moment dat hij door de ziekte ALS steeds minder mobiel en steeds minder vaardig wordt. Tony Judt, *The Memory Chalet* (New York: Penguin Press, 2010), 8.

30 Marshall Berman, *All That is Solid Melts into Air* (New York: Penguin Books, 1988 [1982]), 15 ; Heynen, *Architectuur en kritiek van de moderniteit*, op. cit. (noot 19).

31 Benjamin, *The Arcades Project*, op. cit. (noot 26), 8.

32 Zie ook: René Boomkens, *Een drempelwereld. Moderne ervaring en stedelijke openbaarheid* (Rotterdam: NAi Uitgevers, 1998), 94-95.

33 Arendt, *Vita Activa*, op. cit. (noot 5), 59-60.

34 Benjamin, *The Arcades Project*, op. cit. (noot 26), 9 (vertaling HT).

35 Abram de Swaan, 'Onbevoegde stadsgedachten. Private en publieke praktijken in de stedelijke ruimte,' in: *OASE* nr. 77, *Into the Open* (Rotterdam: NAi Uitgevers, 2008).

36 Rand, *The Fountainhead*, op. cit. (noot 1), 275 (vertaling HT).

A&S/Books, 2006), 19.

26 Walter Benjamin, *The Arcades Project* (Cambridge, MA/London: The Belknap Press of Harvard University Press, 1999), 9. According to Hilde Heynen, the 'living that leaves traces' belongs to the nineteenth century and has been lost because of modernity. Benjamin's text evokes this loss, as it is suffused by nostalgia for this 'real living' based on an 'experience'. Hilde Heynen, 'Moderniteit en architectuur in het werk van Walter Benjamin', *Krisis*, vol. 9 (1989) no. 2, 21, available online at: http://www.krisis.eu/content/1989-2/1989-2-04-heynen.pdf.

27 Cf. again Adolf Loos's view of architecture, which comes close to the role of clothing: 'The architect's general task is to provide a warm and liveable space', see: Colomina, *Privacy and Publicity*, op. cit. (note 19), 265.

28 This is how the interior tends to be used in novels. Cf. Klaske Havik, *Urban Literacy. Reading and Writing Architecture* (Rotterdam: nai010 publishers, 2014), 42-47.

29 Cf. the historian Tony Judt, who uses a specific interior (a hotel in Switzerland) to order, interpret and retain his memories as ALS increasingly reduces his mobility and mental capacities. Tony Judt, *The Memory Chalet* (New York: Penguin Press, 2010), 8.

30 Marshall Berman, *All That Is Solid Melts into Air* (New York: Penguin Books, 1988 [1982]), 15; Heynen, *Architectuur en kritiek van de moderniteit*, op. cit. (note 19).

31 Benjamin, *The Arcades Project*, op. cit. (note 26), 8.

32 See also: René Boomkens, *Een drempelwereld. Moderne ervaring en stedelijke openbaarheid* (Rotterdam: NAi Publishers, 1998), 94-95.

33 Arendt, *The Human Condition*, op. cit. (note 5), 52.

34 Benjamin, *The Arcades Project*, op. cit. (note 26), 20.

35 Abram de Swaan, 'Unauthorised Urban Thoughts. Public and Private Practices within Urban Space, *OASE no. 77, Into the Open* (Rotterdam: NAi Publishers, 2008).

36 Rand, *The Fountainhead*, op. cit. (note 1), 275.

Jurjen Zeinstra

'In welchem Style sollen wir wohnen?'

Tentoongestelde interieurs in een debat over stijl
Exhibited Interiors in a Debate about Style

Crystal Palace, interieur, wereldtentoonstelling Londen, 1851
Crystal Palace, interior, Great Exhibition London, 1851

In 'The Exhibitionist House' benadrukt Beatriz Colomina hoe het woonhuis 'het belangrijkste instrument voor het onderzoek naar architectonische ideeën in deze eeuw' is geworden.[1] Stijlkamers – tentoongestelde woninginterieurs – hebben hierbij een niet te onderschatten rol gespeeld. Deze tijdelijke en relatief eenvoudig te realiseren architectonische installaties zijn niet alleen in staat om snel een idee aan een groot publiek te tonen, maar kunnen ook het manifest, de verkoopbrochure of de promotiefolder overstijgen door een onmiddellijke illusie van interieur op te roepen.

In mijn artikel wil ik enkele stijlkamers plaatsen in een debat over stijl en interieur, dat van grote betekenis is voor architectuur en design, tot op de dag van vandaag. Het gaat om interieurs die op cruciale momenten in de eerste helft van de twintigste eeuw een rol gespeeld hebben in dit debat. Stijl is een essentieel architectonisch begrip, dat aan de basis staat van veel architectuurtheoretische beschouwingen en polemieken,[2] en wordt in het woordenboek wat moeizaam gedefinieerd als 'het geheel van bij elkaar aansluitende uitdrukkingsvormen, die kenmerkend zijn voor hetzij een bepaalde kunstenaar, hetzij, in de regel, voor een bepaalde school of richting of een bepaald tijdperk'.[3]

Ook in het private interieur van de woning speelt stijl een belangrijke rol. Het persoonlijke karakter van het interieur en het relatieve gemak om het interieur aan te passen aan veranderende wensen en smaken, maken dat het vaak niet eenvoudig is om een 'geheel van bij elkaar aansluitende uitdrukkingsvormen' langdurig te handhaven, maar desalniettemin is stijl een onontkoombaar gegeven in het woninginterieur. De grote veranderingen in de samenleving van de afgelopen eeuwen, zoals de opkomst van de middenklasse, de groeiende industrialisatie en de ontwikkeling van de vrije wereldmarkt hebben de woning, en in het verlengde daarvan ook het woninginterieur, tot een architectonische opgave gemaakt. Daarbij is stijl hier niet zozeer vanuit kunsthistorisch oogpunt van belang, maar beschrijft dit begrip vooral de esthetische keuzes van de ontwerper over ruimte, proporties, bekleding en comfort: bij uitstek architectonische begrippen.

In de negentiende eeuw werd stijl onderwerp van een langdurig en intensief debat onder historici en architecten.[4] *In welchem Style sollen wir bauen* werd de gevleugelde uitdrukking waarmee het stijldebat binnen de architectuur van de negentiende eeuw zou kunnen worden samengevat, met alle eclectische vrijheid, maar ook de nerveuze wanhoop die in een dergelijke vraag besloten ligt.[5] De vraag gaat veel verder dan de keuze voor deze of gene historische bouwstijl: stijl representeert niet alleen een tijdperk en cultuur, maar krijgt een sterk ethische en politieke betekenis als uitdrukking van macht of een geprojecteerd ideaal. Daarbij wordt het inherente relativisme van het stijldebat voortdurend belaagd door een verlangen naar een 'natuurlijke' stijl die uitdrukking zou moeten geven aan de nieuwe tijd.

De vraag of en hoe een dergelijke *Überstil* zou moeten of kunnen ontstaan, vormt een belangrijke voedingsbodem voor het theoretische bouwwerk dat de architect Gottfried Semper in het midden van de negentiende eeuw construeert en dat tot op heden van belang is voor het denken over architectuur.[6]

Van primitieve hut naar stijlkamer

In 1851 bezoekt Gottfried Semper de wereldtentoonstelling in Londen. Net als 6 miljoen andere bezoekers maakt hij kennis met een ongekend grote verzameling voorwerpen, machines en producten die van over de hele wereld bijeengebracht zijn in het gloednieuwe Crystal Palace. Semper, als ontwerper zelf betrokken bij de opstellingen van Canada, Turkije, Zweden en Denemarken,[7] ziet een overweldi-

In 'The Exhibitionist House', Beatriz Colomina highlights how the house has become 'the most important vehicle for the investigation of architectural ideas in this century'.[1] The role that what I would call 'style rooms' – exhibited house interiors – have played in this process should not be underestimated. These temporary and relatively simple architectural installations are not only able to quickly demonstrate an idea to a large audience, but can also transcend the manifesto, the sales brochure, or the promotional leaflet by evoking an immediate illusion of the interior.

In my article, I want to position several of these style rooms in a debate about style and interiors that up to the present day remains of great importance to architecture and design. These specific interiors played a role in this debate at crucial moments in the first half of the twentieth century. Style, a key architectural concept, forms the foundation of many architectural-theoretical considerations and polemics,[2] and is defined in the dictionary somewhat laboriously as the 'collective characteristics of . . . artistic expression or way of presenting things or decorative methods proper to a person or school or period or subject.'[3]

Style also plays an important role in the private interior of the home. The personal character of the interior and the relative ease of adapting it to changing needs and tastes mean that it is often difficult to maintain 'collective characteristics of artistic expression' in the long term, but style is nonetheless an inescapable issue in the interior of the home. The major changes in society over the past few centuries, such as the rise of the middle class, increasing industrialization, and the development of the free global market, have turned the home, and by extension the interior of the home, into an architectural assignment. Style in this sense is not so important in terms of its art-historical significance, but rather in describing the aesthetic choices of the designer in terms of space, proportions, coverings and comfort, which are indeed eminently architectural concepts.

In the nineteenth century, style was the subject of a lengthy and intense debate among historians and architects.[4] *In welchem Style sollen wir bauen* became the lofty phrase that managed to sum up that debate within the field of architecture, with all of its eclectic freedom, but also the nervous despair that was implied by the question itself.[5] The question goes far beyond the choice of this or that historical building style: style represents not only an era and a culture, but also takes on a strong ethical and political meaning as an expression of power, or a projected ideal. In the process, the inherent relativism of the style debate is consistently beset by a desire for a 'natural' style that is supposed to express the new era.

The question of whether and how this kind of *Überstil* should or could arise forms an important breeding ground for the theoretical edifice that architect Gottfried Semper constructed in the middle of the nineteenth century, one that is still important today for reflecting on architecture.[6]

From Primitive Hut to Style Room

In 1851, Gottfried Semper visited the Great Exhibition in London. In the brand new Crystal Palace he, like six million other visitors, got acquainted with an unprecedented collection of objects, machines and products gathered from around the world. Semper, himself involved as a designer in the national pavilions of Canada, Turkey, Sweden and Denmark,[7] saw an overwhelming, colourful orgy of mainly textile interiors, in which the many objects and machines were allowed to show off like pieces of furniture.

Amid this Babylonian abundance, he discovered in Trinidad's pavilion a simple model of a Caribbean hut. The hut had a slightly

gende, kleurrijke orgie van voornamelijk textiele interieurs, waarin de vele voorwerpen en machines als meubelstukken staan te pronken.

Te midden van deze Babylonische overvloed ontdekt hij in de opstelling van Trinidad een eenvoudig model van een Caribische hut. De hut heeft een iets verhoogde aarden bodem, waarop bamboe kolommen een schuine dakconstructie ondersteunen. Onder dit dak bevindt zich een open veranda met een centrale, ronde vuurstookplaats en een ruimte met wanden van diagonaal gevlochten bamboe. Semper documenteert deze hut in *Der Stil*, zijn magnum opus dat 12 jaar later zal verschijnen.[8] De hut vormt een voorbeeldige illustratie van de kern van zijn architectuurtheorie. De architectonische vormen en de daaraan verwante kunsten worden door hem onderverdeeld op basis van de vier elementen haard (gerelateerd aan keramiek en metaalwerk), dak (timmerwerk), wand (textiele kunst) en fundament (metselwerk). Een essentieel onderdeel van Semper's theorie vormt het *Prinzip der Bekleidung*.[9] Semper stelt dat de wand als architectonisch element voortkomt uit, en formeel-stilistisch bepaald wordt door, het vlechtwerk en de daaraan verbonden textiele technieken. De wand, of beter nog het oppervlak van de wand, begrenst de ruimte en is daarmee van groter belang dan de draagstructuur die de wand ondersteunt. Voor Semper is de wand als bekleding en ruimtebegrenzer het belangrijkste element van de architectuur. Ook als het materiaal van de wand niet langer een textiel karakter heeft, blijft zijn oorsprong herkenbaar in de decoratieve patronen en motieven waarmee het materiaal bewerkt wordt.

In het essay 'Wissenschaft, Industrie und Kunst' uit 1852 kijkt Semper uitvoerig terug op de wereldtentoonstelling en toont hij een uitgesproken belangstelling voor de revolutionaire ontwikkelingen van zijn tijd.[10] Hij betreurt de inferieure indruk die de producten van de westerse landen maken in vergelijking met de zogenaamde primitieve landen en ook in vergelijking met voorwerpen uit het verleden. De spectaculaire vooruitgang in techniek, industrialisatie en wetenschap in de eerste helft van de negentiende eeuw, zo constateert Semper, heeft in de kunstnijverheid niet geleid tot een fundamentele bezinning op materialen en technieken. Hij ziet hier een afwezigheid van 'stijl', dat hij definieert als dat wat 'nadruk legt op en artistieke betekenis geeft aan het basisidee van een kunstwerk en aan al de innerlijke en uiterlijke aspecten die van invloed zijn op de belichaming van dit idee'.[11] Semper voorziet dat het interieur, net als een groot aantal bouwelementen, een marktproduct wordt en daarom een sterke concentratie op het specifieke gebruik zal krijgen, overigens zonder dat dit ten koste hoeft te gaan, zo meent hij, van schoonheid of decoratie. 'Meubels, behang, tapijten, ramen, deuren, plafondlijsten, complete woningdecoraties, kortom alles voor buiten en voor binnen, ieder vast en los onderdeel van de woning, zelfs complete huizen kunnen kant-en-klaar gekocht worden op de vrije markt.'[12]

In de loop van de negentiende eeuw gaat het woninginterieur, als verzamelplaats van al deze onderdelen, een steeds grotere rol spelen in het debat over architectuur en stijl. Een alomvattende en universele bestudering van architectuur en verwante kunsten, zoals Semper die in *Der Stil* propageert, werpt een ander licht op het verleden. Traditie wordt een levend iets, dat zich blijft doorontwikkelen en dat niet los gezien kan worden van de hedendaagse vraagstukken. Onder invloed van Semper wordt de kunstnijverheid steeds meer gezien als de resultante van materiaal, techniek en gebruik, waardoor er een groeiende aandacht voor de gebruiker en consument op de vrije markt komt. En juist in het woninginterieur zullen al deze ontwikkelingen samenkomen: de opkomst van een middenklasse, de ontwikkeling van techniek (verlichting, verwarming, meubels en bekledingsmaterialen), de groeiende

raised earth floor, on which bamboo columns supported a sloping roof. Under this roof was an open veranda with a central circular fireplace, and a space with walls made of diagonally woven bamboo. Semper documented this hut in *Der Stil*, his *magnum opus* that would be published 12 years later.[8] The hut is an exemplary illustration of the core of his theory of architecture. Architectural forms, and the related arts, are divided according to the four elements of hearth (related to ceramics and metalwork), roof (carpentry), wall (textile arts) and foundation (masonry). An essential part of Semper's theory was formed by the *Prinzip der Bekleidung*.[9] Semper proposed that the wall was an architectural element derived from, and formally determined by, weaving and the textile techniques that are related to it. The wall, or better yet the surface of the wall, defines the space, which makes it more important than the structure that supports the wall. For Semper, the wall as a covering and a definer of space is architecture's most important element. Even if the material of the wall no longer has a textile character, its origins are still recognizable in the decorative patterns and motifs with which the material is treated.

In the 1852 essay 'Wissenschaft, Industrie und Kunst', Semper takes a comprehensive look back at the Great Exhibition, and shows a pronounced interest in the revolutionary developments of his time.[10] He laments the inferior impression made by the products of Western countries, compared to the so-called primitive countries and also compared to objects from the past. The spectacular advances in technology, industrialization and science in the first half of the nineteenth century, Semper noted, had not led the crafts industry to a fundamental reflection on materials and techniques. He detects a lack of 'style', which he defines as that which is 'giving emphasis and artistic significance to the basic idea and to all intrinsic and extrinsic coefficients that modify the embodiment of the theme in a work of art'.[11] Semper predicted that the interior would become a market product, and that it, along with many building elements, will therefore focus keenly on the specific use, without this having to come, in his eyes, at the expense of beauty or decoration. 'Furniture, wallpaper, carpets, windows, doors, corniche work, whole room decorations, in short everything outside and inside, every fixed and movable part of the house, even the entire house can be purchased ready-made in the marketplace.'[12]

Over the course of the nineteenth century, the home interior, as a collection of all these components, began to play an increasing role in the debate on architecture and style. A comprehensive and universal study of architecture and the related arts, such as Semper propagated in *Der Stil*, sheds a different light on the past. Tradition becomes a living thing that continues to develop, and that cannot be separated from contemporary issues. Under the influence of Semper, the crafts industry was increasingly seen as the result of materials, technologies and applications, which led to more attention being paid to the user and consumer on the free market. And it was precisely in the home interior that all of these developments would come together: the emergence of a middle class, the development of technologies (lighting, heating, furniture and covering materials), the increasing interest in comfort and use, and ultimately style as well.[13] The debate on how this interior should be designed and on the correct style for this form of living would continue to be emphatically fought well into the twentieth century.

The Style Room as a Work of Art

Just as the Great Exhibition in London left its traces in Semper's influential theory of style, nearly 50 years later a much smaller and less universal exhibition in Vienna would form the basis of Adolf Loos's ideas about style and architecture. In 1898, the 'Kaiser-Jubiläums-Ausstellung'

Crystal Palace, interieur, wereldtentoonstelling Londen, 1851
Crystal Palace, interior, Great Exhibition London, 1851

Gottfried Semper, Canadees paviljoen, wereldtentoonstelling Londen, 1851
Gottfried Semper, Canadian Pavilion, Great Exhibition London, 1851

Rotunde, Wenen, ca. 1900
Rotunde, Vienna, c. 1900

Rotunde, interieur, 'Kaiser Jubiläumsausstellung', Wenen, 1898
Rotunde, interior, 'Kaiser Jubiläums-ausstellung', Vienna, 1898

belangstelling voor comfort en gebruik, en ten slotte ook de stijl.[13] Want hoe dit interieur vormgegeven moet worden, wat de juiste stijl is voor dit wonen, daarover zal tot ver in de twintigste eeuw nog flink gestreden worden.

De stijlkamer als kunstwerk

Zoals de wereldtentoonstelling in Londen zijn sporen nalaat in de invloedrijke stijltheorie van Semper, zo zal bijna 50 jaar later een veel kleinere en minder universele tentoonstelling in Wenen aan de basis staan van de ideeën over stijl en architectuur van Adolf Loos. De 'Kaiser Jubiläumsausstellung' geeft in 1898 een grootschalig overzicht van de stand van de kunsten, de kunstnijverheid en de industrie in Oostenrijk. In een krantenfeuilleton voor de *Neuen Freien Presse* gaat Loos uitvoerig in op een groot aantal tentoongestelde producten, variërend van meubels, zilver- en goudsmeedwerk, glaswerk, schoeisel tot heren- en damesmode. Centraal in deze goedgeschreven en populaire artikelen staat Loos' afwijzing van het toepassen van kunstzinnige principes bij het ontwerpen van gebruiksvoorwerpen en interieurs.[14] Daarmee verzet Loos zich tegen de zogeheten 'Modernen', die op de 'Jubiläumausstellung' te midden van de vele historiserende stijlen met veel publicitair succes hun nieuwe Sezession-stijl presenteren. Deze stijl, met zijn organische vormentaal, is verwant aan de Art Nouveau en wordt aan het eind van de negentiende eeuw door velen gezien als de stijl die een eind zal maken aan de slepende strijd der historische stijlen. Daarbij speelt bij vele architecten en kunstenaars ook een diep gevoeld verlangen het onderscheid tussen kunst, ambacht en architectuur op te heffen in een allesomvattend Gesamtkunstwerk. De nieuwe stijl zet zich af tegen Semper, die ten onrechte verweten wordt een puur darwinistische, materialistische stijlbenadering te hanteren.[15] Loos blijft trouw aan Semper, en aan de hand van concrete tentoongestelde voorwerpen en interieurs formuleert hij zijn alternatief. Woninginterieurs, en alle voorwerpen die daarin te vinden zijn, moeten volgens hem aan drie voorwaarden voldoen: praktisch in het gebruik, eerlijk en passend bij de klasse en status van de gebruiker. Met dit laatste punt verzet hij zich tegen de goedkope en inferieure imitaties van stijlmeubelen en bekledingen voor de middenklasse waarmee de markt al in de negentiende eeuw is overspoeld. Voor Loos hoort een interieur vooral een persoonlijk samenstel van bewezen, traditioneel en goed vormgegeven onderdelen te zijn, waarbij hij de rol van de architect als vormgever in twijfel trekt. Op de 'Jubiläumausstellung' ziet Loos hoe tentoongestelde interieurs uithangborden zijn ter promotie van deze of gene stijl:

> Er zijn stands gebouwd waarin modelkamers zijn opgesteld. Dit gaat al jaren zo bij iedere tentoonstelling. Het is een manier om tegen het publiek te zeggen: Zo zou je moeten wonen! Arm publiek! Zelf mogen ze hun woning niet inrichten. (…) Ze weten niet hoe ze dat moeten doen. De woning met 'stijl', die aanwinst van de negentiende eeuw, vraagt immers om buitengewone kennis en vaardigheid. Dat was niet altijd het geval. Tot het begin van deze eeuw kende men deze zorgen niet. (…) Mensen richtten destijds hun vertrekken in op dezelfde manier waarop we ons vandaag de dag kleden. We halen onze schoenen bij de schoenmaker; colbert, broek en vest komen van de kleermaker, kraag en manchetten van de overhemdenmaker, hoed van de hoedenmaker, wandelstok van de houtdraaier. Geen van deze lieden kent de ander, en toch passen alle dingen bij elkaar. Waarom? Omdat ze allemaal werken in de stijl van 1898. En zo plachten ook de ambachtslieden in de woninginrichting te werken; ze volgden allemaal een gemeenschappelijke stijl, de heersende, moderne stijl.[16]

offered a large-scale survey of the state of the arts, crafts and industry in Austria. In a newspaper serial for the *Neuen Freien Presse*, Loos addressed in detail a wide range of exhibited products, including furniture, silver and gold wares, glassware, footwear, and men's and women's fashion. A central theme in these well-written and popular articles was Loos's rejection of using artistic principles in the design of household goods and interiors.[14] This put Loos in opposition to the so-called 'moderns', who at the 'Jubiläumsausstellung', amid the many historicizing styles, successfully presented their new Secession style. This Art Nouveau-like style, with its organic formal language, was seen by many at the end of the nineteenth century as the style that would put an end to the protracted struggle between the historical styles. Many architects and artists also felt a deep desire to abolish the distinction between arts, crafts and architecture in favour of a comprehensive *Gesamtkunstwerk*. The new style opposed Semper, who was wrongly accused of having a purely Darwinian and materialistic approach to style.[15] Loos remained faithful to Semper, and on the basis of concretely exhibited objects and interiors, he formulated his alternative. According to Loos, home interiors and all the objects that can be found in those interiors should meet three conditions: usefulness, honesty and appropriateness to the class and status of the user. With this last point, he was opposing the cheap and inferior imitations of period furniture and coverings for the middle class that were already flooding the market in the nineteenth century. For Loos, an interior should primarily be a personal set of proven, traditional and well-designed components, and he doubted the role of the architect as a designer. At the 'Jubiläumsausstellung', Loos saw how the exhibited interiors were being used as signboards to promote various styles:

> Stands have been put up in which specimen-rooms are exhibited. For years this has been done at every exhibition. It is a way of saying to the public: 'That is how you should be living.' The poor public! They are not allowed to furnish their apartments themselves. . . . They don't know how to do it. An apartment with 'style', that great achievement of the nineteenth century, demands exceptional knowledge and skill. That was not always the case. Up to the beginning of this century people were untroubled by such considerations. . . . People furnished their rooms in the same way as we dress today. We get our shoes from the shoemaker, jacket, trousers and vest from the tailor, collar and cuffs from the shirt manufacturer, hat from the hatmaker, stick from the wood turner. Not one of these craftsmen knows the other, and yet all the things match. Why? Because they all work in the style of 1898. And that is how the craftsmen in the furnishing industry used to work, all following a common style, the current, the modern style.[16]

Loos paid special attention to two interiors that were exhibited in the 'Jubiläumsausstellung'. These were interiors of a bedroom and a bathroom, designed by Otto Wagner, the best-known Viennese architect of the time.[17] The bedroom was richly decorated, with panelling consisting of reflective, polished green wainscoting.[18] Above it was a silk wall covering with striking images of cherry tree branches that wound their way along the wall, the bed cover and the bed canopy. Much like this bedroom, the bathroom was also a *Gesamtkunstwerk*. The most eye-catching element was the bathtub of flat glass, encased in shiny nickel-plated steel profiles. The bathtub ceremoniously leaned against a marble slab, like an altarpiece.[19] What also stood out here was the wall covering above the low white panelling: a kind of blue-purple terrycloth with a white stripe. The same textile, with the same

In de 'Jubiläumsausstellung' worden twee interieurs getoond die Loos speciale aandacht geeft. Het zijn een interieur voor een slaapkamer en een badkamer, ontworpen door Otto Wagner, de meest bekende Weense architect van die tijd.[17] De slaapkamer is rijk gedecoreerd, met een lambrisering bestaande uit een groen geschilderde, spiegelend gepolijste wandbetimmering.[18] Daarboven bevindt zich een zijden wandbespanning met opvallende afbeeldingen van kersenboomtakken, die zich over de wand, de beddensprei en de hemel van het bed voort slingeren. Net als de slaapkamer is ook de badkamer een Gesamtkunstwerk. Het meest in het oog springend is de badkuip van vlakglas, gevat in glanzend vernikkelde staalprofielen, die pontificaal, als een altaarstuk, tegen een marmeren plaat staat.[19] Daarnaast valt hier de wandbekleding boven de lage, witgeschilderde lambrisering op: een soort blauw-paarse badstof met een witte streep. Dezelfde stof met hetzelfde patroon keert terug in het vloerkleed, het kleed over de rustbank, de kussens op de rustbank, de bekleding van de stoelen, de badhanddoeken en ook de badjas.

Wagner lijkt met het tentoonstellen van zijn Sezession-slaapkamer en -badkamer een superieur antwoord te formuleren op de kritiek die Loos nog moet schrijven. Zo is de badkamer dan wel een Gesamtkunstwerk, maar wel een die het idee van 'kunstwerk' op z'n kop zet. Het is de banale gestreepte badstofjas, die het motief voor de bekleding van deze ruimte bepaalt en juist niet omgekeerd, zoals Loos later beschrijft in 'Vom armen reichen Mann'[20] waar hij een architect opvoert die woedend reageert als zijn klant de door hem ontworpen pantoffels niet in de juiste kamer draagt.

Loos is lovend over beide stijlkamers.[21] Hij erkent dat deze lof afwijkt van zijn wekelijks geformuleerde Sezessions-kritiek, maar wijst erop dat Wagner deze kamers voor zichzelf heeft ontworpen waarmee het hoogstpersoonlijke interieurs zijn geworden. Het is alsof de strenge stellingname van de criticus Loos door de architect Loos weer onderuitgehaald wordt bij het zien van het vakmanschap van zijn collega. Later merkt Loos op dat Otto Wagner een uitzonderlijk begenadigd ontwerper is, die ook als hij een drinkglas ontwerpt, stijl en vanzelfsprekende vormgeving weet te combineren, juist door 'uit zijn architectenhuid te kruipen' en te denken als een ambachtsman.[22]

Uiteindelijk is de essentie van de kritiek van Loos dan ook niet dat architecten zich met andermans interieur bezighouden, maar dat zij dat interieur misbruiken voor het maken van een kunstwerk dat zich losmaakt van een lange en anonieme traditie van vanzelfsprekende ambachtelijkheid. Het modieuze stijlvolle interieur, ontworpen door de architect of decorateur, neemt daarmee de plaats in van het interieur dat samengesteld werd uit voorwerpen en producten van verschillende anonieme ambachtslieden. Juist door hun gerichtheid op gebruiksgemak en comfort voegen deze anonieme ambachtelijke producten zich harmonieus in het hedendaagse interieur, zo stelt Loos.[23]

Zonder de moderne tijd zelf te verwerpen, verzet Loos zich tegen het zoeken naar een uniforme moderne stijl als weerspiegeling van het heden. Die stijl is namelijk een artistieke schepping, terwijl de werkelijke stijl van de moderne tijd ons amper opvalt door zijn vanzelfsprekendheid.[24] Het is precies op het punt van stijl als uitdrukking van de tijdgeest dat de ideeën van Loos zich onderscheiden van Mies van der Rohe, die andere Duitstalige pionier van de Moderne Beweging.

De tentoonstelling als woonruimte

Ludwig Mies van der Rohe werkt van 1927 tot 1937 samen met de ontwerpster Lilly Reich bij het maken van een aantal opmerkelijke tentoonstellingen.[25] Bij het ontwerp van deze tentoonstellingen komt Reich's 20-jarige ervaring met dit onderwerp en haar specifieke sceno-

pattern, also returned in the rug, the cloth covering the couch, the cushions on the couch, the seat covers, the bath towels and even the bathrobe.

By exhibiting his Secession bedroom and bathroom, Wagner seemed to be formulating a superior response to the criticism that Loos was yet to write. The bathroom, for example, was indeed a *Gesamtkunstwerk*, but one that turned the idea of a 'work of art' upside down. It was the banal, striped bathrobe that defined the motive for the covering of this space, and not the other way around, as Loos would describe in 'Vom armen reichen Mann', where he conjured the image of an architect who became infuriated when his client failed to wear the specially designed slippers in the correct room.[20]

Loos was enthusiastic about both of Wagner's style rooms.[21] He acknowledged that this praise was different from his weekly Secession criticism, but pointed out that Wagner had designed these rooms for himself, which meant that they became very personal interiors. It is as if the strict position of Loos the critic had been undermined by Loos the architect upon seeing the skills of his colleague. Loos would later note that Otto Wagner was an exceptionally gifted designer who managed, even when designing a drinking glass, to combine style and natural design precisely by 'crawling out of his architect skin' and thinking like a craftsman.[22]

Ultimately, then, the essence of Loos's criticism was not that architects were interfering with someone else's interior, but that they abused that interior in order to create a work of art that broke away from a long and anonymous tradition of natural craftsmanship. The fashionable and stylish interior, designed by the architect or decorator, thereby took the place of the interior that consisted of objects and products made by various craftsmen. Precisely by focusing on ease of use and comfort, these anonymous artisanal products fit in harmoniously with contemporary interiors, suggested Loos.[23]

Without rejecting the modern age itself, Loos resisted the urge to look for a unified modern style as a reflection of the present day. That style, in his words, is in fact an artistic creation, while we hardly notice the real style of the modern age because of its self-evident nature.[24] This idea of style as an expression of the *zeitgeist* is precisely where the thinking of Loos differed from that of Mies van der Rohe, the other German-language pioneer of the Modern Movement.

The Exhibition as Living Space

From 1927 to 1937, Ludwig Mies van der Rohe worked with designer Lilly Reich on a number of remarkable exhibitions.[25] In the design of these exhibitions, Reich's 20 years of experience with this subject, as well as her specific, scenographic handling of materials, converged with the spatial experiments in villa design that Mies had been working on in the same period.

Lilly Reich joined the Werkbund in 1912. There she became deeply involved in a number of important exhibitions. One was the 'Von der Faser zum Gewebe' exhibition in 1926 at the international trade fair in Frankfurt. In a classic Semperian way, she made an educational exhibit there based on pre-processed raw materials and the production processes of textile, with theatrical arrangements of industrial machinery. In the year that followed, she was closely involved with the Werkbund exhibition 'Die Wohnung', which was led by Mies van der Rohe. This exhibition not only featured the well-known model neighbourhood of Weissenhof; there was also a complementary exhibition in the centre of Stuttgart, in the Gewerbehalle, that featured products related to home interiors, such as kitchens, chairs, tables, floor coverings, curtain fabrics, wallpaper and glass. In one of the smaller

Otto Wagner, slaapkamer, appartement Wagner, Köstlergasse 3, Wenen, 1898-1899

Otto Wagner, bedroom, Wagner apartment, Köstlergasse 3, Vienna, 1898-1899

Otto Wagner, badkamer, appartement Wagner, Köstlergasse 3, Wenen, 1898-1899

Otto Wagner, bathroom, Wagner apartment, Köstlergasse 3, Vienna, 1898-1899

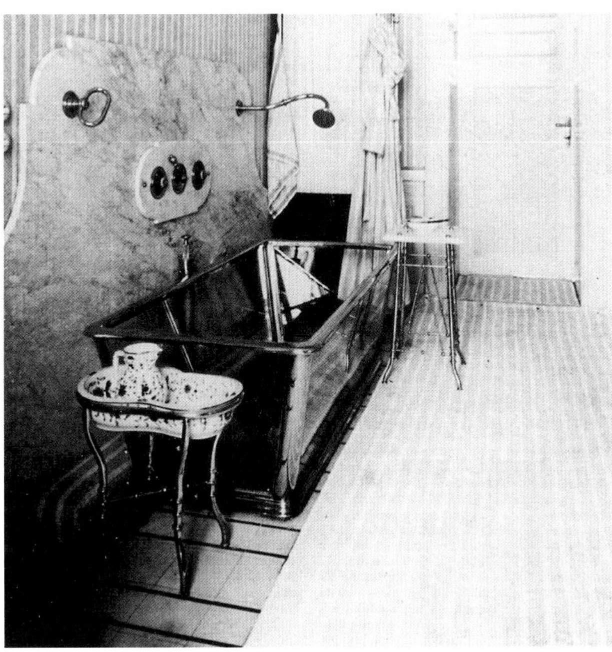

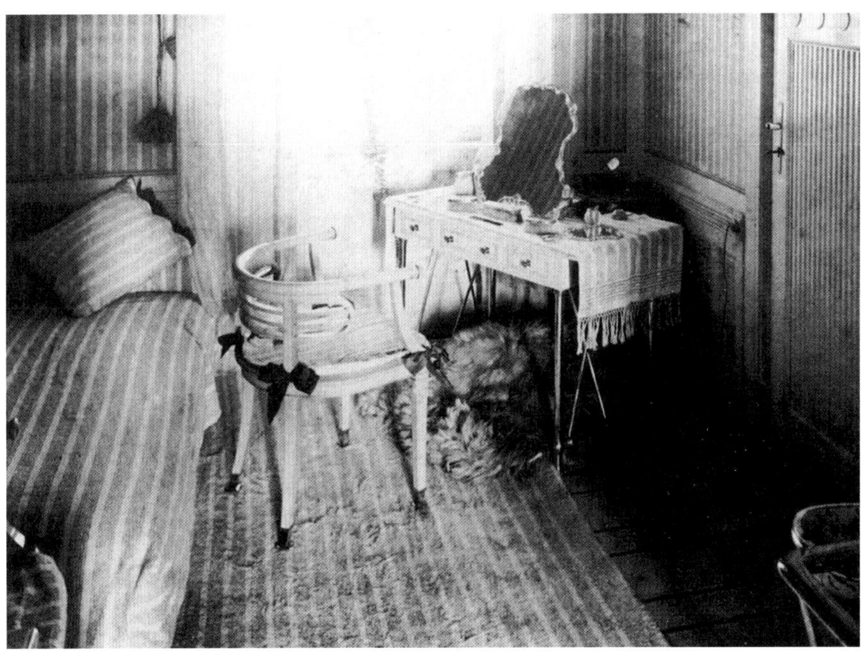

Lily Reich & Ludwig Mies van der Rohe, Café Samt & Seide, beurs 'Die Mode der Dame', Berlijn, 1927
Lily Reich & Ludwig Mies van der Rohe, Café Samt & Seide, 'Die Mode der Dame' fair, Berlin, 1927

Ludwig Mies van der Rohe, interieur Haus Tugendhat, Brno, 1931
Ludwig Mies van der Rohe, interior of Haus Tugendhat, Brno, 1931

grafische omgang met materialen samen met de architectonisch-sculpturale ruimte-experimenten met landhuisontwerpen, waaraan Mies in diezelfde jaren werkt.

Lilly Reich is in 1912 toegetreden tot de Werkbund. Daar raakt ze nauw betrokken bij een aantal belangrijke tentoonstellingen. Een daarvan is de 'Von der Faser zum Gewebe'-tentoonstelling uit 1926 op de internationale jaarbeurs van Frankfurt. Op klassiek Semperiaanse wijze maakt ze daar een educatieve opstelling rond voorbewerkte grondstoffen en productieprocessen van textiel, met theatrale opstellingen van industriële machines. In het daaropvolgende jaar is ze nauw betrokken bij de Werkbund-tentoonstelling 'Die Wohnung', onder leiding van Mies van der Rohe. Hier wordt niet alleen de bekende modelwijk Weissenhof getoond, maar vindt in het centrum van Stuttgart in de Gewerbehalle een aanvullende tentoonstelling plaats van producten die betrekking hebben op het woninginterieur, zoals keukens, stoelen, tafels, vloerbedekkingen, gordijnstoffen, behang en glas. In een van de kleinere hallen ontwerpen Reich en Mies van der Rohe de *Glasraum*: een paviljoen waarbij het woninginterieur als uitgangspunt wordt genomen voor het tentoonstellen van verschillende soorten en kleuren spiegelglas.[26] Het ruimtelijk in elkaar overlopen van de woonvertrekken, de verzelfstandiging van de binnenwanden, de neutraliteit van het plafond en de specifieke ingekaderde relatie tussen interieur en een gesuggereerde buitenruimte zijn architectonische motieven die in de woonhuisontwerpen van Mies van der Rohe voortdurend terug zullen komen.

Het meest radicale ontwerp in hun samenwerking maken Reich en Mies van der Rohe eveneens in 1927. Het betreft het Café Samt & Seide (fluweel en zijde), een productopstelling voor de Verein Deutscher Seidenwebereien,[27] bestaande uit een serie geplooide gordijnen, opgehangen aan dunne stalen buizen. In een *beinahe nichts* setting, waarin Semper's *Prinzip der Bekleidung* bijna oplost in abstractie, vormen de gordijnen met hun verschillende afmetingen en kleuren een labyrintachtige opstelling van in elkaar overlopende ruimten. De tentoongestelde stoffen zelf vallen volledig samen met de wanden, en hun materiële en tactiele ervaring wordt versterkt door ze als geïsoleerde monumentale objecten te presenteren, ontdaan van iedere decoratie en met slechts hun gelijkmatige verticale plooien. Tegelijkertijd wordt de monumentaliteit gerelativeerd door hier een café te situeren, een functie die los staat van de opgave van het tentoonstellen: buisstoelen en ronde tafeltjes staan schijnbaar willekeurig tussen de opgehangen doeken. Monumentaliteit maakt hier plaats voor de informele theatraliteit van het café als publiek interieur, net zoals bij de labyrintische Glasraum de ruimtelijke illusie van het reflecterende glas getemperd wordt door de referenties aan het herkenbare wooninterieur.

De Glasraum preludeert op het Barcelona-paviljoen van Mies van der Rohe en zijn latere woonhuisontwerpen zoals Haus Tugendhat, waarin de woonruimte lijkt op te lossen in het tentoonstellen, zoals eerder bij de Glasraum de tentoonstellingsruimte oplost in het wooninterieur.[28] De wanden worden bij Mies weliswaar abstracte objecten, maar met een uitgesproken materieel karakter, precies zoals Reich dat in haar tentoonstellingen liet zien. Deze vermenging van wooninterieur met de tentoonstelling van het wooninterieur, waarbij de klassieke woonvertrekken opgaan in een continue ruimte, kenmerkt het werk van Mies van der Rohe.[29] De stijlkamer heeft zich losgemaakt van de begrenzingen van de kamer en is een complexe ruimtelijke installatie geworden.

Mies mag zich verzetten tegen het idee van vorm en stijl in zijn werk,[30] maar juist in al zijn abstractie en vermeende stijlloosheid wordt de Glasraum een voorbeeldige stijlruimte. 'Baukunst is raumge-

halls, Reich and Mies van der Rohe designed the *Glasraum*: a pavilion where the home interior was used as the organizing principle for the display of different types and colours of mirrored glass.[26] The spatial continuity of the living areas, the autonomy of the inner walls, the neutrality of the ceiling and the specifically framed relationship between the interior and suggested exterior spaces were architectural motifs that would continually return in the homes designed by Mies van der Rohe.

The most radical design in the collaboration between Reich and Mies van der Rohe took place in 1927. It was the Café Samt & Seide (Velvet & Silk), an exhibit of products for the Verein Deutscher Seidenwebereien,[27] consisting of a series of pleated curtains hung on thin steel tubes. In a *beinahe nichts* setting, in which Semper's *Prinzip der Bekleidung* almost dissolves into abstraction, the curtains, with their different sizes and colours, formed a labyrinthine arrangement of spaces that flow into each other. The exhibited materials themselves were completely congruent with the walls, and their physical and tactile experience was enhanced by being presented as isolated monumental objects, devoid of all decoration, with only their uniform vertical pleats. At the same time, their monumentality was eased by situating a café here, a function that was independent of the exhibiting task: tube chairs and small round tables were placed seemingly at random amid the hung sheets. Here, monumentality made room for the informal theatricality of the café as a public interior, much like in the labyrinthine Glasraum the spatial illusion of the reflective glass was tempered by the reference to the recognizable home interior.

The Glasraum foreshadowes the Barcelona Pavilion by Mies van der Rohe and his later house designs such as the Tugendhat House, in which the living space seems to dissolve into an exhibition space, similar to the earlier Glasraum, where the exhibition space dissolves into the living space.[28] For Mies, the walls may well be abstract objects, but they are objects with a pronounced material character, exactly as Reich demonstrated in her exhibitions. This mixing of the home interior itself with the exhibiting of the home interior, whereby traditional rooms dissolve into a continuous space, characterizes the work of Mies van der Rohe.[29] The style room has broken free from the enclosure of the room, and has become a complex spatial installation.

Mies may oppose the idea of form and style in his work,[30] but it is precisely in all its abstraction and alleged lack of style that the Glasraum becomes an exemplary 'style space'. According to Mies, 'Baukunst is raumgefasster Zeitwille. Lebendig. Wechselnd. Neu' (architecture is the will of an epoch translated into space: living, changing, new).[31] In that respect, the Glasraum, much like the subsequent Barcelona Pavilion and Tugendhat House, ultimately once again becomes a work of art, an artistic expression of the *zeitgeist*, which was something that Loos so stubbornly tried to battle.

The Style-less Room

With Mies van der Rohe, dwelling and exhibiting merges into a serene spatial *Gesamtkunstwerk* that forces the user to redefine what dwelling means, whereas Loos rejects not only the pretence of a modern architectural unity, but ultimately also rejects the role of the architect in respect to the home interior. For an architect whose oeuvre consists mainly of private houses with complex and elaborate interiors, this is a rather paradoxical position, which was actually already visible in his discussion of the style rooms of Otto Wagner in 1898.

Architect Heinrich Tessenow, who in terms of age sits somewhere between Loos and Mies van der Rohe,[32] occupies a special position in comparison to his two colleagues. Like no one else, Tessenow consistently addressed middle-class dwelling throughout his working

Heinrich Tessenow, woonkamer, 1908
Heinrich Tessenow, living room, 1908

fasster Zeitwille. Lebendig. Wechselnd. Neu,' aldus Mies. ('Bouwkunst is de wil van een tijdperk uitgedrukt in ruimte: levendig, veranderend, nieuw.')[31] Daarmee is ook de Glasraum (net als het daarop volgende Barcelona-paviljoen en Haus Tugendhat) uiteindelijk toch weer een kunstwerk, een artistieke uitdrukking van de tijdgeest, iets dat Loos zo hardnekkig wilde bestrijden.

De stijlloze kamer

Terwijl bij Mies van der Rohe wonen en tentoonstellen opgaan in een verstild ruimtelijk Gesamtkunstwerk dat de gebruiker dwingt om het wonen opnieuw te definiëren, wijst Loos niet alleen deze pretentie van een moderne architectonische eenheid af, maar verwerpt hij uiteindelijk ook de rol van de architect met betrekking tot het woninginterieur. Voor een architect wiens oeuvre voornamelijk uit private woonhuizen met complexe en uitgewerkte interieurs bestaat, is dit een nogal paradoxale positie, die eigenlijk al zichtbaar wordt bij zijn bespreking van de stijlkamers van Otto Wagner in 1898.

De architect Heinrich Tessenow, die qua leeftijd tussen Loos en Mies van der Rohe in zit,[32] neemt ten opzichte van beide collega's een bijzondere positie in. Als geen ander houdt Tessenow zich gedurende zijn werkzame leven consequent bezig met het burgerlijke wonen en hoe de traditie van dit wonen in de huidige tijd voortgezet kan worden. Hij bouwt vanaf het begin van de twintigste eeuw aan een oeuvre van woonhuizen, teksten over wonen,[33] evenals enkele tentoongestelde interieurs,[34] maar vooral aan een oeuvre van prachtige perspectieftekeningen waarin dit wonen nauwgezet wordt onderzocht. Zijn ontwerpen concentreren zich sterk op gereduceerde en vanzelfsprekende onderdelen van het wonen, samengebracht in interieurs die een onnadrukkelijke eenvoud uitstralen. In deze interieurs probeert Tessenow het ambachtelijke te verzoenen met het moderne door abstractie te koppelen aan herkenbaarheid. Tessenow zoekt niet een terugkeer naar een stijl uit het verleden, zoals de biedermeierstijl die in het begin van de negentiende eeuw in Duitsland furore maakte. Zijn interieurs lijken niets anders dan opstellingen van de ogenschijnlijk meest gewone gebruiksvoorwerpen in een decor van vanzelfsprekendheid. Niet het materiaal of de vormgeving, maar de door en door ontwikkelde oermodellen van stoel, tafel, kleed, lamp, kast en venster komen hier samen. Tessenow lijkt het alternatief dat Loos voorspiegelt in zijn beschouwingen over de 'Jubiläumsausstellung' het dichtst te benaderen. Daarbij strekken de ambities van Tessenow zich echter veel verder uit dan die van Loos. Voor Tessenow raakt de architectuur van het wonen sterker dan welke kunstvorm ook, aan de meest elementaire menselijke behoeften. Alleen vanuit het ontwerp van het wonen, waarbij het interieur met zijn elementaire onderdelen centraal staat, kan de architect op zoek gaan naar de essentie van zijn vak en een antwoord vinden op de vraag naar stijl.[35] Deze stijl, zo stelt Tessenow, zou uiteindelijk moeten voortkomen uit een cultuur van ambachtelijkheid en vanzelfsprekendheid, genesteld in de *Kleinstadt*.

Bij Tessenow wordt zo een ambachtelijke traditie uitgangspunt voor een verstilling in vorm en stijl, en ten slotte ook voor een geïdealiseerde burgerlijke levenswijze, die diametraal staat tegenover het wonen dat Mies voor ogen heeft en uiteindelijk ook tegenover het wonen zoals Loos dat interpreteert: een wonen dat aan stijl hoopt te ontsnappen.[36]

life, and sought for ways to continue the tradition of this form of dwelling in his time. Starting at the beginning of the twentieth century, he built up an oeuvre consisting of houses, texts about dwelling[33] and several exhibited interiors,[34] but above all an oeuvre of stunning perspective drawings in which this kind of dwelling is meticulously investigated. His designs focus strongly on reduced and natural elements of dwelling, brought together in interiors that exuded an unobtrusive simplicity. In these interiors, Tessenow tries to reconcile the artisanal with the modern by linking abstraction to familiarity. He is not aiming for a return to a style of the past, such as the Biedermeier style, which created much furore in Germany at the beginning of the nineteenth century. His interiors seem to be nothing more than arrangements of the seemingly most ordinary objects in a natural setting. It is not so much the exceptional material or design that converge here, but rather the thoroughly developed basic models of the chair, table, rug, lamp, cabinet and window. Tessenow's designs seem to approach most closely the alternative that Loos presented in his reflections on the Jubiläums-Ausstellung. At the same time, Tessenow's ambitions extend far beyond those of Loos. For Tessenow, the architecture of dwelling touches upon the most basic human needs more strongly than any other art form. It is only in the design of the dwelling, where a central role is played by the basic components of the interior, that the architect is able to seek out the essence of his profession, and find an answer to the question of style.[35] This style, Tessenow suggests, should eventually have to come from a culture of craftsmanship and naturalness, nestled in the *Kleinstadt*.

For Tessenow, an artisanal tradition becomes the starting point for a stillness in form and style, and ultimately also for an idealized bourgeois way of life that is diametrically opposed to the way of dwelling that Mies has in mind, and that is ultimately also opposed to dwelling as Loos interprets it: a way of living that hopes to escape from style.[36]

Noten

1 Beatriz Colomina, 'The Exhibitionist House', in: Richard Koshalek, Elizabeth A. T. Smith en Zeynep Çelik (red.), *At the end of the century: one hundred years of architecture* (Los Angeles: Museum of Contemporary Art, 1998), 126-166.
2 Zie bijv.: *OASE*, nr. 42 (1995).
3 Guido Geerts en Ton de Boon (red.), *Van Dale Groot Woordenboek der Nederlandse Taal* (Utrecht: Van Dale Lexicografie, 1999), 3251.
4 Mitchell Schwarzer, *German Architectural Theory and the Search for Modern Identity* (Cambridge/ New York/ Melbourne: Cambridge University Press, 1995), 33-87.
5 Het stijldebat heeft nergens zo veel pennen in beweging gezet als in het Duitse taalgebied. Zeker driemaal duikt de titel *In welchem Style sollen wir bauen* op: bij Heinrich Hübsch in 1828, bij August Reichensperger in 1852 en bij Albert Hofmann in 1890. Ibid., 331, 332, 336.
6 Zie voor een beknopte versie door Semper zelf (vertaald door Harry Francis Mallgrave en Wolfgang Herrmann): Gottfried Semper, *The Four Elements of Architecture and other writings* (Cambridge/New York: Cambridge University Press, 1989), 101-129. Een goede samenvatting van de theorieën van Semper geeft Udo Garritzmann, 'From the colour of dressing to the dressing in colour and back again', in: Suzanne Komossa, Kees Rouw en Joost Hillen (red.), *Colour in contemporary architecture* (Amsterdam: SUN, 2009), 172-196.
7 Zie het proefschrift van Pieter van Wesemael, *Architectuur van instructie en vermaak. Een maatschappijhistorische analyse van de wereldtentoonstelling als didactisch verschijnsel (1798-1851-1970)* (Delft: Publicatiebureau Bouwkunde, 1997), 132, 140, 143.
8 Gottfried Semper, *Der Stil in den technischen und tektonischen Künsten; oder, Praktische Aesthetik, ein Handbuch für Techniker, Künstler und Kunstfreunde* (Frankfurt am Main: Verlag für Kunst und Wissenschaft, 1860/München: F. Bruckmann, 1863); vertaald door Harry Francis Mallgrave en Michael Robinson als: Gottfried Semper, *Style in the Technical and Tectonic Arts; or, Practical Aesthetics* (Los Angeles: Getty Research Institute, 2004).
9 Semper, *Style in the Technical and Tectonic Arts*, op. cit. (noot 8), 242-250. Zie voor een beknopte samenvatting: Garritzmann, op. cit. (noot 6), 182-186.
10 Semper, *Four Elements*, op. cit. (noot 6), 130-167.
11 Ibid., 136-137. Vertaling uit het Engels door de auteur.
12 Ibid., 139.
13 Schwarzer, *German Architectural Theory*, op. cit. (noot 4), 112-120.
14 De artikelen zijn in 1921 verzameld in *Ins Leere gesprochen*. Afzonderlijk zijn ze te vinden in Adolf Loos, *Gesammelte Schriften; herausgegeben von Adolf Opel* (Wenen: Lesethek Verlag, 2010).
15 Hier speelt het werk van de kunsthistoricus Alois Riegl een grote rol. Zie: Schwarzer, *German Architectural Theory*, op. cit. (noot 4), 202-204.
16 Adolf Loos, 'Intérieurs Ein Präludium', opgenomen in Loos, *Gesammelte Schriften*, 68. De Engelse vertaling (door Michael Mitchell) is grotendeels overgenomen uit: Adolf Loos, *Ornament and Crime: selected essays* (Riverside, CA: Ariadne Press, 1998), 51.
17 Van deze tentoongestelde interieurs zelf zijn geen afbeeldingen bekend. Zie voor een uitvoerige beschrijving van de uiteindelijke uitgevoerde interieurs: Paul Asenbaum, Peter Haiko, Herbert Lachmayer en Reiner Zettl, *Otto Wagner; Möbel und Innenräume* (Salzburg/Wenen: Residenz Verlag, 1984),163-181.
18 Zie voor een uitvoerige beschrijving: Adolf Loos, 'Die Intérieurs in der Rotunde', opgenomen in: Loos, *Gesammelte Schriften*, op. cit. (noot 14), 75-81.
19 Zie ook: Pieter Jan Gijsberts, 'Een transparante fantasmagorie; Inundatie van de blik', *OASE*, nr. 34 (1992), 21-29.
20 Loos, *Gesammelte Schriften*, op. cit. (noot 14), 262-267.
21 Gijsberts, 'Een transparante fantasmagorie', op. cit. (noot 19).
22 Loos, 'Die Intérieurs in der Rotunde', opgenomen in: Loos, *Gesammelte Schriften*, op. cit. (noot 14), 81.
23 Loos, 'Intérieurs Ein Präludium', opgenomen in Loos, *Gesammelte Schriften*, op. cit. (noot 14), 68-74.
24 Zie ook: Erik Terlouw, 'Inleiding', in: Henk Engel, Susanne Komossa en Erik Terlouw (red.), *Architectuurfragmenten 2; De vraag naar stijl* (Delft: Publikatieburo Bouwkunde, 1995), 11-12.
25 Matilda McQuaid (red.), *Lilly Reich; Designer and Architect* (New York: The Museum of Modern Art, 1996), 22-29, 53-57.
26 Zie ook de projectdocumentatie elders in deze publicatie.
27 Een belangrijke rol in deze vereniging wordt gespeeld door de industrieel Hermann Lange, opdrachtgever voor het woonhuis dat Mies in 1928 in Krefeld realiseerde. Zie ook: http://www.projektmik.com/artist_info.php?SID=vgM1b2LCKP4l&aid=12&aname=, bezocht augustus 2014.
28 Of zoals Gustav Platz formuleert wanneer hij Haus Tugendhat bekritiseert: 'alsof de lege ruimte aan de bewoner het gevoel moet geven dat hij in een fraaie tentoonstellingszaal woont'. Zie: Gustav Adolf Platz, *Wohnräume der Gegenwart* (Berlijn: Im Propyläen Verlag, 1933), 70.
29 Of zoals Manfredo Tafuri en Francesco Dal Co stellen, wanneer zij de bewoner van een villa van Mies uit de vroege jaren 1930 bespreken: '(...) een bezoeker in zijn eigen huis, aan wiens blik zich verscheidene verstilde en onaanraakbare objecten en panorama's presenteerden', in: Manfredo Tafuri en Francesco Dal Co, *Modern Architecture / 1* (New York: Rizzoli, 1986), 136.

Notes

1 Beatriz Colomina, 'The Exhibitionist House', in: Richard Koshalek, Elizabeth A.T. Smith and Zeynep Çelik (eds.), *At the End of the Century: One Hundred Years of Architecture* (Los Angeles: Museum of Contemporary Art, 1998), 126-166.
2 See, for example: *OASE*, no. 42. (1995).
3 H.W. Fowler and F.G. Fowler (eds.) *The Concise Oxford Dictionary of Current English* (Oxford: Oxford University Press, 1964), 1282.
4 Mitchell Schwarzer, *German Architectural Theory and the Search for Modern Identity* (Cambridge/New York/Melbourne: Cambridge University Press, 1995), 33-87.
5 Nowhere was the style debate more actively contested than in the German language countries. The title *In welchem Style sollen wir bauen* appears at least three times: in Heinrich Hübsch in 1828, in August Reichensperger in 1852, and in Albert Hofmann in 1890. Ibid., 331, 332, 336.
6 For a concise version by Semper himself (translated by Harry Francis Mallgrave and Wolfgang Herrmann), see: Gottfried Semper, *The Four Elements of Architecture and Other Writings* (Cambridge/New York: Cambridge University Press, 1989), 101-129. Udo Garritzmann gives a good summary of the theories of Semper: 'From the Colour of Dressing to the Dressing in Colour and Back Again', in: Suzanne Komossa, Kees Rouw and Joost Hillen (eds.), *Colour in Contemporary Architecture* (Amsterdam: SUN, 2009), 172-196.
7 See the thesis by Pieter van Wesemael, *Architectuur van instructie en vermaak. Een maatschappijhistorische analyse van de wereldtentoonstelling als didactisch verschijnsel (1798-1851-1970)* (Delft: Publicatiebureau Bouwkunde, 1997), 132, 140, 143.
8 Gottfried Semper, *Der Stil in den technischen und tektonischen Künsten; oder, Praktische Aesthetik, ein Handbuch für Techniker, Künstler und Kunstfreunde* (Frankfurt am Main: Verlag für Kunst und Wissenschaft, 1860/Munich: F. Bruckmann, 1863); translated by Harry Francis Mallgrave and Michael Robinson as: Gottfried Semper, *Style in the Technical and Tectonic Arts; or, Practical Aesthetics* (Los Angeles: Getty Research Institute, 2004).
9 The German word *Bekleidung* is not easy to translate into English. Its meaning resides somewhere between 'dressing', 'cladding', 'adornment' and 'raiment'. Harry Mallgrave translates it as 'dressing'. Semper, *Style in the Technical and Tectonic Arts*, op. cit. (note 8), 242-250. For a concise summary see: Garritzmann, 'From the Colour of Dressing', op. cit. (note 6), 182-186.
10 Semper, *Four Elements*, op. cit. (note 6), 130-167.
11 Ibid., 136-137.
12 Ibid., 139.
13 Schwarzer, *German Architectural Theory*, op. cit. (note 4), 112-120.
14 The articles were collected in 1921 in *Ins Leere gesprochen*. Individually they can be found in Adolf Loos, *Gesammelte Schriften; herausgegeben Adolf von Opel* (Vienna: Lesethek Verlag, 2010).
15 Here the work of art historian Alois Riegl plays a major role. See: Schwarzer, *German Architectural Theory*, op. cit. (note 4), 202-204.
16 Adolf Loos, 'Intérieurs Ein Präludium', included in Loos, *Gesammelte Schriften*, op. cit. (note 14), 68. The English translation (by Michael Mitchell) is largely taken from Adolf Loos, *Ornament and Crime: Selected Essays* (Riverside, CA: Ariadne Press, 1998), 51.
17 No images are known of these exhibited interiors themselves. For a detailed description of the interiors that were ultimately implemented, see: Paul Asenbaum, Peter Haiko, Herbert Lachmayer and Reiner Zettl, *Otto Wagner: Möbel und Innenräume* (Salzburg/Vienna: Residenz Verlag, 1984), 163-181.
18 For a detailed description see: Adolf Loos, 'Die Intérieurs in der Rotunde', included in: Loos, *Gesammelte Schriften*, op. cit. (note 14), 75-81.
19 See also: Pieter Jan Gijsberts, 'Een transparante fantasmagorie; Inundatie van de blik', *OASE*, no. 34 (1992), 21-29.
20 Loos, *Gesammelte Schriften*, op. cit. (note 14), 262-267.
21 Gijsberts, 'Een transparante fantasmagorie', op. cit. (note 19).
22 Loos, 'Die Intérieurs in der Rotunde', included in: Loos, *Gesammelte Schriften*, op. cit. (note 14), 81.
23 Loos, 'Intérieurs Ein Präludium', included in Loos, *Gesammelte Schriften*, op. cit. (note 14), 68-74.
24 See also: Erik Terlouw, 'Inleiding', in: Henk Engel, Susanne Komossa and Erik Terlouw (eds.), *Architectuurfragmenten 2; De vraag naar stijl* (Delft: Publikatieburo Bouwkunde, 1995), 11-12.
25 Matilda McQuaid (ed.), *Lilly Reich; Designer and Architect* (New York: The Museum of Modern Art, 1996), 22-29, 53-57.
26 See also the project documentation elsewhere in this publication.
27 An important role in this association was played by industrialist Hermann Lange, who commissioned the house that Mies realized in 1928 in Krefeld. See also: http://www.projektmik.com/artist_info.php?SID=vgM1b2LCKP4l&aid=12&aname= visited in August 2014.
28 Or as Gustav Platz formulated it when he criticized the Tugendhat House: 'as if the empty space gives the resident the feeling that he is living in a beautiful exhibition hall'. See: Gustav Adolf Platz, *Wohnräume der Gegenwart* (Berlin: Im Propyläen Verlag, 1933), 70.
29 Or as Manfredo Tafuri and Francesco Dal Co suggested, when they discussed the occupant of a Mies villa from the early 1930s: 'a visitor in one's own

30 Mies formuleert in 1923 aldus: 'Vorm als doel is formalisme; en dat verwerpen we. Maar we streven ook niet naar een stijl. Alleen al het willen van stijl is formalisme', geciteerd in Adrian Forty, *Words and Buildings. A Vocabulary of Modern Architecture* (Londen: Thames and Hudson, 2000), 165.

31 Mies van der Rohe in: *G*, nr. 1 (bibl.2) (1923), geciteerd in: Philip Johnson, *Mies van der Rohe* (New York: The Museum of Modern Art, 1947 [1978], 188. Engelse vertaling Martin James en Philip Johnson.

32 Adolf Loos: 1870-1933; Heinrich Tessenow: 1876-1950; Ludwig Mies van der Rohe: 1886-1969. Zie: Stanford Anderson, 'The Legacy of German Neoclassicism and Biedermeier: Behrens, Tessenow, Loos, and Mies', *Assemblage*, nr. 15 (1991), 64.

33 Meest bekend zijn *Der Wohnhausbau* uit 1909 en *Hausbau und dergleichen* uit 1916, die beide ook in latere edities zijn verschenen. Een samenvatting van teksten uit beide boeken, aangevuld met veel andere losse publicaties is te vinden in: Heinrich Tessenow, *Geschriebenes. Gedanken eines Baumeisters* (Braunschweig: Vieweg/Bauwelt-Fundamente 61, 1982).

34 Bij de 'Jahresschau Deutscher Arbeit: Wohnung und Siedlung' in Dresden, 1925. Zie ook de projectdocumentatie elders in dit nummer.

35 Heinrich Tessenow in *Der Wohnhausbau*. Geciteerd in: Marco DeMichelis, *Heinrich Tessenow: 1876-1950; das architectonische Gesamtwerk* (Stuttgart: Deutsche Verlags-Anstalt, 1991), 40.

36 Of zoals Aldo Rossi verwoord in zijn mooie vergelijking tussen Loos, Mies en Tessenow: '(...) Adolf Loos ontmoedigt iedere liefhebber van architectuur: iedereen zal in zijn eigen huis wonen, naar gelang zijn eigen persoonlijkheid, en het huis zal met hem meegroeien buiten elke stijl om, en uiteindelijk zonder enige last.' Aldo Rossi, 'The Architecture of Adolf Loos', in: Benedetto Gravagnuolo, *Adolf Loos: Theory and Works* (Milaan: Idea Books, 1982), 12.

home to whose eyes were presented various mute and intangible objects and panoramas', in: Manfredo Tafuri and Francesco Dal Co, *Modern Architecture/1* (New York: Rizzoli, 1986), 136.

30 Mies formulated this in 1923 as: 'Form as goal is formalism; and that we reject. Nor do we strive for a style. Even the will to style is formalism,' quoted in Adrian Forty, *Words and Buildings. A Vocabulary of Modern Architecture* (London: Thames and Hudson, 2000), 165.

31 Mies van der Rohe in: *G*, no. 1 (bibl.2) (1923), quoted in: Philip Johnson, *Mies van der Rohe* (New York: The Museum of Modern Art, 1947 [1978]), 188. English translation by Martin James and Philip Johnson.

32 Adolf Loos: 1870-1933; Heinrich Tessenow: 1876-1950; Ludwig Mies van der Rohe: 1886-1969. See: Stanford Anderson, 'The Legacy of German Neoclassicism and Biedermeier: Behrens, Tessenow, Loos, and Mies', *Assemblage*, no. 15 (1991), 64.

33 The most famous are *Der Wohnhausbau* from 1909 and *Hausbau und dergleichen* from 1916, both of which were also published in later editions. A summary of texts from both books, plus many other individual publications, can be found in: Heinrich Tessenow, *Geschriebenes. Gedanken eines Baumeister* (Braunschweig: Vieweg/Bauwelt-Fundamente 61, 1982).

34 In the 'Jahresschau Deutscher Arbeit: Wohnung und Siedlung' in Dresden, 1925. See also the project documentation elsewhere in this issue.

35 Heinrich Tessenow in *Der Wohnhausbau*. Quoted in: Marco DeMichelis, *Heinrich Tessenow: 1876-1950; das architectonische Gesamtwerk* (Stuttgart: Deutsche Verlags-Anstalt, 1991), 40.

36 Or, as Aldo Rossi put it, making a nice comparison between Loos, Mies and Tessenow: 'Adolf Loos discourages every *aficionado* of architecture: everyone will live in his own house, according to his own personality, and the house will grow with him outside any style and, in the last analysis, without any imposition.' Aldo Rossi, 'The Architecture of Adolf Loos', in: in: Benedetto Gravagnuolo, *Adolf Loos: Theory and Works* (Milan: Idea Books, 1982), 12.

Fredie Floré &
Rika Devos

Modelinterieurs en modelwoningen op Expo 58
Model Interiors and Model Homes at Expo 58

Karl Augustinus Bieber, Ernst Althoff en Marie Marcks (cartoons), groot model-appartement in het paviljoen van de Duitse Bondsrepubliek, Expo 58, Brussel, 1958
Karl Augustinus Bieber, Ernst Althoff and Marie Marcks (cartoons), large model apartment in the pavilion of the German Federal Republic, Expo 58, Brussels, 1958

Modelinterieurs en modelwoningen waren een terugkerend onderdeel van de wereldtentoonstellingen uit de vorige eeuw. Ook op Expo 58, de wereldtentoonstelling in Brussel van 1958, kwamen deze presentatievormen veelvuldig voor. Verschillende deelnemende naties zagen in het modelinterieur of de modelwoning een krachtig didactisch instrument om het idee van een succesvolle wederopbouw, een nieuwe nationale identiteit of een beloftevolle toekomst onder de aandacht te brengen. Modelwoningen boden een vlot toegankelijke formule, herkenbaar over de nationale grenzen heen en uitermate geschikt voor de synthese van industrie en cultuur.[1] Daarnaast was de modelwoning ook een dankbare formule voor deelnemers met een meer commerciele opzet. Vooral binnen de Belgische sectie[2] geven bijdragen zoals het paviljoen van Gebouwen en Woningen of dat van meubelfirma Vanderborght een overzicht van wat de Belgische markt te bieden had of in de toekomst te bieden zou hebben.[3] Behalve dat ze uitdrukking gaven aan de vooruitgang, leken deze modelwoningen en -interieurs vaak ook impliciet te verwijzen naar het algemene thema van de wereldtentoonstelling: 'De *balans* der *wereld* voor een *humanere wereld.'* Een goed of comfortabel ingericht huis was immers een basisbehoefte waarvan het maatschappelijk belang sinds de gruwel van de Tweede Wereldoorlog sterk was aangescherpt.[4]

De modelinterieurs en -woningen op Expo 58 liepen sterk uiteen, mede als gevolg van de diversiteit aan deelnemende landen en bedrijven, en hun verschillende visies op 'modern' of 'beter' wonen. Bovendien was tegen het einde van de jaren 1950 het modelinterieur een vertrouwd medium geworden bij het grote publiek, dat inmiddels bekend was met de naoorlogse nationale promotie van het 'nieuwe' en 'goede' wonen. Op Expo 58 hadden ontwerpers dus de kans om deze beproefde tentoonstellingsformule op diverse, niet zelden subtiele en vernieuwende manieren in te zetten. Het assortiment varieerde van realistische woonmodellen op ware grootte tot fictieve of suggestieve ensceneringen waarbij meubelen en andere interieurobjecten een betekenisvolle rol speelden. Dit artikel belicht het rijke palet aan modelwoningen en -interieurs op Expo 58, en staat stil bij een aantal voorbeelden, dat de grenzen van het medium heeft verlegd.

Een beproefde tentoonstellingsformule

Talrijke voorbeelden uit de negentiende en twintigste eeuw gaan aan de modelinterieurs op Expo 58 vooraf. Denk bijvoorbeeld aan de 'Exposition Internationale des Arts Décoratifs et Industriels Modernes' van 1925 in Parijs, waar een modelinterieur was ingericht in het Pavillon de l'Esprit Nouveau van Le Corbusier, en waar ook veel andere modelinrichtingen te zien waren, zoals een 'Vlaamse Moderne Woonkamer' van het gerenommeerde Belgische meubelbedrijf De Coene en verschillende woonvertrekken, ingericht door vooraanstaande Franse decorateurs en architecten, in het Pavillon d'Une Ambassade Française.[5] Hoewel deze voorbeelden onderling vaak sterk van elkaar verschillen, zijn het steeds coherente uitdrukkingen van een bepaalde invulling, hetzij van wat we vandaag art-deco noemen, hetzij van een resoluut modernistische vormentaal. Anders dan gemusealiseerde stijlkamers of *period rooms* delen de modelinterieurs en modelwoningen op deze tentoonstellingen bovendien de duidelijke ambitie vooruit te kijken en dus 'modern' te zijn.[6] Het 'House of Tomorrow' van architect Fred Keck, in samenwerking met interieurarchitect Irene Kay Hyman op de 'Century of Progress International Exhibition' in Chicago in 1933, is hiervan een van de vele voorbeelden.

Van belang voor dit artikel is vooral dat modelwoningen en -interieurs op internationale tentoonstellingen ruimte bieden voor experiment. Architectuurhistoricus Beatriz Colomina wees er in haar essay

Model interiors and model homes were a recurring element at the world fairs of the previous century. At Expo 58, the Brussels World Fair of 1958, these forms of presentation were also a common feature. Various participating nations saw the model interior or the model home as a powerful didactic instrument with which to draw attention to the idea of successful post-war reconstruction, a new national identity or a promising future. Model homes offered an accessible formula, instantly recognizable across national borders and extremely suited to the synthesis of industry and culture.[1] At the same time the model home was a rewarding formula for participants with a more commercial purpose. Within the Belgian Section,[2] especially, contributions such as the pavilion of the Buildings and Dwellings group or that of the furniture company Vanderborght provided an overview of what the Belgian market had to offer – or might be offering in the future.[3] As well as giving expression to progress, these model homes and interiors often appeared to be referring explicitly to the overall theme of the world fair: '*A balance sheet for a more humane world.'* A good or comfortably furnished home was a basic need, the social importance of which had been brought into sharp focus since the horrors of the Second World War.[4]

The model homes and interiors at Expo 58 were extremely wide-ranging, not least because of the diversity of the participating nations and businesses and their different visions of 'modern' or 'better' living. Besides, by the end of the 1950s the model interior was familiar to the general public, which had become acquainted with the national promotion of 'new' and 'good' living during the post-war years. Expo 58 gave designers the opportunity to deploy this tried and tested exhibition formula in a range of different, often subtle and innovative ways, stretching from realistic, full-scale models to fictitious or evocative settings in which furniture and other furnishings played a significant role. This article sheds light on the rich palette of model homes and interiors at Expo 58, and reflects on examples that pushed the medium's boundaries.

A Tried and Tested Exhibition Formula

Numerous examples from the nineteenth and twentieth centuries precede the model interiors at Expo 58. There is the 'Exposition Internationale des Arts Décoratifs et Industriels Modernes' (International Exhibition of Modern Decorative and Industrial Arts) in Paris in 1925, for instance, where a model interior had been fitted in Le Corbusier's Pavillon de l'Esprit Nouveau. The exhibition also featured many other model designs, such as a 'Modern Flemish Living Room' by renowned Belgian furniture maker De Coene and various living rooms furnished by prominent French designers and architects in the Pavillon d'Une Ambassade Française.[5] Although many of these examples differ widely, they are all coherent expressions of a particular style, either of what we now call Art Deco, or of a distinctly modernist syntax. Unlike the period rooms in museums, the model homes and interiors at these fairs also share the manifest ambition of looking ahead and of being 'modern'.[6] The 'House of Tomorrow' by architect Fred Keck, in collaboration with interior designer Irene Kay Hyman at the 'Century of Progress International Exhibition' in Chicago in 1933 is one of many examples of this.

One of the key focal points of this article is the fact that model homes and interiors at international fairs offer scope for experimentation. In her essay 'The Exhibitionist House', architecture historian Beatriz Colomina points out that the home has been one of the most important design briefs of the twentieth century and that 'many of the influential houses of the twentieth century were produced for exhibitions'.[7] She illustrates her

'The exhibitionist house' al op dat de woning een van de belangrijkste ontwerpopdrachten van de twintigste eeuw is geweest en dat 'veel van de invloedrijke huizen uit de twintigste eeuw geproduceerd werden voor tentoonstellingen'.[7] Ze illustreert haar verhaal met heel wat bekende en enkele minder bekende projecten: van de Weissenhofsiedlung in Stuttgart tot de tentoonstellingswoningen in de tuin van het MoMA.[8] Bij de voorbeelden die ze aanhaalt, nemen modelwoningen op *fairs* of wereldtentoonstellingen een bijzondere positie in. Wereldtentoonstellingen zijn immers massaspektakels en modelwoningen of -interieurs die hiervan deel uitmaken, bereiken bij uitstek een groot en gevarieerd publiek. Ze hebben het potentieel om ontwerpexperiment en massacommunicatie met elkaar te verenigen. Sommige van deze modelwoningen of -interieurs zijn ontworpen en gerealiseerd vanuit een maatschappelijke bezorgdheid voor een betere wooncultuur en slaan al dan niet expliciet een educatieve of normerende toon aan.[9] Andere worden gedreven door een duidelijk commerciële inzet en adresseren de bezoekers in de eerste plaats als consumenten. Weer andere balanceren zelfbewust en kritisch tussen beide.

Expo 58 was de eerste officiële wereldtentoonstelling na de Tweede Wereldoorlog. In zijn totaliteit bracht het evenement een duidelijk maatschappelijk getinte boodschap. De organisatoren wilden vooral de humane, positieve aspecten van de wetenschappelijke vooruitgang in de verf zetten. Tegelijk vertolkte het evenement ook talrijke commerciële belangen van zowel deelnemende landen als bedrijven uit binnen- en buitenland. Architecten en andere ontwerpers die een opdracht kregen op de terreinen van Expo 58, kwamen doorgaans terecht binnen een strak geregisseerde wereld waarbij zowel de overkoepelende organisatie als de deelnemende landen en bedrijven de controle over de communicatie graag stevig in handen hielden.[10]

Het modelinterieur, vertolker van vernieuwde wooncultuur

Het paviljoen van de Duitse Bondsrepubliek was ontworpen door architecten Egon Eiermann en Sep Ruf, en bestond uit acht, via loopbruggen aan elkaar geschakelde, transparante glazen volumes in een organisch aangelegd park. De bedenkers van het paviljoen manoeuvreerden behoedzaam tussen de erfenis van de Tweede Wereldoorlog en de culturele propaganda van de Koude Oorlog, door het concept van 'transparantie' aan een strategie van 'terughoudendheid' te koppelen.[11] '"Wie transparant bouwt, bouwt democratisch" is een vanzelfsprekendheid in de architectuur van het machtsapparaat van de Bondsrepubliek Duitsland, waarmee verschillende naoorlogse mythen werden gevoed,' stelde Deborah Ascher Barnstone in haar studie over de interactie tussen ideologie en politiek in het naoorlogse Duitsland.[12] Het concept van transparantie bij deze eerste internationale representatie haakte inderdaad in op een breder architecturaal debat, waarbij verschillende vooraanstaande leden van de hernieuwde Deutscher Werkbund betrokken waren. De transparantie toonde zich in de doorkijkarchitectuur, in de lichte interieurs, maar ook in de communicatie omtrent het ontwerpproces. In de rapporten en gedenkboeken wordt dan ook over de *Haltung der Zurückhaltung* gesproken: de expliciete keuze om niet het accent te leggen op het Duitse *Wirtschaftswunder,* maar op de Duitse hervonden normaliteit. Het tentoonstellingsprogramma was ontwikkeld door Hans Schwippert en focuste eenvoudig op het thema 'Leven in Duitsland',[13] waarbij het concept 'levensvreugde' (*Lebensheiterkeit*) werd ontwikkeld om de clichés van het norse, agressieve Duitsland te weerleggen.[14] Het tentoonstellen van een nieuwe Duitse materiële cultuur, een van de belangrijke missies van de Werkbund op dat moment, modelwoningen inclusief, werd daarbij ingezet. Paul Betts merkte eerder al op: 'de zelfverklaarde

account with quite a few well-known and some lesser known projects: from the Weissenhofsiedlung in Stuttgart to the exhibition homes in the garden of MoMA.[8] Among the examples she cites, the model homes at world fairs occupy a special position. After all, these fairs are mass spectacles and the model homes and interiors exhibited there will reach a large and varied audience. They have the potential to unite design experiment with mass communication. The design and realization of some of these model homes and interiors have been informed by a social concern for a better domestic culture and may or may not adopt an explicitly didactic or normative tone.[9] Others are driven by a strong commercial motive and address the visitors first and foremost as consumers. Yet others maintain a confident and critical balance between the two.

Expo 58, the first official world fair after the Second World War, had a clear societal message. Above all, the organizers wanted to highlight the humane, positive aspects of scientific progress. At the same time, the event represented the commercial interests of participating nations and businesses both at home and abroad. Architects and other designers who received assignments within the grounds of Expo 58 tended to end up in a tightly organized world where both the umbrella organization and the participating nations and companies liked to keep a firm grip on what was being communicated.[10]

The Model Interior, the Exponent of a New Domestic Culture

The pavilion of the Federal Republic of Germany was designed by architects Egon Eiermann and Sep Ruf, and was composed of eight transparent glass boxes, linked together via walkways and set in a landscaped park. The pavilion's designers tread a careful line between the legacy of the Second World War and the cultural propaganda of the Cold War by linking the concept of 'transparency' to a strategy of 'restraint'.[11] '"He who builds transparently builds democratically" is a truism of parliamentary architecture in the Federal Republic of Germany, adopted to further several postwar myths,' Deborah Ascher Barnstone argues in her study of the interaction between ideology and politics in post-war Germany.[12] The concept of transparency at this first international representation did indeed respond to a wider architectural debate, in which various prominent members of the new Deutscher Werkbund were involved. The transparency expressed itself in the see-through architecture and in the light interiors, as well as in the communications about the design process. The reports and commemorative books speak of the *Haltung der Zurückhaltung*, or the attitude of restraint: the deliberate decision to not focus on the German *Wirtschaftswunder* but on Germany's salvaged normality The exhibition programme, developed by Hans Schwippert, concentrated simply on the topic of 'Living in Germany'[13] and elaborated the concept of *Lebensheiterkeit* (the joy of living) to refute the clichés of a gruff, aggressive Germany.[14] One of the Werkbund's key missions at that moment, the display of a new German material culture, which included model homes, was used to achieve this objective. As Paul Betts puts it: 'The self-described "friendliness" and "beauty" of West Germany's exhibited workplaces and homes were imagined as bulwarks against fascism and communism, A-bomb anxiety, and Cold War militarism.'[15] Through this the pavilion was to evoke a new, emancipated image of the Germans.

The exhibition guide for the pavilion is extremely illuminating about the way in which these intentions were translated into objects, rooms and installations. The 'Personal Needs' and 'Leisure Time' sectors showed objects from the daily lives of Germans, both as a demonstration of Germany's renewed productivity and prosperity, and as an

"vriendelijkheid" en "schoonheid" van de tentoongestelde West-Duitse werkplaatsen en woonhuizen werden voorgesteld als bolwerken tegen fascisme en communisme, de angst voor de atoombom en Koude Oorlog-militarisme'.[15] Hiermee zou het paviljoen een nieuw en bevrijd beeld van de Duitser oproepen.

De tentoonstellingsgids van het paviljoen is bijzonder verhelderend wat betreft de manier waarop deze intenties werden vertaald naar objecten, ruimten en installaties. In de afdelingen 'Persoonlijke behoefte' en 'Vrije tijd' werden objecten uit het dagelijks leven van de Duitser getoond: tegelijk als demonstratie van een hernieuwde Duitse productiviteit en welvaart, maar ook als illustratie van een nieuw Duits 'levensgevoel,' waarbij de 'relatie tot de dingen' een existentieel belang kreeg toebedeeld. De oorlogstijd werd daarbij als een keerpunt aangemerkt, want toen 'ontdekte men opnieuw de betekenis van die kleine persoonlijke dingen en men verkreeg (…) een nieuwe verhouding tot deze dingen.'[16] In de tentoonstelling moest de bezoeker daarom 'een beeld vinden dat niet bij min of meer geliefde clichés past, niet bij de "beestachtige" ernst, (…) dit nieuwe gezicht dat men hier ontdekt is rustiger, opgeruimder en speelser en toch is het geen "zondags"-gezicht'.[17] Het is vanuit dezelfde drijfveer dat ook de presentatie van het naoorlogse Duitse modelinterieur kan worden gelezen.

In de afdeling 'Stad en Woning' werd de bovenste verdieping gewijd aan de beginjaren van het Bauhaus en de CIAM, en aan diverse wederopbouwprojecten. De afdeling nam geen uitgesproken positie in over het toenmalige debat over hoogbouw in Duitsland, maar belichtte, door op de benedenverdieping zowel een vrijstaande modelwoning als modelappartementen te tonen, de voordelen van een diversiteit aan woontypologieën.[18] Compact wonen in appartementen bood een antwoord op het woningtekort in grote steden. De vrijstaande woning – hier gesitueerd in de tuin van het paviljoen – vertolkte dan weer de tegenpool van het in de Koude Oorlog ideologisch beladen concept van collectief wonen, en stond symbool voor individuele, materiële vooruitgang.

Vooral de modelappartementen boden een tastbare illustratie van het nieuwe Duitse wonen en beklijven als ontwerpexperiment. Het ging om twee modelvoorstellingen op ware grootte: een groot appartement voor een gezin met kinderen en een vrijgezellenflat, beide ontworpen door Karl Augustinus Bieber en Ernst Althoff. Op het eerste gezicht onderlijnen ze met hun grotendeels glazen wanden het transparante karakter van het Duitse paviljoen. Het glas in de wanden rondom de modelappartementen laat dan ook veel zien: keurig ingerichte kamers met sober vormgegeven meubilair en met hier en daar objecten die de suggestie van bewoning oproepen: vaasjes met bloemen, een kindertekening, rondslingerend speelgoed, enz. Zo'n opstelling kwam bij toenmalige modelinterieurs wel vaker voor, maar het nadrukkelijke gebruik van glas in combinatie met de fysieke ontoegankelijkheid van de appartementen zet de voyeuristische ervaring net wat sterker in de verf. Aan de buitenzijde van de flats nodigen zitjes de tentoonstellingsbezoeker uit om het geheel rustig te bestuderen. Bij de keuken gingen Bieber en Althoff nog een stap verder. Hier maakt glas ook het onzichtbare zichtbaar. We kijken niet alleen binnen in de compacte, efficiënt ingerichte keuken. We krijgen ook letterlijk doorzicht in de kasten die grenzen aan de buitenwand van het appartement.

Op de buitenwanden van de appartementen – zowel de glazen als de houten delen – waren cartoons aangebracht van graficus Marie Marcks. De tekeningen, waarin nauwelijks tekst is verwerkt, bieden een soort vrolijke handleiding voor het nieuwe Duitse wonen. Tegelijk geven ze maatschappelijk commentaar, niet zelden met een ironische ondertoon. Een sprekend voorbeeld is de cartoon op de glaswand van

illustration of a new German 'attitude to life', in which the 'relationship to things' was attributed an existential role. War was regarded as a turning point, because it was at this time that 'people rediscovered the significance of those small personal things and developed . . . a new relationship to these things'.[16] The exhibition would have to show the visitor 'an image that fit neither the more or less beloved clichés, nor the "beastly" seriousness . . . the new face they would find here is calmer, more upbeat and more playful and yet it is not a "holier-than-thou" face.'[17] It can be argued that the presentation of the post-war German model interior is informed by a similar motive.

The top floor of the 'City and Home' sector was devoted to the early years of the Bauhaus and the CIAM, and to several reconstruction projects. The sector did not adopt a particular position in the debate on high-rise buildings in Germany, but outlined the advantages of a variety of dwelling types by showing both a detached model house and model apartments on the ground floor.[18] Compact living in apartments offered a solution to the housing shortage in big cities. The detached house – here situated in the pavilion's garden – symbolized individual, material progress and represented the polar opposite of communal living, an ideologically charged concept during the Cold War.

The model apartments, especially, offered a tangible illustration of the new way of living in Germany and has endured as a design experiment. The apartments in question were two full-scale models: a large one for a family with children and a bachelor flat, both designed by Karl Augustinus Bieber and Ernst Althoff. At first sight, their large glass walls appear to reinforce the German pavilion's transparent character. The glass walls do indeed reveal a great deal: neatly decorated rooms with soberly designed furniture and the odd object suggesting habitation: vases with flowers, a child's drawing, scattered toys, etcetera. Such an arrangement was not uncommon in model interiors of the time, but the deliberate use of glass in combination with the physical inaccessibility of the apartments highlights the voyeuristic experience just that little bit more. Small seats outside the flat invite visitors to study everything at their leisure. Bieber and Althoff went one step further in the kitchen. Here the glass also makes the invisible visible. Not only do we get to look inside the compact, efficiently designed kitchen, but we can literally see inside the cupboards along the apartment's exterior wall.

The exterior walls of the apartments – both the glass and timber components – boasted cartoons by graphic artist Marie Marcks. The drawings, containing very little text, offer a kind of cheerful manual of Germany's new way of living. At the same time they provide a social commentary, often with an ironic undertone. A powerful example is the cartoon on the glass wall of the bachelor flat. A sequence of sketches show us a single man searching in vain for a home. He was forced to leave one dwelling, the drawing implies, because his landlord would not allow him, an unmarried man, to receive female guests. Following a few failed attempts to find accommodation, the only option left to him is lodgings in a dog kennel. The final cartoon reveals how the man, perhaps driven by despair, eventually takes up with a woman and makes his way to a registry office. In conjunction with the modern bachelor flat, Marcks's cartoons raise a complex social issue and appear to make a case for a more open living culture.

The presentation of the model homes effortlessly integrates the discourse on Germany's renewed joy of living and the attachment to small, personal objects with the charged discourse on Germany's reconstruction. The model homes do not so much demonstrate Germany's industrial production, but an attitude of soberness and openness. Above all, it is the transparent, cartoon-covered skin of the

Luchtfoto van de Belgische Sectie, Expo 58, Brussel, 1958
Aerial photo of the Belgian Section, Expo 58, Brussels, 1958

Tentoonstelling 'Stad en Woning' in het paviljoen van de Duitse Bondsrepubliek, Expo 58, Brussel, 1958
'Stadt und Wohnung' exhibition in the pavilion of the German Federal Republic, Expo 58, Brussels, 1958

Egon Eiermann en Sep Ruf, paviljoen van de Duitse Bondsrepubliek, Expo 58, Brussel, 1958
Egon Eiermann and Sep Ruf, pavilion of the German Federal Republic, Expo 58, Brussels, 1958

Tentoonstelling 'Vrije Tijd' in het paviljoen van de Duitse Bondsrepubliek, Expo 58, Brussel, 1958
'Vrije Tijd' exhibition in the pavilion of the German Federal Republic, Expo 58, Brussels, 1958

Karl Augustinus Bieber, Ernst Althoff en Marie Marcks (cartoons), vrijgezellenflat in het paviljoen van de Duitse Bondsrepubliek, Expo 58, Brussel, 1958
Karl Augustinus Bieber, Ernst Althoff, and Marie Marcks (cartoons), bachelor apartment in the pavilion of the German Federal Republic, Expo 58, Brussels, 1958

de vrijgezellenflat. In een reeks opeenvolgende situatieschetsen zien we een alleenstaande man tevergeefs naar een woning zoeken. Een eerste woning moest hij verlaten, zo suggereert de tekening, omdat zijn huisbaas niet toestond dat hij als ongehuwde man vrouwelijk gezelschap ontving. Na een aantal mislukte pogingen om huisvesting te vinden, rest hem enkel nog de optie om onderdak te zoeken in een hondenhok. In een laatste cartoon zien we hoe de man, wellicht door wanhoop gedreven, uiteindelijk toch een vrouw in de hand neemt en naar een bureau van burgerlijke stand loopt. Samen met de modern ingerichte vrijgezellenflat kaarten Marcks' cartoons een complexe maatschappelijke problematiek aan en lijken ze aan te sturen op een meer open wooncultuur.

De presentatie van de modelwoningen integreert moeiteloos het discours over de hernieuwde Duitse levensvreugde en de gehechtheid aan kleine, persoonlijke objecten, met het geladen discours van de Duitse wederopbouw. De modelwoningen demonstreren niet zozeer de productie van de Duitse industrie, maar een attitude van soberheid en openheid. Het is vooral de transparante, met cartoons omwikkelde huid van de woningen die op een experimentele manier, en met humor, deze complexe boodschap weet over te brengen.

Het modelinterieur, bemiddelaar in de demonstratie van nieuwe bouwmaterialen

In verschillende paviljoens op de Expo raakten vertogen over wooncultuur als vanzelfsprekend verstrengeld met meer commerciële boodschappen. Dit was bijvoorbeeld het geval met de presentatie van de groep Gebouwen en Woningen van de Belgische sectie. Deze groep stelde zich als doel 'een synthese van het probleem van de habitat, op nationaal niveau' te formuleren, alsook de nationale vooruitgang te tonen in de behandeling van dit 'probleem'.[19] Het paviljoen van Gebouwen en Woningen, een project van architect Charles Van Nueten, was aanvankelijk opgevat als een fragment van een residentiele hoogbouw op kolommen met zo'n 20 volledig ingerichte modelappartementen, maar dit idee werd om diverse redenen met stille trom afgevoerd.[20] Het paviljoen kreeg uiteindelijk de vorm van een tweedelige tentoonstellingshal.[21] Met uitzondering van een tentoonstelling over Belgische architectuur, uitgewerkt door Josse Franssen,[22] werd de inrichting gedomineerd door presentaties van de afzonderlijke 'klassen', bijvoorbeeld bouwmaterialen, verwarming of verlichting. Het plan om centraal in een van de tentoonstellingshallen enkele modelappartementen op te stellen als samenvattende presentatie van diverse woonvraagstukken en bouwproducten, werd onder meer door financiële beperkingen niet gerealiseerd.

Uiteindelijk was het een commerciële firma die een van de meest overtuigende syntheses bracht van wat vooruitgang kon betekenen voor het moderne wonen. In overeenstemming met de initiële plannen voor het paviljoen werd in de onmiddellijke nabijheid een geprefabriceerde eengezinswoning opgetrokken. Deze woning was een product van de Kortrijkse firma De Coene die de voorbije decennia al veel ervaring had opgedaan met deelnames aan internationale tentoonstellingen. De modelwoning was een eenvoudig, kleurrijk, modulair bouwwerkje, opgetrokken met houten prefab materialen en ontworpen door architect Frans Vuye, in samenwerking met Gustave Creupelandt, beiden werkzaam bij De Coene.[23] In tegenstelling tot de meeste toenmalige cataloguswoningen – waaronder de 253 prefab woningen die De Coene twee jaar voordien aan Philips in Eindhoven had geleverd[24] – vertoonde ze onmiskenbare modernistische kenmerken zoals een plat dak, een rationeel grondplan, kastenwanden en een vrijstaande haard.

dwellings that manages to convey this complex message in an experimental, and humorous, way.

The Model Interior, Intermediary in the Demonstration of New Building Materials

It will come as no surprise that in various pavilions at the Expo discourses on domestic culture became intertwined with more commercial messages. This was the case in the presentation of the Buildings and Dwellings group in the Belgian Section. This group set out to formulate 'an overview of the problem of the habitat, at a national level', and to show the nation's progress in dealing with this 'problem'.[19] The Buildings and Dwellings pavilion, a project by architect Charles Van Nueten, had initially been conceived as a fragment of a residential high-rise on columns, with about 20 fully furnished model apartments, but this idea was quietly dropped for a range of different reasons.[20] In the end, the pavilion became a two-level exhibition hall.[21] With the exception of an exhibition on Belgian architecture, programmed by Josse Franssen,[22] the design was dominated by presentations of the individual 'classes', such as building materials, heating and lighting. The original plan to erect a few model apartments in the centre of one of the exhibition halls as an integrated presentation of various housing issues and building products was not realized, partly because of financial constraints.

In the end it was a commercial firm that came up with one of the most compelling summations of what progress might mean for modern living. In line with the original plans for the pavilion, a prefabricated single-family dwelling was built in the immediate vicinity. This house was a product of the Kortrijk-based firm De Coene, which had learnt a lot at international exhibitions in previous decades. The model home was a simple, colourful modular building, made of prefab timber and designed by architect Frans Vuye in collaboration with Gustave Creupelandt, who both worked at De Coene.[23] Unlike most system-built houses at the time – including the 253 prefab homes De Coene had supplied to Philips in Eindhoven two years earlier[24] – it displayed unmistakable modernist properties such as a flat roof, a rational floor plan, built-in storage units and a freestanding fireplace.

The fully furnished interior underlined the modern character of both the dwelling itself and the new building materials it was made of. Just like the exhibition of the Buildings and Dwellings group, it presented domestic progress in terms of modern conveniences, including a modern kitchen and a comfortable bathroom, fitted with all kinds of advanced equipment supplied by Van Marcke. But at the same time, it highlighted another issue: that of modern design as an exponent of good living. The bathroom, for example, was a paragon of luxury and comfort, not just because of the fittings but also thanks to the streamlined design. Besides, the house was furnished with two types of furniture: design pieces by the American firm Knoll, manufactured under licence by De Coene since 1954, and furniture by De Coene itself. The arrangement of the tables, chairs and cabinets showed a clear distinction between the more public rooms, which featured mainly Knoll products, and the more private rooms, where De Coene furniture was on display. The privileged position of the design pieces by the American firm – which enjoyed the approval of many Belgian modernists – underlined their status as exemplars of good design. The furnishing of the house particularly appealed to the public's imagination. But for De Coene this was merely one part of a far more comprehensive modernization experiment, which was supposed to breathe new life into the company after a conviction for economic collaboration. It encompassed virtually all of the company's departments – most notably

Het volledig ingerichte interieur van het huis onderlijnde het moderne karakter van de woning en van de nieuwe bouwmaterialen waaruit ze was opgetrokken. Conform de tentoonstelling van de groep Gebouwen en Woningen stelde ze de vooruitgang in de woning voor in termen van moderne uitrusting met onder meer een moderne keuken en een comfortabele badkamer, voorzien van allerlei vooruitstrevende apparaten van de firma Van Marcke. Maar tegelijk bracht het ook een ander thema aan: dat van de moderne vormgeving als een exponent van het goede wonen. De badkamer bijvoorbeeld was een toonbeeld van weelde en comfort, niet alleen dankzij de geïnstalleerde inrichting, maar ook dankzij de totaliteit van het gestroomlijnde design. Bovendien werden voor de inrichting van het huis twee typen meubilair gebruikt: designstukken van de Amerikaanse firma Knoll, sinds 1954 onder licentie geproduceerd door De Coene, en meubelen van de firma zelf. Bij de schikking van de stoelen, tafels en kasten was er een duidelijk onderscheid gemaakt tussen de meer representatieve kamers, waar vooral Knoll-producten stonden, en de meer private vertrekken, waar De Coene-meubelen werden getoond. De geprivilegieerde positie van de designstukken van de Amerikaanse firma – die overigens de goedkeuring van veel Belgische modernisten konden wegdragen – onderlijnde hun status als internationale rolmodellen van goede vormgeving. Vooral de inrichting van het huis sprak het publiek aan. Voor De Coene was dit slechts één onderdeel van een veel ingrijpender moderniseringsexperiment, dat de onderneming na een veroordeling voor economische collaboratie nieuw leven moest inblazen en dat betrekking had op nagenoeg alle afdelingen van het bedrijf – in het bijzonder de productieafdeling van houten gelamelleerde spanten. Expo 58 fungeerde als een grote testcase of showroom voor deze vernieuwingsslag.[25] De Coene was verantwoordelijk voor de constructie van talrijke paviljoens en leverde Knoll-meubilair aan diverse exposanten. Maar het grotere publiek leerde de firma en haar ontwerpbureau vooral kennen dankzij het De Coene-huis dat bovendien officieel bekroond werd met een Eremedaille. Het huis illustreerde de complexiteit van de spanning tussen enerzijds de commerciële spelers en anderzijds de ontwerpers en overheid in de representatie van het naoorlogse wonen. Maar het liet bovenal zien dat de experimentele modelwoning als een synthese van kwaliteitsproducten niet uitsluitend tot het domein van de architect-ontwerper behoorde.

Het modelinterieur, platform voor de promotie van technologie en consumptie

Terwijl het De Coene-huis duidelijk bijdroeg aan de promotie van een bepaalde firma, diende het Elektrisch Huis in het midden van het paviljoen van de Elektrische en Hydraulische Energie in de Belgische sectie een meer abstracte commerciële boodschap. Deze modelwoning promootte elektriciteit als integraal onderdeel van een beloftevolle toekomst en is een intrigerende illustratie van hoe ook toonaangevende ontwerpers zich met zo'n project konden engageren.[26] Het huis, alsook de volledige inrichting van het paviljoen, waren ontworpen door de Brusselse architect Jacques Dupuis, in samenwerking met grafisch ontwerper Lou Bertot. Het huis was onderdeel van de presentatie van de 'klasse' Gebruik van Elektrische Energie in de Woning. Het ontwerp bestond uit een cirkelvormig platform met een diameter van 16 m met daarop een living, een keuken, twee slaapkamers, een badkamer en een washok. Deze kamers waren geschikt rondom een centrale patio en waren telkens uitgerust met gesofisticeerde elektrische apparatuur. De woning was niet toegankelijk, maar het platform draaide langzaam rond zodat de bezoekers de huiselijke taferelen konden bezichtigen als bij een carrousel. Deze onderhoudende voorstelling

the production of glulam beams. Expo 58 served as a major test case or showroom for this innovation.[25] De Coene was responsible for the construction of numerous pavilions and supplied Knoll furniture to several exhibitors. But the general public got to know the firm and its design studio primarily through the De Coene house, which was awarded a Medal of Honour. The house illustrated the complex tension between the commercial players on the one hand and the designers and government on the other in the representation of post-war living. But above all it showed that the experimental model home as a synthesis of quality products was not the exclusive domain of the architect-designer.

The Model Interior, Platform for the Promotion of Technology and Consumption

Whereas the De Coene house clearly contributed to the promotion of a particular firm, the Electric House in the centre of the Pavilion of Electricity and Hydraulic Power in the Belgian Section carried a more abstract commercial message. This model home, which promoted electricity as an integral part of a promising future, is an intriguing illustration of how even leading designers could be engaged in such a project.[26] The house, and the pavilion as a whole, had been designed by Brussels architect Jacques Dupuis, together with graphic designer Lou Bertot. The house formed part of the presentation 'The Use of Electricity in the Home'. The design consisted of a circular platform with a diameter of 16 m on top of which were placed a living room, a kitchen, two bedrooms, a bathroom and a laundry room. The rooms were arranged around a central patio and were all fitted with sophisticated electrical equipment. The home was not accessible, but the platform rotated slowly, allowing visitors to view the domestic scenes like they would a carrousel. The entertaining show continued as an escalator to the top floor enabled them to enjoy a panoramic view of the house. The committee responsible for the exhibition class representing 'The Use of Electricity in the Home' regarded the Electric House as one of the most important elements of its exhibition. Chairman D'Hooghe was convinced that 'the interest of exhibition visitors is increasingly piqued by homes'.[27] He arrived at this conclusion after joining a delegation of his committee to visit, among others, the Parisian 'Salon des Arts Ménagers' (with La Maison Tout en Plastiques by architect Lionel Schein) and the 'Daily Mail Ideal Home Exhibition' in London (featuring the House of the Future by the Smithsons) in 1956. The Electric House was therefore awarded a central location. Even in the pavilion's overall plan the model home was a highlight, which could be reached only after visiting a few other 'classes' about the production, transport, distribution and industrial uses of electricity. A public survey on the 'success' of the world fair confirmed the efficacy of this exhibition strategy.[28]

The Electric House was an appropriate illustration and human expression of the group's theme 'Electricity in the Service of Mankind'. At the same time, the model home was one of the few remaining strategies capable of making the public marvel at the 'new wonders' of electricity – which had been an important theme at various world fairs since the invention of electricity.[29] The Electric House gathered together the most recent electrical household gadgets of both Belgian and foreign (especially American) origin. One of the inventions admired by Belgian weekly *Le Soir Illustré* was a combination of an electric oven and a freezer with small compartments for every day of the week.[30] The appliance had two sides. On the kitchen side, menus could be programmed with the help of some buttons. On the living room side, the hot meals could be taken out of the electric prototype at the planned time. To retain the public's attention, the electrical appliances were not presented as products of high cultural value, but displayed as props in

Charles Van Nueten, ontwerptekening voor het Paviljoen van Gebouwen en Woningen op Expo 58, 1956
Charles Van Nueten, design drawing for the Pavilion of Buildings and Homes at Expo 58, 1956

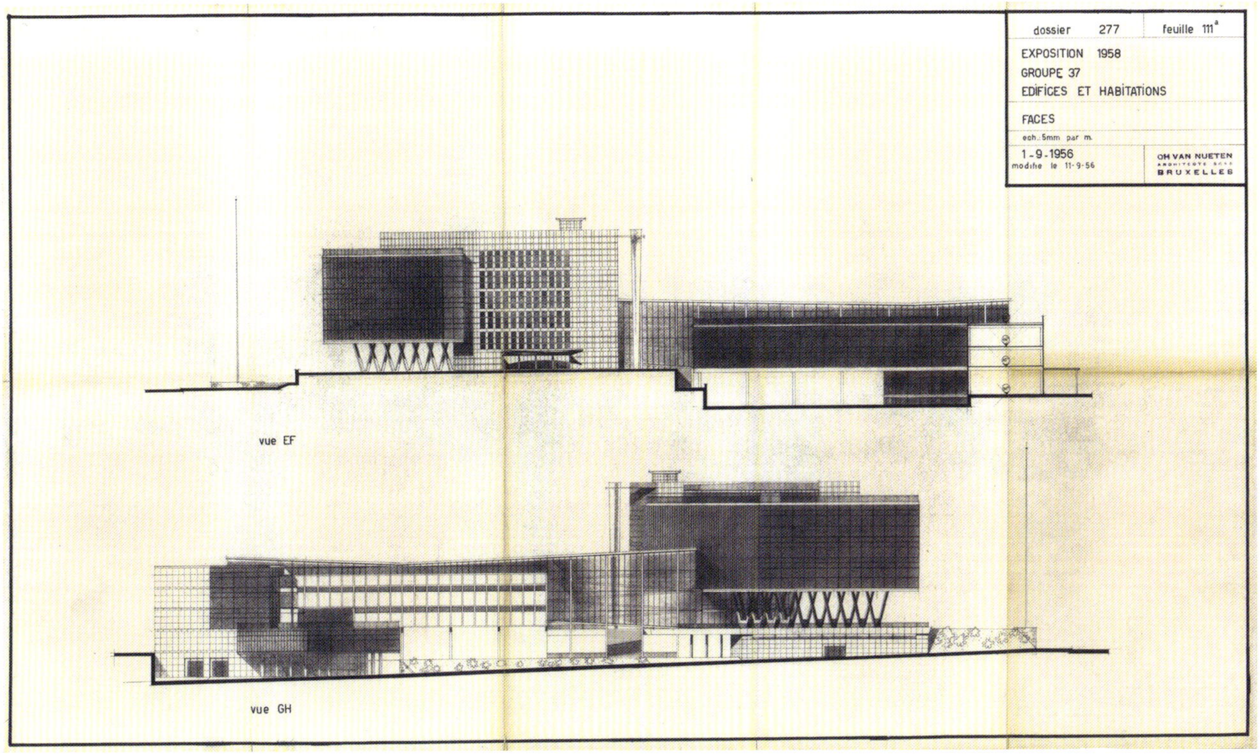

Frans Vuye en Gustave Creupelandt van het bedrijf De Coene, De Coene-huis, Expo 58, Brussel, 1958
Frans Vuye and Gustave Creupelandt of the De Coene company, De Coene house, Expo 58, Brussels, 1958

Tentoonstelling in het Paviljoen van Gebouwen en Woningen, Expo 58, Brussel, 1958
Exhibition in the Pavilion of Buildings and Homes, Expo 58, Brussels, 1958

Zithoek van het De Coene-huis, Expo 58, Brussel, 1958
Seating area of the De Coene house, Expo 58, Brussels, 1958

Jacques Dupuis en Lou Bertot, Het Elektrisch Huis, Expo 58, Brussel, 1958
Jacques Dupuis and Lou Bertot, The Electric House, Expo 58, Brussels, 1958

kon worden voortgezet door de roltrap te nemen naar de bovenste verdieping, waar men kon genieten van een panoramische blik op het huis. De opdrachtgever beschouwde het Elektrisch Huis als een van de belangrijkste onderdelen van zijn tentoonstelling. Voorzitter D'Hooghe was ervan overtuigd dat 'de belangstelling van tentoonstellingsbezoekers steeds meer is gericht op woningen'.[27] Hij kwam tot deze vaststelling nadat hij in 1956, samen met een delegatie van zijn comité, een bezoek had gebracht aan onder meer de Parijse 'Salon des Arts Ménagers' (met La Maison Tout en Plastiques van architect Lionel Schein) en aan de 'Daily Mail Ideal Home Exhibition' in Londen (met het House of the Future van het architectenduo Smithson). Het Elektrisch Huis kreeg daarom een centrale plaats. Zelfs in het totaalplan van het paviljoen functioneerde de modelwoning als een hoogtepunt, dat men enkel kon bereiken na een aantal andere 'klassen' over de productie, het transport, de distributie en de industriële toepassingen van elektrische energie te hebben bezocht. Een onderzoek naar de publieke opinie omtrent het 'succes' van de wereldtentoonstelling, bevestigde de doeltreffendheid van deze tentoonstellingsstrategie.[28]

Het Elektrisch Huis was een geschikt middel om het thema van de groep 'Elektriciteit in dienst van de mensheid' te vertolken en een menselijke schaal te geven. Tegelijk was het een van de weinige resterende strategieën om het publiek in verwondering te brengen over de 'nieuwe wonderen' van de elektriciteit – een thema dat sinds de uitvinding van de elektriciteit een belangrijke rol heeft gespeeld op de diverse wereldtentoonstellingen.[29] In het Elektrisch Huis stonden de recentste elektrische huishoudelijke apparaten verzameld van zowel Belgische als buitenlandse (vooral Amerikaanse) makelij. Een van de toepassingen die in het Belgisch weekblad *Le Soir Illustré* werd bewonderd, bestond uit een combinatie van een elektrische oven en een diepvriezer met compartimentjes voor elke dag van de week.[30] Het apparaat was tweezijdig. Aan de kant van de keuken kon men de menu's programmeren door middel van een aantal knopjes. Aan de zijde van de living konden de warme maaltijden op het vooraf geplande tijdstip uit het elektrisch prototype gehaald worden. Om de aandacht van het publiek vast te houden, werden de elektrische apparaten niet gepresenteerd als producten van hoge culturele waarde. In plaats daarvan werden ze voorgesteld als de attributen van een bijzonder modieuze theaterset. Tijdens de openingsuren van de Expo deden drie hostesses zich voor als bewoners van het huis, en ook op de folders werd 'de gedroomde woning' voorgesteld als een theaterdecor dat van buitenaf bezichtigd werd door verschillende toeschouwers.[31]

Aandachtspunten die cruciaal waren voor Dupuis' woningontwerpen, zoals privacy of het ontwerp van de inkomhal als drempel tussen buiten en binnen, bleven achterwege. In plaats daarvan concentreerden de ontwerpers zich op het realiseren van een visueel gevarieerde ruimtelijke setting die vanuit verschillende standpunten bekeken kon worden. Het Elektrisch Huis maakte niet expliciet deel uit van een bredere reflectie op 'goed' of 'beter' wonen. Het was eerst en vooral een ruimtelijk ontwerpexperiment, een verkenning van de grens tussen het ontwerp van een theaterdecor en een tentoonstellingsstand.

De modelwoning, showroom van kritische materiële cultuur

Het Amerikaanse paviljoen gold als het meest bezochte van de wereldtentoonstelling. Samen met het paviljoen van de U.S.S.R. domineerde het indrukwekkende gebouw het centrale Natiënplein van de Buitenlandse sectie, een opstelling die nog steeds als een van de meest expliciete visuele confrontaties uit de geschiedenis van de Koude Oorlog geldt. De architect van het paviljoen, Edward Durell Stone, had een paviljoen bedacht dat bestond uit een vergulde trommel met

an extremely fashionable theatrical setting. During Expo opening hours, three hostesses pretended to be residents, and in brochures too 'the dream home' was depicted as a stage set looked at from the outside by different viewers.[31]

Points that were crucial to Dupuis' house designs, such as privacy or the hallway as the threshold between inside and outside, were left out. Instead, the designers concentrated on the realization of a visually varied spatial setting that could be viewed from different perspectives. The Electric House was not explicitly a part of a broader reflection on 'good' or 'better' living. It was first and foremost a spatial design experiment, an exploration of the fine line between the design of a stage set and an exhibition stand.

The Model Home, Showroom of Critical Material Culture

The American pavilion received the highest number of visitors at the fair. Together with the USSR's pavilion, the impressive building dominated the central Square of Nations in the Foreign Section, a set-up that remains one of the most explicit visual confrontations in the history of the Cold War. The pavilion's architect, Edward Durell Stone, had created a pavilion that consisted of a gilded drum with a delicate and fresh interior, 'an "exciting, dramatic but not extravagant" example of architecture, designed to house . . . the creative impulse of American life on behalf of world peace.'[32] The interior and the exhibition concept, however, were in the hands of Peter G. Harnden, and had been commissioned by the United States Information Agency (USIA). Together with Bernard Rudofsky, Harnden was a member of the Cambridge Study Group, which studied the integration of technology and science in the representation of the *American Way of Life* in the pavilion. Harnden and Rudofsky warned that for most visitors this would not be the first representation of America and that 'another repetition of production statistics could be counted on to arouse boredom, perhaps irritation, certainly envy'.[33] They were looking for exhibition formulas that would bring the relaxed *American spirit of democracy and freedom* as close as possible to the general public.

Rudofsky, already an experienced exhibition designer at the time, signed for four installations: 'The Face of America', 'Townscape-Cityscape', a 'Shopping Street' and the 'Islands of Living'.[34] It is the latter set-up, situated on the pavilion's mezzanine, that picks up the formula of the model home. In it Rudofsky does not so much show American living, as deliver an implicit critique of its standardized representation. The title itself was quite revealing: although the installation offers a coherent passage through a configuration of open rooms, the whole does not come across as a house, but more as a collection of separate islands without a shared façade. The rooms or islands were brought together in a light-weight steel grid, with walls that were either full, transparent or semi-filled with wooden slats. Using the same method, a sloping roof was suggested above some of the rooms. The visitor followed a fixed route through this opened-out house. The installation was inhabited: not by a model family or demonstrators, but at times by dolls and at other times by models. At regular intervals the latter also paraded on the pavilion's catwalk. Rudofsky himself said about the 'Islands of Living' that 'such a house does not exist in the US'.[35] Although the installation comprised the elements of a traditional (model) home – kitchen, bathroom, living room, dining room, laundry room and some outdoor spaces – on reflection it turned out to be mainly a vehicle for critical commentary.

Bernard Rudofsky purposely did not place his design in line with the installations promoting the American homes and interiors sector or consumer culture. He distanced himself from what he described as 'the

Interieur van het Amerikaanse paviljoen met catwalk en trap, Expo 58, Brussel, 1958
Interior of the American pavilion. with catwalk and stairs, Expo 58, Brussels, 1958 Brussels, 1958

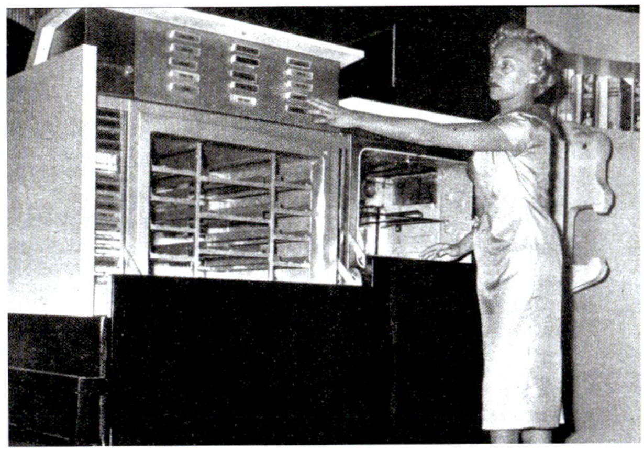

Demonstratie van een elektrische oven in het Elektrisch Huis, Expo 58, Brussel, 1958
Demonstration of an electric oven in the Electric House, Expo 58, Brussels, 1958

Bernard Rudofsky, 'Islands of Living' in het Amerikaanse paviljoen, Expo 58, Brussel, 1958
Bernard Rudofsky, 'Islands of Living' in the American pavilion, Expo 58, Brussels, 1958

Bernard Rudofsky, 'Islands of Living' in het Amerikaanse paviljoen, Expo 58, Brussel, 1958
Bernard Rudofsky, 'Islands of Living' in the American pavilion, Expo 58, Brussels, 1958

een ijl en fris interieur, 'een "opwindend, dramatisch maar niet extravagant" voorbeeld van een architectuur, ontworpen om (...) de creatieve impuls van het Amerikaanse leven te huisvesten ten behoeve van de wereldvrede'.[32] Het interieur en het tentoonstellingsconcept waren echter in handen van Peter G. Harnden, in opdracht van het United States Information Agency (USIA). Samen met Bernard Rudofsky maakte hij deel uit van de Cambridge Study Group die de integratie van techniek en wetenschap in de representatie van de *American Way of Life* in het paviljoen bestudeerde. Harnden en Rudofsky waarschuwden dat voor de meeste bezoekers dit niet de eerste representatie van Amerika zou zijn en dat 'een volgende herhaling van productiecijfers zeker tot verveling, misschien zelfs irritatie, en vooral afgunst zou leiden'.[33] Er werd gezocht naar tentoonstellingsformules die de relaxte *American spirit of democracy and freedom* zo dicht mogelijk bij het grote publiek kon brengen.

Rudofsky, op dat moment al een ervaren tentoonstellingsmaker, nam vier installaties voor zijn rekening: 'The Face of America', 'Townscape-Cityscape,' een 'Shopping Street' en de 'Islands of Living'.[34] Het is deze laatste opstelling, gelegen op de mezzanine van het paviljoen, die de formule van de modelwoning oppakt. Rudofsky toont er niet zozeer het Amerikaanse wonen, maar wel een impliciete kritiek op de gestandaardiseerde representatie ervan. De titel was op zich al veelbetekenend: hoewel het om een samenhangend parcours gaat door een ensemble van opengewerkte kamers, toont het geheel zich niet als een huis, maar eerder als een verzameling eilanden zonder onderlinge relatie en zonder gemeenschappelijke gevel. De kamers of eilanden zijn samengebracht in een licht stalen raster, waarvan de wanden vol, transparant, of halfopen met latten waren ingevuld. Boven sommige ruimten werd op dezelfde wijze een hellend dak gesuggereerd. De bezoeker liep door dit opengevouwen huis volgens een afgetekend pad. De installatie was bewoond: niet door een modelgezin of demonstratrices, maar nu eens door poppen, dan weer door de mannequins, die op gezette tijden ook op de catwalk van het paviljoen paradeerden. Over de 'Islands of Living' zei Rudofsky zelf dat 'een dergelijk huis in de VS niet bestaat'.[35] De installatie omvatte wel de elementen van een klassieke (model)woning – keuken, badkamer, woonkamer, eetkamer, waskamer en enkele buitenruimten – maar bleek bij nader inzien vooral een vehikel voor kritisch commentaar te zijn.

Bernard Rudofsky plaatste zijn ontwerp zelfbewust niet in de lijn van de installaties die de Amerikaanse woonindustrie of consumptiecultuur promootten. Hij hield zich ver van wat hij 'de clichés van de populaire tijdschriften' noemde.[36] Rudofsky zette hierbij naar eigen zeggen 'ambigue objecten' in: elementen en ruimten die enerzijds herkenbaar, maar ook bevreemdend waren door kleine, afwijkende details – schijnbare 'foutjes.'[37] Hij becommentarieerde op doordachte manier de conventie (een strategie die hij ook elders in het paviljoen toepaste) om de bezoeker zo tot nadenken aan te sporen. 'Tentoonstellingsontwerp, zoals ik het begrijp, is veel meer dan alleen maar tentoonstellen. Het is visuele communicatie, of, om het minder hoogdravend te zeggen, het is een genot voor oog en geest – ruwweg om je dingen te laten opvallen die anders aan je aandacht zouden zijn ontsnapt of die je nooit helemaal kunt bevatten van alleen een beschrijving of plaatje.'[38] Zo was de woonkamer tegelijk een Amerikaanse, moderne living room, maar ook vooral een showroom voor het moderne meubilair dat destijds een hoofdrol kreeg toebedeeld in de Amerikaanse officiële propaganda. De luxueuze ruimte suggereert geen gebruik, was vreemd ingericht en ijl – volgens Rudofsky een soort 'bevreemdende ruimte tussen het bekende en het onbekende'.[39] De moderne *American Dream* kreeg hier een soort kille neutraliteit.

clichés of the popular magazines'.[36] He deployed, as he put it, 'ambiguous objects': elements and rooms that are both familiar and alienating because of small, anomalous details – ostensibly 'mistakes'.[37] He delivered a well-considered critique of convention (a strategy he also deployed elsewhere in the pavilion) to encourage visitors to think for themselves. 'The way I see it, exhibition design is about much more than just exhibiting. It is visual communication, or, to put it less pompously, it should be a joy to both the eye and mind – broadly speaking, to make you notice things that might otherwise have escaped your attention or that you can never fully grasp through a description or picture alone.'[38] At one and the same time the living room was a modern, American living room and a showroom for the modern furniture that was awarded a leading role in official American propaganda at the time. The luxurious space did not look as if it was used, was strangely decorated and delicate – according to Rudofsky a kind of 'alienating space between the familiar and the unfamiliar'.[39] The modern American Dream was imbued with a kind of cold neutrality here.

But Bernard Rudofsky had not been given carte blanche. As a result, his attempts to turn the formula of the model home on its head were only partially successful and also partially escaped the attention of the general public. The United States Information Agency insisted that Rudofsky adjust several proposals, both during the design phase and during the first few days of the exhibition. The bathroom of 'Islands for Living', for example, could not be shown to the general public with its squat toilet and hyper-luxurious bath: both elements that could be seen as un-American. Similarly, the kitchen, a key space in the cultural Cold War at the time,[40] was conformed to contemporary standards through the inclusion of the latest American kitchen gadgetry. And so, contrary to Rudofsky's intentions, the kitchen became nothing but 'a stage for merchandise'.[41] The American pavilion thus demonstrates the limits to the designer's freedom, as well as the implicit importance of the recognisability of the living space when designing a model interior.

The Model Interior, Emblem of a Modern Welfare Society

A selective close reading of various model interiors at Expo 58 shows a range of experiments. Bieber, Althoff and Marcks explored the potential of an expressive, transparent skin in the German model interiors. De Coene designed and built a modern and fully-furnished system-built home, thereby delivering its own snapshot or summary of the housing problem in Belgium – something the organizers of the Buildings and Dwellings pavilion had themselves tried, but failed, to realize. Inside the pavilion of Electricity and Hydraulic Power, Dupuis explored the fine line between the design of a stage set, an exhibition stand and a house. Finally, with his 'Islands of Living', Rudofsky tested the limits of what can be seen as a model interior or showroom.

What the designs discussed here have in common is a simple acceptance of modern architecture and modern life. That said, the architecture of the model home is not the main representative of that new world. The future is shown via a carefully orchestrated interplay of construction elements, interior, furniture, technical equipment, discourse and consumer goods. Besides, the model apartments in the German pavilion, the De Coene dwelling, the Electric House and the 'Islands of Living' illustrate that the experiment was not the responsibility or the work of architects and designers alone. Different power relationships and commercial and ideological interests were determining factors in the development of the model interiors and model homes and their relationship to the message they were supposed to convey.

To the public at Expo 58 the model interior was not a new exhibition formula. Since the early twentieth century, housing education

Nochtans had Bernard Rudofsky geen carte blanche gekregen. Zijn pogingen om de formule van de modelwoning op zijn kop te zetten waren dan ook maar deels gelukt en zijn deels ook aan de aandacht van het grote publiek ontsnapt. De United States Infomation Agency stond er uiteindelijk op dat Rudofsky verschillende voorstellen aanpaste, zowel tijdens de ontwerpfase als op de eerste dagen van de tentoonstelling. De badkamer van 'Islands for Living' bijvoorbeeld, kon niet aan het grote publiek getoond worden met zijn hurktoilet en een hyperluxueus bad: deze elementen zouden immers als on-Amerikaans gezien kunnen worden. Ook de keuken, een sleutelruimte in de culturele Koude Oorlog op dat moment,[40] werd geconformeerd aan de gangbare praktijk, met de laatste snufjes van de Amerikaanse keukenapparaten. Geheel tegen de intenties van Rudofsky, werd de keuken hierdoor niets dan 'een decor voor koopwaar'.[41] Het Amerikaanse paviljoen demonstreert hiermee de grenzen van de vrijheid van de ontwerper, maar ook het impliciete belang van de herkenbaarheid van het wonen in het opzetten een modelinterieur.

Het modelinterieur, kenteken van een moderne welvaartsmaatschappij

Een selectieve *close reading* van verschillende modelinterieurs op Expo 58 toont diverse experimenten. Bieber, Althoff en Marcks exploreerden de mogelijkheden van een betekenisvolle transparante huid bij de Duitse modelinterieurs. De Coene ontwierp en bouwde een moderne en volledig ingerichte cataloguswoning, en leverde hiermee een eigen momentopname of synthese van het woonvraagstuk in België – iets wat de organisatoren van het paviljoen van Gebouwen en Woningen zelf tevergeefs hadden proberen te realiseren. Binnen het paviljoen van de Elektrische en Hydraulische Energie verkende Dupuis de grenzen tussen het ontwerp van een theaterdecor, een tentoonstellingsstand en een huis. Rudofsky ten slotte zocht met zijn 'Islands of Living' de grenzen op van wat als modelinterieur dan wel showroom kon worden erkend.

Wat de hier besproken ontwerpen met elkaar gemeen hebben, is een ongecompliceerde aanvaarding van de moderne architectuur en het moderne leven. De architectuur van het modelhuis is echter niet de belangrijkste vertolker van die nieuwe wereld. De toekomst tonen gebeurt via een georkestreerd samenspel van bouwelementen, interieur, meubilair, technische uitrusting, discours en consumptiegoederen. De modelappartementen in het Duits paviljoen, de De Coene-woning, het Elektrisch Huis en 'Islands of Living' illustreren bovendien dat het experiment niet alleen in handen lag of het werk was van architecten of ontwerpers. Diverse machtsverhoudingen en commerciële en ideologische logica's waren sturend voor de ontwikkeling van de modelinterieurs of modelwoningen en hun relatie met de boodschap die ze dienden uit te dragen.

Voor het publiek van Expo 58 was het modelinterieur als tentoonstellingsformule niet nieuw. Al sinds het begin van de twintigste eeuw hadden talrijke wooneducatieve campagnes in diverse landen bezoekers vertrouwd gemaakt met de presentatieformule. Wellicht maakte net deze vertrouwdheid met het genre allerlei nieuwe invullingen en experimentele variaties mogelijk in de jaren na de reconstructie. Het resultaat bestond uit modelinterieurs die niet zozeer na te volgen voorbeelden waren, maar kentekens van een moderne welvaartsmaatschappij die een evenwicht zocht tussen het omarmen van een commerciële, individualistische consumptiecultuur en een collectief streven naar een beter wonen.

campaigns in various countries had familiarized visitors with this method of presentation. Perhaps it was this familiarity with the genre that facilitated new interpretations and experimental variation during the post-war reconstruction years. The result consisted of model interiors that were not so much examples to be emulated, but symbols of a modern welfare society that were seeking a balance between the embrace of a commercial, individualistic consumer culture and a collective aspiration for better living.

Noten

1 Voor het archiefonderzoek naar de modelwoningen in het Duitse, Franse en Nederlandse paviljoen gaat onze dank uit naar ingenieur-architecten Iris Bauwens en Céline Goessaert die over deze modelwoningen een afstudeerscriptie schreven. Iris Bauwens en Céline Goessaert, *Modelwoningen op Expo 58. Drie cases: de Nederlandse, Duitse en Franse paviljoenen* (Gent: Universiteit Gent, masterscriptie, 2006). Op basis van hun scriptie verscheen het artikel: Iris Bauwens en Céline Goessaert, 'Modelwoningen op Expo 58. Drie cases: de Nederlandse, Duitse en Franse paviljoenen', *Gentse Bijdragen tot de Interieurgeschiedenis*, nr. 36 (2009), 87-107.

2 De wereldtentoonstelling was opgedeeld in verschillende secties, waarbij de aard en herkomst van de tentoonstellers het criterium was. Zo was er een Belgische, Buitenlandse, Coloniale, Commerciële en Mundiale Sectie. In de paviljoens werd de tentoonstelling georganiseerd in 'groepen', die samen de verschillende aspecten van de maatschappij omvatten. Iedere groep was opgedeeld in verschillende 'klassen'. Met deze encyclopedische benadering sluit Expo 58 aan bij de negentiende-eeuwse tentoonstellingstraditie.

3 Fredie Floré en Mil De Kooning, 'The Representation of Modern Domesticity in the Belgian Section of the Brussels World's Fair of 1958', *Journal of Design History*, nr. 4 (2003), 319-340.

4 Paul Betts en David Crowley, 'Introduction', *Journal of Contemporary History*, nr. 2 (2005), 213-236.

5 Werner Adriaenssens, 'De Vlaamsche moderne woonkamer. De Kunstwerkstede op de tentoonstelling van 1925 in Parijs', in: Frank Herman en Ruben Mayeur (red.), *Kortrijkse Kunstwerkstede Gebroeders De Coene* (Kortrijk: Uitgeverij Groeninghe, 2006), 91-106; Jos Vandenbreeden, 'Schoonheid of het conflict tussen kunst, ambachtelijkheid en industrie', in: Claire Leblanc (red.), *Art Nouveau en design. Sierkunst van 1830 tot Expo 58* (Tielt: Lannoo, 2005), 62-81.

6 Penny Sparke, Brenda Martin en Trevor Keeble (red.), *The Modern Period Room. The Construction of the Exhibited Interior 1870 tot 1950* (New York/Abingdon: Routledge, 2006).Er zijn natuurlijk ook voorbeelden van musea die modelkamers lieten inrichten als goed en 'modern' voorbeeld voor de toekomst, bijv. de 'Green Dining Room', ontworpen door Morris & Co in opdracht van het South Kensington Museum, Londen in 1867.

7 Beatriz Colomina, 'The Exhibitionist House', in: Russell Ferguson (red.), *At the End of the Century. One Hundred Years of Architecture* (New York: Abrams, 1998), 126-165.

8 Verschillende van deze voorbeelden komen ook aan bod in *DASH*, nr. 9 (2013) dat volledig gewijd is aan woningbouwtentoonstellingen.

9 Voor een bespreking van dergelijke voorbeelden, zie: *The Journal of Architecture*, nr. 9 (2004), themanummer over *postwar model homes* onder redactie van Fredie Floré en Mil De Kooning.

10 Rika Devos, 'On the omnipresence of modern architecture. Production and reproduction of architecture at Expo 58', in: Richard Klein en Eric Monin (red.), *Cahiers thématiques* 12, thema: *Représentations de l'architecture contemporaine* (Rijsel: LATCH, Éditions de la Maison des sciences de l'homme, 2013), 47-55.

11 Greg Castillo, 'Making a Spectacle of Restraint: The Deutschland Pavilion at the 1958 Brussels Exposition', *Journal of Contemporary History*, nr. 47 (2012), 97-119.

12 Deborah Ascher Barnstone, *The Transparent State. Architecture and politics in postwar Germany* (Londen/New York: Routledge, 2005), 1.

13 Immo Boyken, 'Voorname bescheidenheid. Het Paviljoen van Duitsland', in: Rika Devos en Mil De Kooning (red.), *Moderne architectuur op Expo 58. Voor een humaner Wereld* (Brussel: Dexia/Mercatorfonds, 2006), 262-275; Christopher Oesterreich, 'Umstritten Selbstdarstellung. Der deutsche Beitrag zur Weltausstellung in Brüssel 1958,' *Vierteljahrshefte für Zeitgeschichte*, nr. 48 (januari 2000), 127-153.

14 Wend Fischer en Gustav B. von Hartmann (red.), *Deutschlands Beitrag zur Weltausstellung Brüssel 1958. Ein Bericht* (Düsseldorf: Generalkommissar der Bundesrepublik Deutschland bei der Weltausstellung Brüssel 1958, [1959?]), 16; Dolf Sternberger, 'Beschouwingen over Duitsland', in: Wend Fischer (red.), *Wereldtentoonstelling Brussel 1958. Duitsland* (Commissaris-Generaal van de Bondsrepubliek Duitsland bij de Wereldtentoonstelling te Brussel 1958, 1958), 16-22.

15 Paul Betts, *The Authority of Everyday Objects. A Cultural History of West German Design* (Berkeley/Los Angeles: University of California Press, 2004), 191.

16 Clara Menck, 'Persoonlijke behoefte', in: Wend Fischer (red.), *Wereldtentoonstelling Brussel 1958. Duitsland* (Commissaris-Generaal van de Bondsrepubliek Duitsland bij de Wereldtentoonstelling te Brussel 1958, 1958), 125.

17 Ibid., 124.

18 T. Harlander, 'Stadtentwicklung in der Bundesrepublik', in: Ingeborg Flagge, *Geschichte des Wohnens. Band 5. 1945 bis heute: Aufbau, Neubau, Umbau* (Stuttgart: Deutsche Verlag-Anstalt, 1999), 277.

19 'Groupe 37. Édifices et Habitations' (nota, niet gepubliceerd), fonds Expo 58, Algemeen Rijksarchief (Brussel), dossier nr. 1215030 (voorlopige nummering), s.d. (ca. 1955).

20 R. T., 'Bruxelles 1958', *Architecture 55*, nr. 15 (1955), 634.

21 Rika Devos, 'Een groot fiasco? Het Expo 58-avontuur van de Belgische

Notes

1 We would like to thank architectural engineers Iris Bauwens and Céline Goessaert for their archival research into the model homes in the German, French and Dutch pavilions. They wrote a Master's thesis about these model homes: Iris Bauwens and Céline Goessaert, *Modelwoningen op Expo 58. Drie cases: de Nederlandse, Duitse en Franse paviljoenen* (Ghent University, Master's thesis, 2006). They subsequently published an article based on their thesis: Iris Bauwens and Céline Goessaert, 'Modelwoningen op Expo 58. Drie cases: de Nederlandse, Duitse en Franse paviljoenen', *Gentse Bijdragen tot de Interieurgeschiedenis*, no. 36 (2009), 87-107.

2 The world fair was divided into different sections based on the nature and origin of the exhibitors. They included a Belgian, Foreign, Colonial, Commercial and Global Section. Inside the pavilions, the exhibition was organized in 'groups' encompassing the different aspects of society. Each group was divided into different 'classes'. With its encyclopaedic approach, Expo 58 fits into the nineteenth-century exhibition tradition.

3 Fredie Floré and Mil De Kooning, 'The Representation of Modern Domesticity in the Belgian Section of the Brussels World's Fair of 1958', *Journal of Design History*, no. 4 (2003), 319-340.

4 Paul Betts and David Crowley, 'Introduction', *Journal of Contemporary History*, no. 2 (2005), 213-236.

5 Werner Adriaenssens, 'De Vlaamsche moderne woonkamer. De Kunstwerkstede op de tentoonstelling van 1925 in Parijs', in: Frank Herman and Ruben Mayeur (eds.), *Kortrijkse Kunstwerkstede Gebroeders De Coene* (Kortrijk: Uitgeverij Groeninghe, 2006), 91-106; Jos Vandenbreeden, 'Schoonheid of het conflict tussen kunst, ambachtelijkheid en industrie', in: Claire Leblanc (ed.), *Art Nouveau en design. Sierkunst van 1830 tot Expo 58* (Tielt: Lannoo, 2005), 62-81.

6 Penny Sparke, Brenda Martin and Trevor Keeble (eds.), *The Modern Period Room. The Construction of the Exhibited Interior 1870 to 1950* (New York/Abingdon: Routledge, 2006). Of course there are examples of museums with model rooms intended to illustrate good and modern examples for the future, including the 'Green Dining Room', designed by Morris & Co and commissioned by the South Kensington Museum, London in 1867.

7 Beatriz Colomina, 'The Exhibitionist House', in: Russell Ferguson (ed.), *At the End of the Century. One Hundred Years of Architecture* (New York: Abrams, 1998), 126-165.

8 Several of these examples are also covered in *DASH*, no. 9 (2013), which is dedicated to housing exhibitions.

9 For a discussion of such examples, see: *The Journal of Architecture*, no. 9 (2004), a special issue on post-war model homes edited by Fredie Floré and Mil De Kooning.

10 Rika Devos, 'On the Omnipresence of Modern Architecture. Production and Reproduction of Architecture at Expo 58', in: Richard Klein and Eric Monin (eds.), *Cahiers thématiques* 12, a special issue on *Représentations de l'architecture contemporaine* (Rijsel: LATCH, Éditions de la Maison des sciences de l'homme, 2013), 47-55.

11 Greg Castillo, 'Making a Spectacle of Restraint: The Deutschland Pavilion at the 1958 Brussels Exposition', *Journal of Contemporary History*, no. 47 (2012), 97-119.

12 Deborah Ascher Barnstone, *The Transparent State. Architecture and Politics in Postwar Germany* (London/New York: Routledge, 2005), 1.

13 Immo Boyken, 'Voorname bescheidenheid. Het Paviljoen van Duitsland', in: Rika Devos and Mil De Kooning (eds.), *Moderne architectuur op Expo 58. Voor een humaner Wereld* (Brussels: Dexia/Mercatorfonds, 2006), 262-275; Christopher Oesterreich, 'Umstritten Selbstdarstellung. Der deutsche Beitrag zur Weltausstellung in Brüssel 1958', *Vierteljahrshefte für Zeitgeschichte*, no. 48 (January 2000), 127-153.

14 Wend Fischer and Gustav B. von Hartmann (eds.), *Deutschlands Beitrag zur Weltausstellung Brüssel 1958. Ein Bericht* (Düsseldorf: Generalkommissar der Bundesrepublik Deutschland bei der Weltausstellung Brüssel 1958, 1959[?]), 16; Dolf Sternberger, 'Beschouwingen over Duitsland', in: Wend Fischer (ed.), *Wereldtentoonstelling Brussel 1958. Duitsland* (Commissaris-Generaal van de Bondsrepubliek Duitsland bij de Wereldtentoonstelling te Brussel 1958, 1958), 16-22.

15 Paul Betts, *The Authority of Everyday Objects. A Cultural History of West German Design* (Berkeley/Los Angeles: University of California Press, 2004), 191.

16 Clara Menck, 'Persoonlijke behoefte', in: Fischer, *Wereldtentoonstelling Brussel 1958*, op. cit. (note 14), 125.

17 Ibid., 124.

18 T. Harlander, 'Stadtentwicklung in der Bundesrepublik', in: Ingeborg Flagge, *Geschichte des Wohnens. Band 5. 1945 bis heute: Aufbau, Neubau, Umbau* (Stuttgart: Deutsche Verlag-Anstalt, 1999), 277.

19 'Groupe 37. Édifices et Habitations', archival fund Expo 58, State Archives (Brussels), dossier no. 1215030 (provisional numbering), n.d. (ca. 1955).

20 R.T., 'Bruxelles 1958', *Architecture 55*, no. 15 (1955), 634.

21 Rika Devos, 'Een groot fiasco? Het Expo 58-avontuur van de Belgische architecten', in: Devos and De Kooning, *Moderne Architectuur op Expo 58*, op. cit. (note 13), 58-59.

22 Pierre-Louis Flouquet, 'La section "architecture belge" à l'exposition', *La Maison*, no. 12 (1958), 429-431.

23 The model home was designed by architect Frans Vuye in collaboration with Gustave Creupelandt, both of whom worked at De Coene. See: Rika

architecten', in: Rika Devos en Mil De Kooning (red.), *Moderne Architectuur op Expo 58. Voor een Humaner Wereld* (Brussel: Mercatorfonds/Dexia, 2006), 58-59.
22 Pierre-Louis Flouquet, 'La section "architecture belge" à l'exposition', *La Maison*, nr. 12 (1958), 429-431.
23 De modelwoning was ontworpen door architect Frans Vuye i.s.m. Gustave Creupelandt, beiden werkzaam bij De Coene. Zie: Rika Devos en Mil De Kooning, *De Coene op Expo 58*, in de reeks *Art De Coene Jaarboek* 4 (Bellegem: Stichting De Coene, 2003), 41.
24 Hoewel het produceren of bouwen van cataloguswoningen en andere catalogusprojecten in de jaren 1950 geen courante praktijk was in België, is De Coene erin geslaagd enkele relatief grootschalige opdrachten te realiseren, waaronder de 253 woningen voor Philips in Eindhoven en talrijke noodscholen in opdracht van het Belgische Ministerie van Onderwijs. Zie: Rika Devos en Fredie Floré, 'Modern met De Coene. De productie na 1952', in: Herman en Mayeur (red.), *Kortrijkse Kunstwerkstede Gebroeders De Coene*, op. cit. (noot 5), 183-207.
25 Rika Devos en Fredie Floré, 'Modern wood. De Coene at Expo 58', *Construction History*, nr. 24 (2009), 103-120.
26 Het Elektrisch Huis wordt ook besproken in: Fredie Floré, *Lessen in goed wonen. Woonvoorlichting in België 1945-1958* (Leuven: Universitaire Pers Leuven, 2010), 223-227.
27 'Comité de Classe V – Applications domestiques et artisanales. Procès-verbal de la séance tenue le 11 avril 1956' (verslag, niet gepubliceerd), fonds Expo 58, Algemeen Rijksarchief (Brussel), dossier nr. 1212040 (voorlopige nummering), 25 april 1956.
28 G. en E. Jacquemyns, *L'Exposition de 1958. Son succès auprès les Belges. Opinions et voeux des visiteurs* (Brussel: Institut Universitaire d'Information Sociale et Économique, 1959), 96.
29 D. E. Nye, 'Electrifying expositions, 1880-1939,' in: R. W. Rydell en N. E. Gwinn (red.), *Fair Representations. World's Fairs and the Modern World* (Amsterdam: VU University Press, 1994), 140-156.
30 'Au Palais de l'Electricité: la cuisine de l'an 2000', *Le Soir Illustré*, nr. 1351 (15 mei 1958), z.p.
31 *De gedroomde woning* (folder) (Brussel, 1958).
32 Joanne Price, 'Round pavilion, largest of its kind. U.S. plans Brussels Fair Hall', *New York Herald Tribune*, 28 januari 1957.
33 'Brussels '58, the United States speaks to the world. Progress Report', *Interiors* (september 1957), 135.
34 Rika Devos, 'Een interieur van popcultuur als propaganda en kritiek. Bernard Rudofsky en het Amerikaanse paviljoen op Expo 58', *Gentse Bijdragen tot de Interieurgeschiedenis. Interior History* (2010-2011), 191-209.
35 Los Angeles, The Getty Research Institute, *Bernard Rudofsky Papers, ca. 1910-1987*, 920004: Bernard Rudofsky, *On Exhibition Design* (manuscript lezing, Tokio), 5 december 1958, zoals geciteerd in: Felicity D. Scott, 'An eye on Modern Architecture', *Lessons from Bernard Rudofsky. Life as a voyage* (Basel/Boston/Berlijn: Birkhaüser, 2007), 203.
36 Ibid., 204.
37 In de 'Islands for Living': een badkamer die met een hurktoilet uitdagend afwijkt van de conventie (en vervangen zal worden); een mannequin die ligt te zonnebaden op een handdoek met dollarprint, uitgespreid over een oncomfortabel keienbed naast een bedreigende bootschroef; een tuinierende pop op een grasveldje van amper een voorschoot groot. Ook in de installaties 'The Face of America' en 'Shopping Street' werd op gelijkaardige manier op bevreemding gespeeld.
38 Ibid.
39 Ibid.
40 Ruth Oldenziel en Karin Zachmann (red.), *Cold War Kitchen. Americanization, technology and European users* (Cambridge, MA/Londen: MIT, 2009).
41 Los Angeles, The Getty Research Institute, *Bernard Rudofsky Papers, ca. 1910-1987*, op. cit. (noot 35), 203.

Devos and Mil De Kooning, *De Coene op Expo 58* in the series *Art De Coene Yearbook* 4 (Bellegem: Stichting De Coene, 2003), 41.
24 Although the production or building of system-built homes and other system-built projects was not common practice in Belgium in the 1950s, De Coene managed to realize a few relatively large-scale developments, including the 253 homes for Philips in Eindhoven and various temporary school buildings commissioned by the Belgian Ministry for Education. See: Rika Devos and Fredie Floré, 'Modern met De Coene. De productie na 1952', in: Herman and Mayeur, *Kortrijkse Kunstwerkstede Gebroeders De Coene*, op. cit. (note 5), 183-207.
25 Rika Devos and Fredie Floré, 'Modern Wood. De Coene at Expo 58', *Construction History*, no. 24 (2009), 103-120.
26 The Electric House is also discussed in: Fredie Floré, *Lessen in goed wonen. Woonvoorlichting in België 1945-1958* (Leuven: Leuven University Press, 2010), 223-227.
27 'Comité de Classe V – Applications domestiques et artisanales. Procès-verbal de la séance tenue le 11 avril 1956' (unpublished report), archival fund Expo 58, State Archives (Brussels), dossier no. 1212040 (provisional numbering), 25 April 1956.
28 G. and E. Jacquemyns, *L'Exposition de 1958. Son succès auprès des Belges. Opinions et voeux des visiteurs* (Brussels: Institut Universitaire d'Information Sociale et Économique, 1959), 96.
29 D.E. Nye, 'Electrifying expositions, 1880-1939,' in: R. W. Rydell and N. E. Gwinn (eds.), *Fair Representations. World's Fairs and the Modern World* (Amsterdam: VU University Press, 1994), 140-156.
30 'Au Palais de l'Electricité: la cuisine de l'an 2000', *Le Soir Illustré*, no. 1351 (15 May 1958), n. pag.
31 *De gedroomde woning* (brochure) (Brussels, 1958).
32 Joanne Price, 'Round Pavilion, Largest of Its Kind. U.S. Plans Brussels Fair Hall', *New York Herald Tribune*, 28 January 1957.
33 'Brussels '58, the United States Speaks to the World. Progress Report', *Interiors* (September 1957), 135.
34 Rika Devos, 'Een interieur van popcultuur als propaganda en kritiek. Bernard Rudofsky en het Amerikaanse paviljoen op Expo 58', *Gentse Bijdragen tot de Interieurgeschiedenis. Interior History* (2010-2011), 191-209.
35 Los Angeles, The Getty Research Institute, *Bernard Rudofsky Papers, ca. 1910-1987*, 920004: Bernard Rudofsky, *On Exhibition Design* (manuscript of reading, Tokyo), 5 December 1958, as cited in: Felicity D. Scott, 'An Eye on Modern Architecture', *Lessons from Bernard Rudofsky. Life as a Voyage* (Basel/Boston/Berlin: Birkhaüser, 2007), 203.
36 Ibid., 204.
37 In the 'Islands for Living': a bathroom with a squat toilet represents a provocative break from the norm (and will be replaced); a mannequin sunbathing on a dollar-print beach towel spread across an uncomfortable bed of cobbles next to a menacing looking boat propeller; a gardening doll on a patch of grass the size of an apron. 'The Face of America' and 'Shopping Street' also aimed for alienation.
38 Ibid.
39 Ibid.
40 Ruth Oldenziel and Karin Zachmann (eds.), *Cold War Kitchen. Americanization, Technology and European Users* (Cambridge, MA/London: MIT Press, 2009).
41 Los Angeles, The Getty Research Institute, *Bernard Rudofsky Papers, ca. 1910-1987*, op. cit. (note 35), 203.

Peter Lang

Superstudio: bewoonde ruimte
Superstudio: Inhabited Space

Still uit de Superstudio-film *Ceremony*, 1973
Still from the Superstudio film *Ceremony*, 1973

Deel 1: Karma Sutra

De gerenommeerde architect Giovanni Michelucci en de kunstcriticus Laura Vinca Masini waren de twee hoofdcuratoren van 'La Casa Abitata' (het bewoonde huis), de Florentijnse biënnale over interieurarchitectuur en – ontwerp van 1965. In het Palazzo Strozzi werd een aantal stijlkamerinstallaties gepresenteerd, waar bezoekers doorheen konden wandelen. De zo goed als vergeten Florentijnse tentoonstelling bracht een aantal van de meest opmerkelijke architecten en ontwerpers van Italië bijeen om nieuwe en creatieve plannen voor de eigentijdse woonomgeving onder de aandacht te brengen.[1] In een in *Domus* gepubliceerd hoofdartikel over de tentoonstelling betreurde de redactie het dat deze kritische visie op de woonomgeving door een groep gewaardeerde architecten en ontwerpers niet was gegeven op de triënnale van Milaan.[2]

Vinca Masini benadrukte in haar inleiding tot de catalogus dat er tussen de geselecteerde deelnemers geen enkele consensus heerste en dat het haar bedoeling was: '(...) aandacht te vragen voor het onvermogen van de eigentijdse woning om een specifieke functie te vervullen, onderworpen aan de markt, de algehele toestand van de bouwsector en de crisis waarin onze steden verkeren, in de greep van steeds anoniemer wordende bouwprogramma's die steeds sterker worden ingeperkt door de onmiddellijke behoeften van de massa'. Ze voegde daaraan toe: 'Het lijkt me duidelijk dat de gemiddelde persoon zichzelf alleen kan redden door zijn eigen menselijke maat te herontdekken, door zijn vrijheid te heroveren, terwijl de conditionering, de onbespreekbaarheid en de gewenning, veroorzaakt door propaganda en reclame, op alle mogelijke manieren en met alle middelen van de "welvaartscultuur" opgeroepen, op hun plaats kunnen worden gezet en via een individueel denkproces kunnen worden teruggedrongen binnen de grenzen van hun betekenis.'[3] Vinca Masini wilde door middel van deze tentoonstelling nadenken over de vraag of de mens een werkelijk vrije manier van leven zou kunnen bereiken.

De tentoonstelling bestond uit een reeks stijlkamers op ware grootte, ontworpen door ontwerpers van naam zoals Luigi Moretti, Vico Magistretti, Marco Zanuso, Vittorio Gregotti, en Achille en Piergiacomo Castiglione. Onder de indrukwekkende selectie van Michellucci en Vinca Masini bevonden zich drie projecten die de andere overtroffen. Deze kamers waren gemaakt door twee Florentijnen, beiden voormalig student van Giovanni Michellucci: Leonardo Ricci en Leonardo Savioli, én door iemand die in Florence een echte buitenstaander was, de in Milaan gevestigde ontwerper Ettore Sottsass jr.

Leonardo Ricci was hoogleraar compositie en stedenbouw aan de Florentijnse Scuola di Architettura en had veel onderwijservaring opgedaan in de US, en hij dwong respect af omdat hij zich achter de voor onderwijsvernieuwing strijdende studenten schaarde. Voor 'La Casa Abitata' bedacht Ricci een nomadische, compacte en zeer efficiënte 'bewoonbare ruimte voor twee personen' (*spazio vivibile per due persone*) die in productie zou worden genomen door de in Agliana gevestigde designproducent Poltronova. Het ging om geboetseerde, opvouwbare meubelobjecten (een soort ingekapselde sofa's) en andere interieurelementen die de bedoeld waren om de gebruiker te omhullen. Ze hadden de functie om op dialectische wijze deel te gaan uitmaken van het stedelijk weefsel, met uitschakeling van het tussengebied.

Leonardo Savioli speelde ook een belangrijke rol bij de wederopbloei van de architectonische en academische cultuur van Florence. Savioli gaf met behulp van zijn studenten-assistenten, Adolfo Natalini (toekomstig medeoprichter van Superstudio) en Paolo Deganello (toekomstig medeoprichter van Archizoom) tijdens het academisch jaar 1966-1967 een inmiddels legendarisch geworden college. De

Part 1: Karma Sutra

Renowned architect Giovanni Michelucci and art critic Laura Vinca Masini were the two principle curators for 'La Casa Abitata' (the Inhabited House), the 1965 Florentine biennale on interior architecture and design that introduced a set of walk-through room installations inside Palazzo Strozzi. The all but forgotten Florentine exhibition brought together some of Italy's most noteworthy architects and designers to showcase new and creative visions for the contemporary domestic environment.[1] In a feature article on the exhibition published in *Domus*, the editors lamented the fact that this kind of research of the home by such an esteemed group of architects and designers had not originated in Milan at the Triennale.[2]

While Vinca Masini stressed in her catalogue introduction that there was a complete lack of consensus among the selected participants, her premise was to raise 'awareness of the inability of contemporary homes to perform an exact function, conditioned by the market, the general building situation and the crisis of our cities, dominated by an increasingly anonymous building program that is ever more confined by the immediate needs of the masses.' She went on to stress: 'It seems clear that the average person can save himself only by rediscovering his own measure, by recovering his freedom, where the conditioning, incommunicability and inurement provoked by propaganda and advertising, imposed by all means by all the means of the "culture of affluence", can be brought down to size and re-established within the limits of their meaning through an individual thought process.'[3] With this exhibition, Vinca Masini wanted to show that it was possible for man to gain a real freedom of lifestyle.

The exhibition presented a series of full-scale model rooms designed by such recognized figures as Luigi Moretti, Vico Magistretti, Marco Zanuso, Vittorio Gregotti, and Achille and Piergiacomo Castiglione. Among Michellucci's and Vinca Masini's impressive selection there were three projects that pushed past the rest. These rooms were created by two Florentine insiders, both former students of Giovanni Michellucci: Leonardo Ricci and Leonardo Savioli, and one consummate Florentine outsider, the Milanese-based designer Ettore Sottsass Jr.

A professor in composition and urban design at the School of Architecture in Florence with extensive experience teaching in the USA, Leonardo Ricci was respected for standing by the students in their struggle for educational reforms. For 'La Casa Abitata', Ricci proposed a nomadic, compact and highly efficient 'inhabitable space for two persons' (*spazio vivibile per due persone*) to be produced by the Agliana-based design manufacturer Poltronova. These were moulded interfolding furniture-objects, something like enclosed capsular sofas and other furnishing elements intended to envelop their users and enter dialectically into the urban fabric, eliminating the middle ground in the process.

Leonardo Savioli also played a critical role in reinventing Florence's architecture and academic culture. Savioli headed the course that became legendary during the academic year 1966-1967, created with the help of his two course assistants, Adolfo Natalini (future co-founder of Superstudio) and Paolo Deganello (future co-founder of Archizoom). The course took its inspiration from one of the hottest discotheques in Rome, the Piper Club.[4] For 'La Casa Abitata', Savioli proposed a 'hypothesis for a structure built of prefabricated elements', a *Cellula per una casa minima* (Cell for a minimal house). The room featured a system of organic modular assemblies that were meant to be easily mounted in different configurations, creating a highly efficient three-dimensional spatial matrix.

But it was certainly Ettore Sottsass Jr's presence in 'La Casa Abitata' that had the greatest impact on the younger audience of aspiring

inspiratie voor het college putte hij uit een van de populairste discotheken in Rome, de PiperClub.[4] Voor 'La Casa Abitata' bedacht Savioli een 'hypothese voor een uit geprefabriceerde elementen opgebouwde constructie', een *Cellula per una casa minima* (cel voor een minimaal huis). In de kamer bevond zich een opstelling van organische, modulaire assemblages die gemakkelijk in verschillende configuraties konden worden gemonteerd, zodat een hoogst efficiënte, driedimensionale, ruimtelijke matrix ontstond.

Maar het uit jonge, ambitieuze architectuurstudenten bestaande publiek was ongetwijfeld het meest onder de indruk van Ettore Sottsass' aanwezigheid op 'La Casa Abitata'. Sottsass was geen academicus, en hij had zich niet verbonden aan een van de concurrerende Florentijnse facties. Hij woonde in Milaan, kwam regelmatig in Florence en vormde een welkome schakel tussen Florence en de gevestigde uitgeverijen en verwerkende industrieën in het noorden.

Sottsass' buitengewoon eclectisch ontworpen stijlkamer in het Palazzo Strozzi ontwrichtte de modernistische speltactiek. De kamer werd eenvoudigweg de *Camera da Letto* genoemd, 'de slaapkamer', en het grensoverschrijdende, op de Kamasutra gebaseerde interieur (het resultaat van recente reizen naar India) combineerde een verzameling kleurrijk meubilair met ingewikkelde geometrische motieven, die georganiseerd waren in verschillende gradaties van rommel en wanorde. Sottsass' ontwerp was des te provocerender vanwege de aanbevelingen die hij deed in zijn tekst: hij beschreef een wereld van aardse genoegens, parfums, bordspelletjes en nieuwe woonarrangementen. De slaapkamer van Sottsass, zegt Vinca Masini, '(...) genereert een maximale spanning met behulp van een zeer afgewogen gebruik van verfijnde combinaties van kleur en licht, kleur en ruimte'.[5]

Hoewel Sottsass' stijlkamer voor 'La Casa Abitata' nog geen deel uitmaakte van het werk van de Memphis Groep uit de jaren 1980, zou deze kamer toch het meest aanslaan bij de jongere generatie en bleek hij een voorbode van de gedurfde, grafische 'Superarchitettura'-tentoonstelling, die iets meer dan een jaar later zou plaatsvinden in Pistoia.[6] Veel architectuurstudenten die 'La Casa Abitata' bezochten, kregen tijdens deze tentoonstelling voor het eerst de gelegenheid door een installatie van Sottsass te wandelen en die te ervaren. Beide partijen profiteerden van de kennismaking, want Sottsass begon op zijn beurt ook belangstelling te tonen voor deze jonge generatie Florentijnen.

Waarschijnlijk kwam 'La Casa Abitata' over als het type tentoonstelling dat makkelijk valt te imiteren of te parodiëren: de tentoonstelling beschikte over een collectie meubilair en innovatieve materialen, zat bomvol ontwerpersmotieven en leverde opmerkelijke kritiek op het ongeremde naoorlogse fenomeen van de massaconsumptie.

Jolly Pop!

Ook al voldeed de tentoonstelling in het Palazzo Strozzi maar net aan de verwachtingen van de curatoren, de nadruk die de tentoonstelling legde op het interieur vond in elk geval weerklank bij de 'Superarchitettura'-tentoonstelling die het jaar erna werd samengesteld door de opkomende groepen Archizoom en Superstudio. Het speelse engagement met huishoudelijke artikelen op de tentoonstelling – een vrolijk beschilderd toneeldecor dat samen met een handvol vreemd gevormde, pseudofunctionele objecten in de kelderruimte van de Pistoiaanse galerie Jolly 2 was gepropt – was duidelijk schatplichtig aan het Palazzo Strozzi.

Maar de tentoonstelling in Pistoia bevatte het soort poëtische, populaire en commerciële referenties dat in 'La Casa Abitata' nergens te bekennen was. De tentoonstelling, die een spurt gaf aan de carrières

architecture students. Sottsass was not in academia, and he was not aligned with any of the competing Florentine factions. Coming down frequently from his home in Milan, he introduced a welcome link between Florence and the established northern publishing and manufacturing industries.

Sottsass's room installation of unusually eclectic design solutions at the Strozzi Palace subverted the modernist playbook. Referred to simply as *Camera da Letto*, 'the bedroom', his transgressive Kama Sutra-inspired interior, culled from his recent travels to India, brought together an assembly of colourful furnishings and complex geometrical motifs, grouped in various levels of clutter and disarray. Sottsass's proposal was even more provocative for what he prescribed in his text: he spoke of a world of earthly delights, perfumes, game boards and novel living arrangements. In Vinca Masini's opinion, Sottsass's bedroom 'generates maximum tension, supported by the highly calibrated preciousness of color-light and color-space'.[5]

Though not yet the stuff of the 1980s 'Memphis group', Sottsass's interior for 'La Casa Abitata' was nonetheless the one that rocked the younger generation the most, and that heralded – a little more than a year later – the boldly graphic 'Superarchitettura' exhibition in Pistoia.[6] Many of the architecture students visiting 'La Casa Abitata' were able to walk through and experience for the first time Sottsass's installation at this exhibition. The exposure worked both ways, as Sottsass began to show a mutual interest in this younger generation of Florentines.

It is likely that 'La Casa Abitata' came across as a sort of ideal exhibition to reimagine or to parody: it had its stock of furnishings and innovative materials, designer-packaged motifs, and a noteworthy critique on the rampant post-war phenomenon of mass consumption.

Jolly Pop!

If the Palazzo Strozzi exhibition fell somewhat short of the curators' objectives, the show's focus on the home was definitely echoed in the 'Superarchitettura' exhibition put together the following year by the emergent groups Archizoom and Superstudio. The exhibition, a brightly painted stage set crammed into the basement space of the Pistoia gallery Jolly 2 with a handful of oddly shaped pseudo functional objects, made evident concessions to the Palazzo Strozzi show through its playful engagement with household items.

But the show in Pistoia featured the kinds of poetic, pop and commercial references that were nowhere present in 'La Casa Abitata'. The exhibition that launched the careers of Superstudio and Archizoom was direct, forceful and targeted a much younger, politically engaged crowd.

Oddly enough, things might not have gone that way, for the simple reason that there was another show planned to precede Pistoia that was to have opened at the communal galleries in Modena. This latter exhibition was largely the same circle of friends and classmates that were to make up Archizoom and Superstudio, plus some fellow travellers. The Modena exhibition, however, was mainly organized to showcase their most significant recent architecture and thesis projects. Coming as it did after the Pistoia show, this more comprehensive exhibition picked up on the Pistoia pop theme, and incorporated it into the exhibition and its poster-catalogue.

The fusion between architectural megastructures and pop domestic designs was forged through these two encounters. Pop culture in Italy was by now on the rise. Besides the shifts in music, discos and fashion, there were also a couple of pivotal shows like the two exceptional exhibitions brought to Italy in 1964: the first was the Venice Art Biennale where Pop Art made its Italian debut and in the same year, the

van Superstudio en Archizoom, was direct, krachtig en gericht op een veel jongere, politiek geëngageerde groep.

Vreemd genoeg hadden de zaken ook heel anders kunnen lopen, om de eenvoudige reden dat er voorafgaand aan die in Pistoia een tentoonstelling was gepland in de gemeentelijke galerie in Modena. Aan die tentoonstelling in Modena deed ongeveer dezelfde kring van vrienden en klasgenoten mee, die later Archizoom en Superstudio zouden vormen, plus nog een aantal medestanders. De tentoonstelling in Modena was echter hoofdzakelijk georganiseerd om hun belangrijkste recente architectuur en afstudeerprojecten te laten zien. Deze veel uitgebreidere tentoonstelling vond uiteindelijk pas ná de tentoonstelling in Pistoia plaats, liet zich inspireren door het popthema van Pistoia en verwerkte dit in haar tentoonstelling en postercatalogus.

De fusie tussen architectonische megastructuren en popdesign voor het woninginterieur was een direct gevolg van deze twee tentoonstellingen. In Italië was de ster van de popcultuur inmiddels rijzende. Naast de veranderingen in de muziek, disco's en mode vond er ook een aantal cruciale shows plaats, zoals de twee buitengewone tentoonstellingen die Italië in 1964 aandeden: de biënnale van Venetië waar de popart zijn Italiaanse debuut maakte, en in hetzelfde jaar de triënnale van Milaan die het thema *Tempo Libero* (vrije tijd) introduceerde, een uitgebreide visie op architectuur en samenleving waaraan de Britse architectonische *new wave* een flink aandeel leverde.

Maar de beste manier om de Italiaanse culturele verschuivingen in deze jaren te meten, is misschien wel door te kijken naar wat er zich in de Italiaanse film afspeelde. In 1965, het jaar van de tentoonstelling in het Palazzo Strozzi, gingen er diverse baanbrekende films in première: Sergio Leone's *For a Few Dollars More*, Mario Bava's *Planet of the Vampires* en Elio Petri's *La decima vittima*. Sergio Leone introduceerde de spaghettiwestern, een internationale sensatie; Mario Bava introduceerde de eerste gothic sciencefictionfilm, waar Ridley-Scott vervolgens zijn *Alien*-serie op zou baseren, en Elio Petri componeerde een compacte, semiotische, stripverhaalachtige verhaallijn die vol zat met Italiaanse mode en design, en anticonsumentistische satire. In datzelfde jaar ontwikkelde Pier Paolo Pasolini voor zijn film *Il vangelo secondo Matteo* een manier om een fictieve film te maken in docudramastijl en was daarmee zijn tijd ver vooruit. Alles bij elkaar genomen bleek uit de lijst van gebeurtenissen uit of rondom 1965 dat het jaar in alle opzichten zeer succesvol voor de Italiaanse cultuur was geweest. Al deze films uit 1965 waren vooral opmerkelijk vanwege de manier waarop ze braken met belangrijke culturele conventies.

'Superarchitettura'

De 'Superarchitettura'-tentoonstelling in Pistoia, met haar rauwe verschijningsvorm, ontdaan van iedere overbodige uitleg, doorbrak deze conventies op ongeveer dezelfde manier als de koelbloedige cowboy van Sergio Leone de klassieke Amerikaanse western overtroefde. Maar hoe slaagde deze tentoonstelling – in een ondergrondse kelder, met een samenraapsel van huiselijk meubilair, banken, lampen, tafels, die extravagante kitsch combineerde met pop-supergraphics in een decor met een ongemakkelijk vervormd, geforceerd enkelvoudig perspectief – er precies in een ware designrevolutie te ontketenen? Om te beginnen wist deze zeer ongepolijste omgeving zich te onderscheiden door middel van een uiterst kort en krachtig manifest: 'Superarchitettura is de architectuur van de superproductie, superinductie tot consumeren, van de supermarkt, Superman en superbenzine.'[7]

Je zou kunnen beweren dat utopische manifesten in het verleden veel meer gericht waren op de ongelijkheid van mensen, klassenstrijd of sociale strijd, vandaar de drang om het bourgeois verleden, en zijn

Milan Triennale introduced the theme *Tempo Libero* (Leisure Time), an expansive vision on architecture and society that featured a feisty contingent from the British architectural new wave.

But perhaps the best way to gauge the Italian cultural shift in these years is to observe what was happening in Italian cinema. In 1965, the year of the Palazzo Strozzi show, several ground-breaking films made their premiers: Sergio Leone's *For a Few Dollars More*, Mario Bava's *Planet of the Vampires* and Elio Petri's *The Tenth Victim*. Sergio Leone launched the international sensation of the Spaghetti Western, Mario Bava introduced the first gothic style sci-fi movie (which would go on to inspire Ridley Scott's *Alien* franchise) and Elio Petri constructed a densely semiotic-comic book storyline rich in Italian fashion, design and anti-consumerist satire. The same year Pier Paolo Pasolini developed a prescient docudrama style of fictional filmmaking for his film *The Gospel According to St. Mathew*. All told, the list of events in and around 1965 makes it a watershed year for Italian culture in general. The motion pictures cited were remarkable precisely for the ways they broke major cultural conventions.

'Superarchitettura'

The 'Superarchitettura' exhibition in Pistoia appearing in its very raw state, and stripped of any superfluous explanations, burst through these conventions much like Sergio Leone's cold-blooded cowboy blasted away the classic American Western. But how exactly did this exhibition, held in an underground basement, with its compendium of domestic furnishings, sofas, lamps and tables, merging kitsch outrageousness with pop supergraphics inside an uncomfortably distorted single-point forced-perspective stage set succeed in bringing about a veritable revolution in design? First of all, one of the distinguishing features of this very raw environment was its extremely powerful and brief manifesto: 'Superarchitecture is the architecture of the superproduction, superinduction to consumption, of the supermarket, Superman, and of super gas.'[7]

One could argue that utopian manifestos of the past were much more focused on human inequality, class conflict and social struggles, hence the urge to eliminate the bourgeois past, its monuments and relics. The elevation of the adjective *super* suggests something quite different: a sort of capitulation to the novelty of unlimited restraints and infinite choices, a condition linked to mass consumption and mass society. Umberto Eco, the philosopher and author who taught from 1966 to 1969 in Florence, writing on the subject of Superman, noted that the comic book figure lived both as an invincible force and as a regular everyday guy, in the character of Clark Kent. According to Eco, Superman faced no real threat to his being, and therefore his was a story without any real advancement. Superman lived in a state of arrested development or in a 'non consumable existence'.[8] The condition of 'super' was therefore a condition of stasis beyond which one could not advance.

This in a sense is a perfect description both of the emergent Superarchitecture movement and of the group Superstudio. While the group was born out of a singularly effervescent event in Pistoia, it's greatest claim to fame will be those architectural projects that are produced by endless repetition. *The Continuous Monument*, the mega-scaled structure that engulfs entire landscapes stretching from horizon to horizon, is in fact an object in permanent stasis. That was precisely Superstudio's objective, to achieve a design that would do away with the need to design. That characteristic however, is achieved through a process of banalization, hence the inherent duality existing simultaneously as both superpower and as quotidian, very much like the Superman stories.

Omslag 'La Casa Abitata', Biennale degli interni di oggi, Florence, Palazzo Strozzi, 6 maart-25 april 1965

Cover of 'La Casa Abitata' (The Inhabited House), Biennial of Interior Design, Florence, Palazzo Strozzi, 6 March-25 April, 1965

Leonardo Ricci, 'La Casa Abitata': Inhabitable space for two persons, 1965

Leonardo Savioli, 'La Casa Abitata': Cell for a minimal house, 1965

Ettore Sottsas, 'La Casa Abitata', 1965

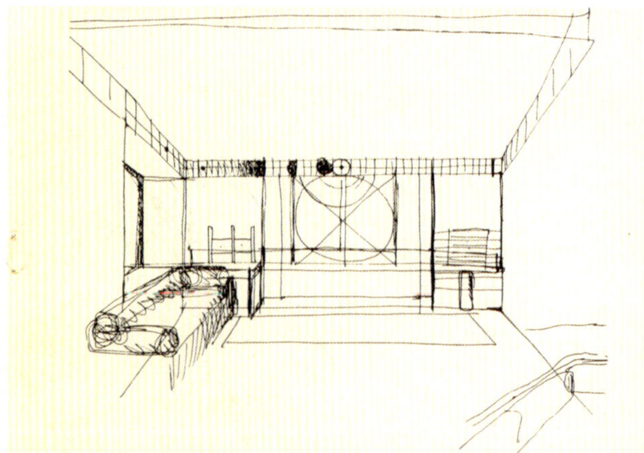

Poster van de 'Superarchitettura' tentoonstelling, Pistoia, december 1966

Exhibition poster for the 'Superarchitettura' exhibition in Pistoia, December 1966

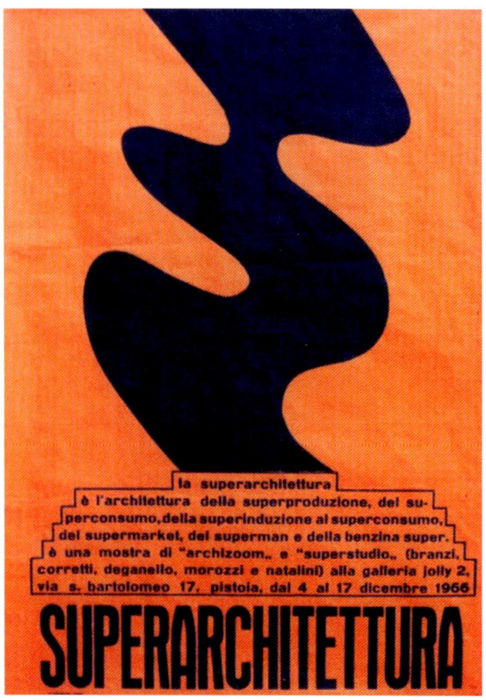

'Superarchitettura' tentoonstelling, Pistoia, 1966. Andrea Branzi, Adolfo Natalini en Massimo Morozzi

'Superarchitettura' exhibition in Pistoia, 1966. Andrea Branzi, Adolfo Natalini and Massimo Morozzi

monumenten en relikwieën te elimineren. De opgeblazenheid van het bijvoeglijk naamwoord 'super' suggereert iets heel anders: een soort capitulatie voor de noviteit van onbeperkte mogelijkheden en oneindige keuzes, een toestand die in verband werd gebracht met massaconsumptie en de massamaatschappij. Umberto Eco, de filosoof en auteur die van 1966 tot 1969 in Florence doceerde en over het onderwerp Superman schreef, merkte daarbij op dat de stripfiguur leefde als zowel een onoverwinnelijke kracht als een gewone alledaagse man, in de rol van het personage Clark Kent. Volgens Eco werd Superman niet geconfronteerd met enige werkelijke bedreiging voor zijn leven, en daarom ontbrak in het verhaal iedere werkelijke verbetering. Superman leefde in een staat van geblokkeerde ontwikkeling, ofwel leidde een 'onconsumeerbaar bestaan'.[8] De toestand 'super' was daardoor een statische toestand, waar men niet aan kon ontkomen.

Dit is een perfecte beschrijving van zowel de opkomende Superarchitettura-beweging als van de groep Superstudio. Want hoewel de groep is voortgekomen uit een eenmalig, bruisend evenement in Pistoia, bestaat zijn unieke nalatenschap uit het type architectonische projecten dat wordt geproduceerd door middel van eindeloze herhaling. *The Continuous Monument*, de megaconstructie die hele, zich van horizon tot horizon uitstrekkende landschappen verzwelgt, is in feite een object dat in permanente stilstand verkeert. Dat was precies de bedoeling van Superstudio: een ontwerp realiseren dat de noodzaak tot ontwerpen wegneemt. Dat kenmerk komt echter tot stand via een banaliseringsproces, vandaar de inherente dualiteit van een bestaan dat tegelijkertijd supermachtig en alledaags is, net als in het verhaal van Superman.

Maar het is belangrijk om geen cruciale stappen over te slaan. Om te laten zien hoe Superstudio ertoe kwam om die onophoudelijke drang tot vernieuwing te willen elimineren, moeten we terug naar de bron: terug naar de collectieve 'Superarchitettura'-tentoonstelling in Pistoia. Tot de merkwaardige verzameling objecten die zo'n beetje bij elkaar waren gepropt in twee gewelfde ondergrondse kamers die werden uitgebaat door een verlichte viskoopman, die bijkluste als galeriehouder en directeur, behoorde ook de perspectivische 'tunnel'-doos, met zijn helderwitte wolkendecoraties en felgekleurde strepen, de gegolfde, groenoranje bank *Superonda*, de 'chaise lounge' *Supersofa*, de *Supersonic*-radio, de getrapte ladekast *Peraspera* en een aantal *Pasiflora*-lampen.[9] Alle objecten waren uitgevoerd in buitenissige kleuren, absoluut popart, maar het waren ook semiotische iconen, niet minder schreeuwerig dan billboardreclames.

De stukken waren voornamelijk uitgevoerd in hout, multiplex en plexiglas, acryl en andere goedkope materialen, en in ongecompliceerde primaire kleuren geschilderd. Uit de levendige popmotieven bleek een gedeelde belangstelling: Adolfo Natalini had al naam gemaakt als lid van de Pistoiaanse popartgemeenschap; Andrea Branzi, Gilberto Corretti en Massimo Morozzi maakten voor hun afstudeerprojecten gebruik van cartoonfiguren, tekstballonnen en gepixelde graphics.[10] De stukken in deze interieurcollectie leken afkomstig uit stripboeken, discotheken, speelhallen, enzovoort; ze waren duidelijk lowtech, antimodern. Wat deze tentoonstelling opmerkelijk maakte, was vooral dat het om kunstwerken ging die waren gemaakt door enkele van de architectonisch talentvolste, intellectueel slimste en politiek-actiefste studenten van de naoorlogse generatie die de universiteit van Florence hadden bezocht.

Archizoom en Superstudio kwamen beide uit dezelfde klas voort, met dezelfde voorkeuren en gemeenschappelijke vrienden. Het was een gemeenschappelijke beweging die onder verschillende namen bekend stond. Dit gold evenzeer voor de leden van UFO, 9999 en

But it's important not to jump a critical step. To understand Superstudio's desire to eliminate the necessity of constant reinvention, it is necessary to return to the origins, back to the collective 'Superarchitettura' exhibition in Pistoia. The odd collection of objects, almost shoved together into the two vaulted underground rooms, run by an enlightened fish monger who moonlighted as gallery owner and director, included the perspectival 'tunnel' box, with its bright white cloud decorations and brightly coloured stripes, the *Superonda* wave-shaped green and orange couch, the *Supersofa* chaise longue, the *Supersonic* radio, the *Peraspera* stepped drawer cabinet along with a number of *Pasiflora* lamps.[9] All were in funky colours, definitely Pop Art, but also evidently standing as semiotic icons no less blatant than advertising billboards.

These pieces were largely executed in wood, plywood and Perspex, acrylic and other economical materials, and painted in straightforward primary colours. The vibrant 'pop' patterns were part of a shared interest: Adolfo Natalini was already a recognized member of the Pop Art 'Pistoia school',[10] Andrea Branzi, Gilberto Corretti and Massimo Morozzi produced final thesis projects using cartoon figures, word balloons and pixelated graphics. Overall, the pieces in this interior collection seemed to have emerged from comic books, discotheques, funhouses and so on, and were decidedly low-tech, anti-modern. What made this exhibition remarkable was precisely that these were works created by some of the most architecturally talented, intellectually savvy and politically active students to come through the University of Florence in the post-war generation.

The members of Archizoom and Superstudio were from the same class, with similar affiliations and common friendships. Theirs was a common movement that called itself by different names. This is just as true for the members of UFO, 9999 and Gianni Pettena, all classmates coming out of Florence at around the same time. Andrea Branzi, one of the co-founders of Archizoom, speaks of the rise of a new kind of youth avant-garde who employed 'a sort of first pop-design, that would converge into the Radical movement, and that constituted the first critical front against the certainties of classic modernity'.[11]

Part 2: Superarchitecture Goes Radical

The Superarchitecture movement might have been made up of the same generation studying at the University of Florence, but their member's personal pursuits in politics, education and culture help explain their differences. It would already be possible to gauge the growing ideological split around the time of the movement's origins. The Pistoia show is a product of two emerging streams both engaged in utopian praxes, but each on its own terms. The germinal elements were, on the one hand, Archizoom's critique of the hyperactive world of mass consumption, and on the other Superstudio's theory on material disengagement. The split then, dividing Superstudio from Archizoom, initiates with each of the collectives consolidating its working philosophies. Archizoom embarks on a series of ironic designs that recalls the Californian counterculture and civil rights struggles. Superstudio, after two years' worth of creating some truly funky objects, and several architecture commissions, initiates its ideological withdrawal from the system of consumption. Its dilemma is explored in *Evasion Design and Invention Design*, written in 1969: 'What we want to do is lay the foundations for an existence that is one long protest: a "be – in". This means involving all the users of our products in creative and operative areas. Such total involvement may be achieved in two ways: by supplying products that are poetically functional or by supplying patterns of behavior.'[12]

Gianni Pettena, allen klasgenoten die rond dezelfde tijd van Florence kwamen. Andrea Branzi, een van de medeoprichters van Archizoom, noemt het de opkomst van een nieuw soort jongeren-avant-garde die gebruik maakte van 'een soort voorloper van popdesign, die zou gaan samenvallen met de radicale beweging, en dat het eerste kritische front tegen de zekerheden van de klassieke moderniteit vormde'.[11]

Deel 2: Superarchitettura wordt radicaal

De Superarchitettura-beweging bestond dan wel uit leden van dezelfde, aan de universiteit van Florence studerende generatie, maar hun persoonlijke ambities op het gebied van politiek, onderwijs en cultuur vormden mede een verklaring voor de onderlinge verschillen. Het viel zelfs tijdens het ontstaan van de beweging al te voorspellen op welk ideologisch punt hun wegen zich zouden scheiden. De tentoonstelling in Pistoia was het product van twee opkomende stromingen die zich beide bezig hielden met utopistische praktijken, maar allebei op hun eigen voorwaarden. De productieve elementen waren enerzijds de kritiek van Archizoom op de hyperactieve wereld van het massaconsumentisme, en anderzijds de theorie van Superstudio over de bevrijding uit het materiële domein. De breuk tussen Superstudio en Archizoom ontstaat wanneer de collectieven elk hun handelsmerk gaan consolideren. Archizoom begint aan een reeks ironische ontwerpen die aan de Californische tegencultuur en haar strijd voor burgerrechten herinnert. Superstudio creëert twee jaar lang een aantal werkelijk bizarre voorwerpen, krijgt verschillende bouwopdrachten en begint dan met zijn ideologische terugtrekking uit het consumptiesysteem. Het dilemma van de groep komt aan de orde in het in 1969 geschreven *Evasion Design and Invention Design*: 'Wij willen de basis leggen voor een bestaan dat één lang protest is: een "be-in". Dat wil zeggen dat we alle gebruikers van onze producten bij de creatie en de uitvoering gaan betrekken. Een dergelijke totale betrokkenheid kan op twee manieren worden bereikt: door het leveren van producten die poëtisch functioneel zijn of door het leveren van gedragspatronen.'[12]

Als de beginperiode van de Superarchitettura-beweging tot nu toe buitenproportioneel aan de orde is geweest, dan komt dat doordat de sprong van Superstudio naar een uniforme ontwerpfilosofie alleen is te begrijpen door de aandacht te vestigen op de vroegste ontwerpexperimenten voor het wooninterieur: meubels, objecten en het manifest. De vraag hoe deze ontwerpen van Superstudio zich verhouden tot de monumentale projecten, kan volgens deze interpretatie pas worden beantwoord als Superstudio afstand heeft genomen van zijn pop-houding ten aanzien van het interieur. Geen eenvoudige opgave, als je bedenkt dat de meubellijn, hun objecten en huishoudelijke 'voorwerpen' in vele opzichten succesvolle voorbeelden zijn van een sterk gedecentraliseerde, op maat producerende, kleinschalige ontwerpindustrie.

Toch was het de *pop* in de Superarchitettura-beweging die een totale breuk met de oudere architectonische avant-garde wist te realiseren, echter, de groeiende bezorgdheid over overconsumptie, het opraken van natuurlijke hulpbronnen, het verdwijnen van maatschappelijke structuren en de dreiging van een nucleair Armageddon bracht de beweging in veel serieuzer vaarwater. In feite was de belangrijkste tijd voor de transformatie van de beide groepen de periode tussen 1968 en 1969. Maar wat de werkwijze van Superstudio bepaald onderscheidt van die van de andere Florentijnse groepen Archizoom, 9999 of UFO was het vermogen om zijn marsroute te communiceren: om het proces grafisch te documenteren, om elk onderzoek aan een zekere mate van kritische evaluatie te onderwerpen, en om de kwestie te herformuleren. Dit proces, dat sterk lijkt op wat systeemontwerp

If so much has been said so far about the early Superarchitecture movement, it is because the leap taken by Superstudio towards a unified design philosophy can only be understood by focusing on its earliest experiments in domestic design: furnishings, objects and manifesto. The question of how Superstudio's domestic designs relate to the group's monumental projects can be answered, according to this interpretation, only once Superstudio strips away its pop sensibilities towards the domestic environment. Not easy to do, considering that their line of furniture, objects and other household 'goods' were in many ways successful examples of a highly decentralized and customized small-scale design industry.

It nonetheless took the *pop* in the Superarchitecture movement to break completely with the older architecture avant-garde, but it was the growing concern with over-consumption, dwindling resources, the dissolving social fabric and the threat of a nuclear Armageddon that steered the movement onto much more serious ground. In fact, the key period in both groups' transformation was 1968-1969. But what generally distinguishes Superstudio's method from the other Florentine groups – Archizoom, 9999, UFO – was its capacity to communicate its journey: to document the process graphically, to bring each investigation to a degree of critical assessment, and to restate the issue again. This process, very much what systems design establishes with the use of the feedback loop, was Superstudio's modus operandi for any number of projects under development.

The group's highly visionary production grew to include numerous contemporaneous studies exploring completely different lines of inquiry. Storyboards on the greatest architectural monuments, lamp fixtures narrated like comic books, houses for private clients and competitions for national pavilions co-mingle with day-to-day industrial design and commercial architectural projects. It is just as important to understand that the group did not back down from addressing basic concerns about the architectural profession. Rather, with each challenge – house, lamp or urban plan – Superstudio merely sought to question some of the essential conditions that appeared to waste time, energy and from an anti-capitalist perspective, money.

Villa Typology

The key then to understanding Superstudio's anti-design philosophy is best expressed in Superstudio's project *Catalogo di ville*. At its simplest, the history of the villas could be about the increasing strains in the relationship between the architect and client over the making of a custom-designed house. As Adolfo Natalini noted in a recent interview, what seemed logical yet impossible was the idea of going to a client with a few already executed architectural design solutions and asking the client to choose one. As Natalini noted, clients largely refused to do so.[13]

The house became one of the exquisite transitional devices in Superstudio's evolution, precisely because it is a way to reconcile the absurdity of the individual commission with the possibility of a utopian lifestyle. In essence, the house, as one of the fundamental tasks in an architect's practice, became the quintessential site for reassessment that pushed Superstudio to develop a specifically restricted range of typologies. These houses, or 'villas', as Superstudio referred to them, came in four species, Suburban Villas, Seaside Villas, Mountain Villas and Great Italian Villas.[14]

> To save one's soul through clarity, depriving architecture of its spatial-aesthetic-economic-functional superstructures (justifications and mystifications) and re-valuing its ordered essence. In this manner

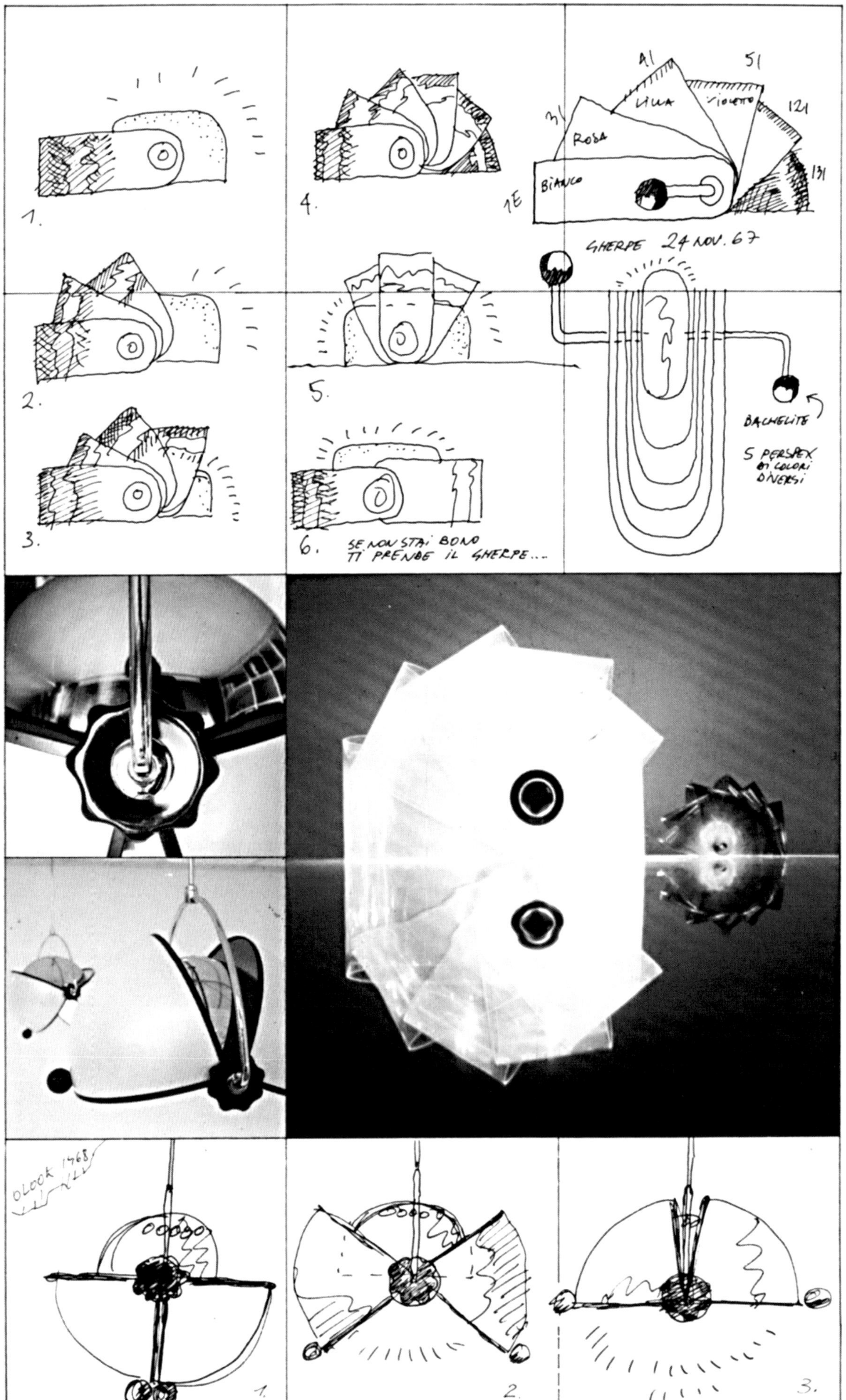

Superstudio, lamp *Ooklook*, 1968
Superstudio, *Ooklook* Lamp, 1968

doet via het gebruik van de *feedback loop*, was Superstudio's werkwijze voor alle projecten in ontwikkeling.

De groeiende, zeer visionaire productie van de groep begint ook talrijke actuele onderzoeken te omvatten, die totaal verschillende vragen verkennen. *Storyboards* over de grootse architectonische monumenten, lichtarmaturen afkomstig uit stripverhalen, huizen voor particuliere opdrachtgevers en prijsvragen voor nationale paviljoens gaan hand in hand met het dagelijkse industrieel ontwerpen en de commerciële bouwprojecten. Een even belangrijk punt is dat de groep er niet voor terugschrok zijn fundamentele bezorgdheid over het beroep van architect aan de orde te stellen. Dus trachtte Superstudio bij elke uitdaging – een huis, een lamp, een stedenbouwkundig plan – vraagtekens te plaatsen bij een aantal fundamentele voorwaarden die tijd, energie en (vanuit een anti-kapitalistisch perspectief) geld leken te verspillen.

Villatypologie

De sleutel tot een begrip van de antidesign filosofie van Superstudio komt het duidelijkst tot uitdrukking in het Superstudio-project *Catalogo di Ville*. Simpel gezegd gaat de geschiedenis van de villa's over de toenemende spanning in de relatie tussen architect en opdrachtgever met betrekking tot de bouw van een op bestelling ontworpen huis. Zoals Adolfo Natalini in een recent interview opmerkte: het idee om naar een klant toe te gaan met een aantal eerder uitgevoerde architectonische ontwerpoplossingen en de klant te vragen daar een keuze uit te maken, leek logisch, maar was onmogelijk. De meeste klanten weigerden dit te doen, aldus Natalini.[13]

De woning wordt één van de exquise overgangsinstrumenten in de evolutie van Superstudio, juist omdat het een manier biedt om de absurditeit van de particuliere opdracht te verenigen met de mogelijkheid van een utopistische levenswijze. Het woningontwerp, een van de fundamentele taken in de architectenpraktijk, werd het essentiële domein voor de herbezinning die Superstudio ertoe aanzette een specifiek beperkte serie typologieën te ontwikkelen. Van deze huizen, of 'villa's' zoals Superstudio ze noemde, bestonden vier varianten: Suburban Villas, Seaside Villas, Mountain Villas, Great Italian Villas.[14]

> De ziel door zuiverheid redden, de architectuur ontdoen van haar ruimtelijk-esthetisch-economisch-functionele superstructuren (rechtvaardigingen en mystificaties) en haar essentiële ordening herwaarderen. Op deze manier wordt de architectuur als een operationele structuur toegevoegd aan *natura naturans* en *natura naturata*, en brengt zij orde aan in hun materialiteit met geschiedenis en techniek als instrumenten.[15]

Wat Superstudio door middel van de herformulering van de villatypologie probeerde te doen, was in wezen: zoeken naar de meest natuurlijke vormen van het gebouwde huis op basis van intrinsieke menselijke behoeften, of, met inachtneming van het menselijk gedrag: gebruik maken van wat voorhanden was als de meest effectieve manier om een bepaald probleem op te lossen. Deze boodschap zou uiteindelijk het meest kernachtig worden uitgedrukt in het enige project waarin de villa niet langer deel uitmaakt van de afbeelding: de *Villa al Mare*, waarbij architectuur uiteindelijk helemaal uit beeld verdwijnt.

> Een villa ontwerpen is: een niet-bestaand probleem tackelen. De moderne architectuur heeft alle relatieve problemen al opgelost en er anderzijds de maatschappelijke en functionele absurditeit van

> architecture as an operative structure is superimposed on natura naturans and natura naturata, putting their materials to order with the instruments of history and technology.[15]

What Superstudio sought through the reimagining of the villa typology was to in substance seek the most natural forms for making a house based on intrinsic human needs or reflecting on human behaviour, using what already constituted the most efficient ways of coming to terms with a given problem. This message would eventually find its most succinct expression in the one project where the villa no longer appears in the rendering: the *Villa al Mare*, where architecture finally disappears completely from the picture.

> To project a villa is an inexistent problem; modern architecture has already solved all relative problems, and on the other hand, has demonstrated its social and functional absurdity. However it remains for young architects, one of the few occasions for actually projecting Architecture (at least in Italy). Thus refusing to consider the personal problems of the clients and trying to think solely of a serene life and a happy construction seen in the light of a small piece of the larger construction is 'the system of architecture' (Architecture) we have compiled a catalogue of Villas.[16]

Le Tombe degli Architetti

Along with the Villas, Superstudio was equally intent on developing a line of home furnishings and domestic objects that could be made more uniform, more self-generative. The exact evolution of this single design solution is not that evident, even though it too began as a deliberate investigation into the most elementary responses to the everyday demands of the home. What initially began as a means of getting beyond the need to continuously reinvent basic household elements, which would in fact do away with the architect – hence 'tombs of the architects' – ended up becoming an auto-generative system, an algorithm, for a single design solution to everything.

'Between 68 and 69 we began to become interested in transpositions and metamorphoses: architecture ceased to be specific, it lost connotations with scale, to become abstract projects of platonic, neutral and available entities.'[17]

The process produced a replicable grid of 3 x 3 cm that could spread along the x, y and z axes and could easily be configured into a variety of functional objects. The *Istogrammi* (Histograms) were developed to behave like generic diagrams or data graphs reflecting only the most necessary forms required for the home. Essentially non-Cartesian, this expandable grid system jumped dimensions once it became evident it was proportionless. This became the system that spread virally into a number of different projects under the concept of the 'neutral surface': beginning with *Histograms of Architecture*, *The Continuous Monument*, the *Misura* series, *Interplanetary Architecture* and *Supersurface*.

> In those years it became quite clear that to continue to design object furniture and similar household decorations were [sic] not the solution to problems with living nor for those of life, even less to save one's soul. We prepared a catalog of three dimensional non-continuous diagrams, a catalog of histograms of architecture with reference to a transportable network in different areas and in scales for the construction of a serene nature.[18]

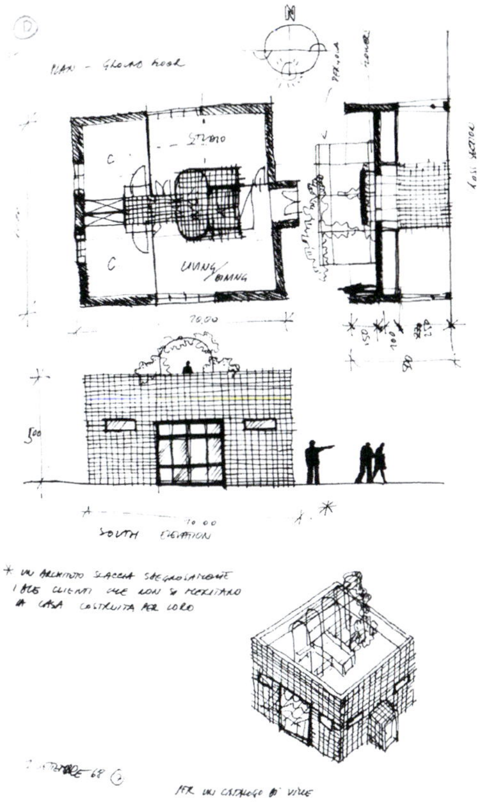

Superstudio, *Cataloge di Ville*, september 1968 – 'Opdrachtgevers verdienen niet dat er een huis voor hen gebouwd wordt'

Superstudio, *Cataloge di Ville*, September 1968 – 'The clients do not deserve a house built for them'

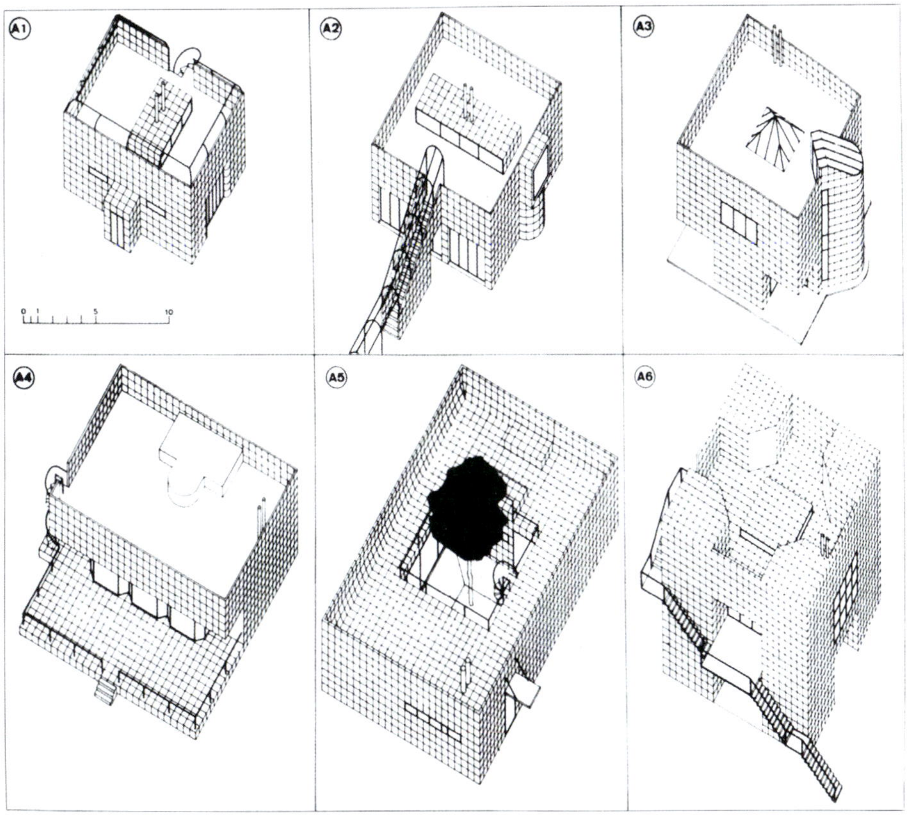

Superstudio, *Cataloge di Ville*, 1971

Superstudio, Cubic villa-project, 1971

Superstudio, Cubic villa project, 1971

Superstudio, *The Continuous Monument*, Graz, 1969

Superstudio, spiegel *Misuratore*, Plura Editions, 1970

Superstudio, *Misuratore* mirror, Plura Editions, 1970

Superstudio, *Supersurface*, 1971-1972

laten zien. Toch blijft het voor jonge architecten een van de weinige situaties waarin ze daadwerkelijk Architectuur kunnen ontwerpen (althans in Italië). Omdat we weigeren de persoonlijke problemen van de klanten te overwegen en te proberen 'een sereen' bestaan en 'een geslaagde constructie' uitsluitend te begrijpen als kleine onderdelen van de totale constructie die 'het systeem van de architectuur' (Architectuur) uitmaakt, hebben wij een catalogus van villa's samengesteld.[16]

Le Tombe degli Architetti

Behalve de villa's was Superstudio even vastbesloten een lijn woninginrichting en huishoudelijke artikelen te ontwikkelen, die meer uniform, meer zelfgenererend zou zijn. De precieze evolutie van deze eenduidige ontwerpoplossing is niet helemaal duidelijk, hoewel die ook begon als een doelbewust onderzoek naar het meest elementaire antwoord op de alledaagse beslommeringen in de woning. Wat aanvankelijk begon als een manier om niet langer gedwongen te worden, basale huishoudelijke elementen voortdurend opnieuw uit te vinden – wat in feite een einde zou maken aan de architect, vandaar de term 'de graven van de architecten' – werd uiteindelijk een autogeneratief systeem, een algoritme, voor een eenduidige ontwerpoplossing voor alles.

'Tussen 68 en 69 begonnen we geïnteresseerd te raken in transposities en metamorfoses: architectuur was niet langer specifiek, verloor haar connotaties met schaal, het werden abstracte projecten van platonische, neutrale en beschikbare entiteiten.'[17] Dit proces leverde een herhaalbaar grid van 3x3 cm op, dat kon worden uitgebreid langs de x, y en z-assen en gemakkelijk kon worden geconfigureerd tot een verscheidenheid aan functionele objecten. De *Istogrammi* (histogrammen) werden ontwikkeld om zich te gedragen als neutrale diagrammen of datagrafieken, die alleen de meest noodzakelijke vormen in en om de woning weergaven. In essentie ontdeed dit niet-cartesiaanse, repliceerbare gridsysteem zich van de dimensies, toen duidelijk werd dat het geen proporties had. Het is dit systeem dat zich viraal zou verspreiden naar een aantal verschillende projecten in het kader van het concept van het 'neutrale oppervlak': om te beginnen *Histograms of Architecture*, *The Continuous Monument*, de *Misura*-reeks, *Interplanetary Architecture* en *Supersurface.*

> Het werd indertijd vrij duidelijk dat doorgaan met het ontwerpen van objectmeubilair en gelijksoortige woningdecoraties niet de oplossing was voor de problemen van het wonen, noch voor die van het leven, nog minder voor het redden van de ziel. We maakten een catalogus van driedimensionale, niet-continue diagrammen; een catalogus van architectonische histogrammen, refererend aan een verplaatsbaar netwerk in verschillende gebieden en schalen voor het maken van serene natuur.[18]

Uiteindelijk bleken alle gestelde doelen zich geleidelijk in een richting te bewegen, terwijl de groep in 1969 zijn belangrijkste doorbraak beleefde toen *The Continuous Monument* en *Histograms of Architecture* voor het eerst in het openbaar verscheen. Volgens Roberto Gargiani en Beatrice Lampariello dook *The Continuous Monument* voor het eerst op bij de Grazerzimmer-installatie van Superstudio voor een in 1969 in Künstlerhaus Trigon in Graz gehouden tentoonstelling.[19] Volgens hun chronologie is *The Continuous Monument* vroeger gemaakt dan *Histograms*, maar het lijkt waarschijnlijker dat de villa's de evolutionaire schakel vormen: het zijn de villa's die veranderen in een eenvoudige gridstructuur die zowel object is als gebouw.[20]

Taken all together, there was a gradual convergence towards a single objective as the group made its greatest breakthrough in 1969, the year *The Continuous Monument* and the *Histograms of Architecture* appear first in public. According to Roberto Gargiani and Beatrice Lampariello it was Superstudio's Grazerzimmer installation for the Künstlerhaus Trigon exhibition held in 1969 in Graz, where *The Continuous Monument* emerged for the first time.[19] Their chronology, however, privileges the creation of *The Continuous Monument* over *Histograms*, whereas it appears more likely that the Villas are the evolutionary link: the Villas are what morph into a simple gridded structure that is both object and building.[20]

If there is an ironic twist to this story, it is that the first few years of Superstudio's production was mainly about domestic objects and the last few years of Superstudio's production in the 1970s would also be mainly about domestic objects. Once out the limelight, Superstudio engaged in a long-term investigation into extra-urban material culture, with university students documenting the declining fortunes of local Italian farming traditions and handicrafts. This project would eventually be presented at the 1978 Venice Biennale as *Project Zeno* in the architecture section curated by Lara Vinca Masini. Despite Superstudio's energetic desire to live without objects, the bottom line is that objects are what define Superstudio's oeuvre. The group begins and arguably ends by researching simple primary forms and concepts that materialize within the most human of objects and ceremonial artefacts.

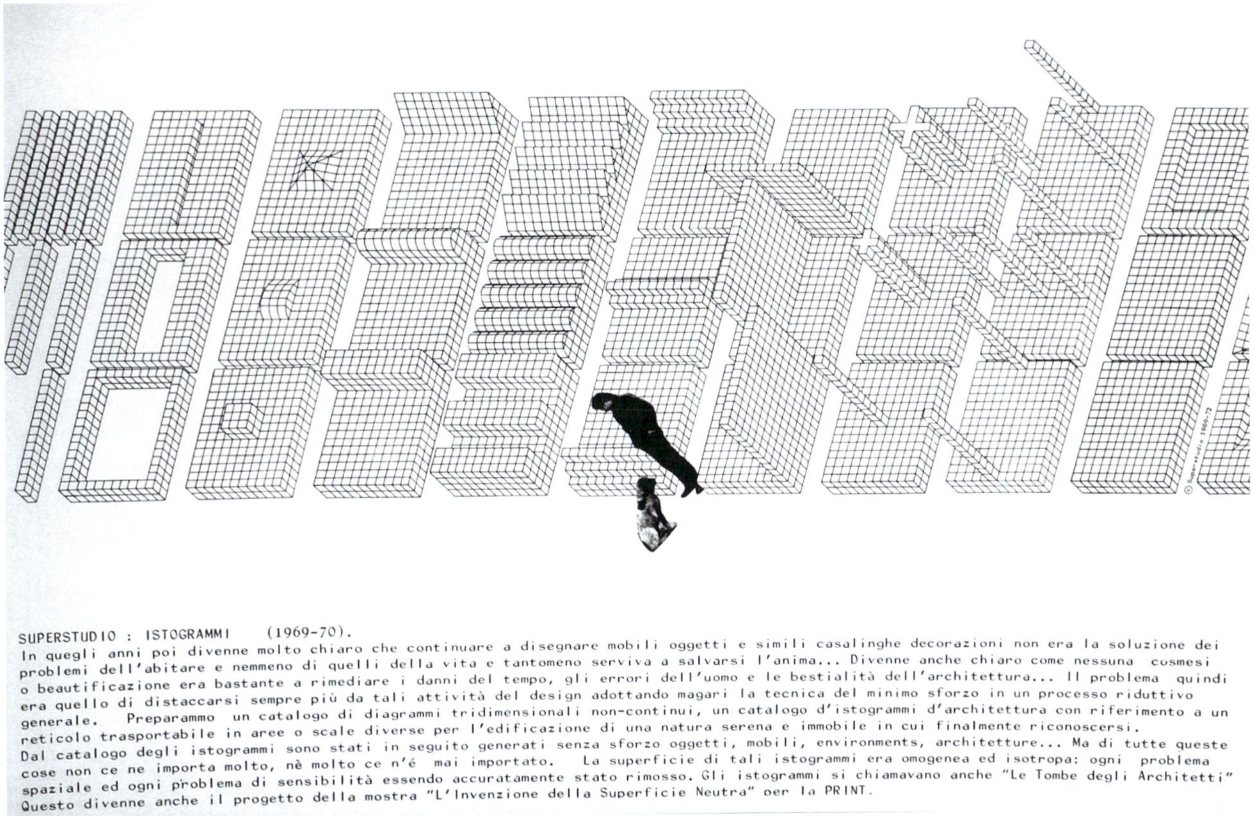

SUPERSTUDIO : ISTOGRAMMI (1969-70).
In quegli anni poi divenne molto chiaro che continuare a disegnare mobili oggetti e simili casalinghe decorazioni non era la soluzione dei problemi dell'abitare e nemmeno di quelli della vita e tantomeno serviva a salvarsi l'anima... Divenne anche chiaro come nessuna cosmesi o beautificazione era bastante a rimediare i danni del tempo, gli errori dell'uomo e le bestialità dell'architettura... Il problema quindi era quello di distaccarsi sempre più da tali attività del design adottando magari la tecnica del minimo sforzo in un processo riduttivo generale. Preparammo un catalogo di diagrammi tridimensionali non-continui, un catalogo d'istogrammi d'architettura con riferimento a un reticolo trasportabile in aree o scale diverse per l'edificazione di una natura serena e immobile in cui finalmente riconoscersi.
Dal catalogo degli istogrammi sono stati in seguito generati senza sforzo oggetti, mobili, environments, architetture... Ma di tutte queste cose non ce ne importa molto, nè molto ce n'é mai importato. La superficie di tali istogrammi era omogenea ed isotropa: ogni problema spaziale ed ogni problema di sensibilità essendo accuratamente stato rimosso. Gli istogrammi si chiamavano anche "Le Tombe degli Architetti" Questo divenne anche il progetto della mostra "L'Invenzione della Superficie Neutra" per la PRINT.

Superstudio, catalogus van *Histograms of Architecture*, 1970
Superstudio, *Histograms of Architecture* catalogue, 1970

Superstudio, model voor *Histograms of Architecture*, 1970
Superstudio, model for *Histograms of Architecture*, 1970

Buiten het bureau van Superstudio in Belosguardo, Florence, 1970
Outside the Superstudio office at Belosguardo, Florence, 1970

Superstudio, *Project Zeno*, Zeno's tas met gereedschap, 1978
Superstudio, *Project Zeno*, Zeno's tool bag and tools, 1978

Superstudio, serie *Misura*-meubilair, geproduceerd door Zanotto, 1970-1971
Superstudio, *Misura* furniture series; produced by Zanotto, 1970-1971

Als dit verhaal al een ironische wending heeft, dan komt dat doordat de eerste productieve jaren van Superstudio vooral om huishoudelijke objecten draaiden, en dat de laatste paar productieve jaren van Superstudio in de jaren 1970 ook vooral om huishoudelijke objecten zouden draaien. Eenmaal uit de schijnwerpers raakte Superstudio verwikkeld in een langlopend onderzoek naar buitenstedelijke materiële cultuur, waarbij universiteitsstudenten de neergang van lokale Italiaanse agrarische tradities en oude ambachten documenteerden. Dit project zou uiteindelijk als *Project Zeno* worden gepresenteerd op de door Lara Vinca Masini opgezette architectuursectie van de biënnale van Venetië in 1978. Ondanks Superstudio's energieke verlangen om te leven zonder objecten wordt zijn oeuvre per saldo wel degelijk gedefinieerd door objecten. In zekere zin begint en eindigt de groep met onderzoek naar eenvoudige primaire vormen en concepten die gematerialiseerd worden als de meest menselijke objecten en ceremoniële artefacten.

Noten

1 Catalogus Fondazione Palazzo Strozzi: *La Casa abitata: biennale degli interni di oggi* (Florence: Formatecnica Publicazioni, 1965).
2 Redactie Domus, 'Introduction', *Domus*, nr. 426 (mei 1965), in: Charlotte en Peter Fiell, *Domus Vol VI 1965-1969* (Londen: Taschen, 2006), 552.
3 Lara Vinca Masini, 'The Inhabited House', *Domus*, nr. 426 (mei 1965), in: ibid., 553.
4 E-mailuitwisseling met Paolo Deganello, 9 augustus 2014.
5 Vinca Masini, op. cit. (noot 3), 553.
6 Peter Lang, e-mailuitwisseling met Roberta Meloni, directeur Poltronova Centro Studi, 5 augustus 2014.
7 Superarchitettura Poster, Jolly 2 Gallery, Pistoia, 1966, uit het Superstudio-archief.
8 Umberto Eco, *Apocalittici e integrati: Communicazioni di massa e teorie della cultura di massa* (Milaan: Bompiani 2005), 232-233.
9 Roberto Gargiani en Beatrice Lampariello, *Superstudio* (Roma-Bari: Laterza, 2010), 7.
10 Ibid., 128.
11 Andrea Branzi, *Introduzione al design italiano: una modernità incompleta* (Milaan: Baldini & Castoldi, 1999), 128.
12 Superstudio, 'Evasion Design and Invention Design 1969', geciteerd in: Peter Lang en William Menking, *Superstudio: Life Without Objects* (Milaan: Skira, 2003), 117.
13 Telefonisch interview met Adolfo Natalini, 29 augustus 2014.
14 Zie ook: 'The Single Design: Histograms, Villas, Monuments', in: Lang en Menking, *Superstudio*, op. cit. (noot 12), 110-115.
15 'Superstudio: the Single Design' in: *Japan Interior Design* 144, geciteerd in: ibid., 110.
16 Superstudio, 1968-69. Adolfo Natalini (red.), *Superstudio Storie con Figure 1966-1973* (Florence: Superstudio, 1979), 6.
17 Superstudio 1968-69. 'A Journey Like Pilgrims Progress, or a Guide For Young Architects through the Architecture of Monuments, the Architecture of Images, Technomorphic Architecture, and Architecture of the Regions (of Reason)'. Ibid.
18 Ibid., 7.
19 Gargiani en Lampariello, *Superstudio*, op. cit. (noot 9), 26-28 en 34-42.
20 Uit een telefonisch interview met Adolfo Natalini, 29 juli 2014 en een interview met Cristiano Toraldo di Francia, 28 juli 2014.

Notes

1 Fondazione Palazzo Strozzi Catalog: *La Casa abitata: biennale degli interni di oggi*, (Florence, Formatecnica Publicazioni, 1965)
2 *Domus* editors, 'Introduction,' *Domus*, no. 426 (May 1965) reprinted in Charlotte and Peter Fiell, *Domus Vol VI 1965-1969* (London: Taschen, 2006), 552.
3 Lara Vinca Masini, 'The Inhabited House', *Domus*, no. 426 (May 1965), in: ibid., 553.
4 E-mail exchange with Paolo Deganello, 9 August 2014.
5 Lara Vinca Masini, 'The Inhabited House', op. cit. (note 3).
6 Peter Lang in an e-mail exchange with Roberta Meloni, director of Poltronova Centro Studi, 5 August 2014.
7 Superarchitettura Poster, Jolly 2 Gallery, Pistoia, 1966, from the Superstudio Archive.
8 Umberto Eco, *Apocalittici e integrati: Communicazioni di massa e teorie della cultura di massa* (Milan: Bompiani 2005), 232-233.
9 Roberto Gargiani and Beatrice Lampariello, *Superstudio* (Roma-Bari: Laterza, 2010), 7.
10 Ibid., 128.
11 Andrea Branzi, *Introduzione al design italiano: una modernità incompleta* (Milan: Baldini & Castoldi, 1999), 128.
12 Superstudio, 'Evasion Design and Invention Design 1969', cited in: Peter Lang and William Menking, *Superstudio: Life Without Objects* (Milan: Skira, 2003), 117.
13 Telephone interview with Adolfo Natalini, 29 August 2014.
14 See: 'The Single Design: Histograms, Villas, Monuments', in: Lang and Menking, *Superstudio*, op. cit. (note 12), 110-115.
15 'Superstudio: The Single Design', *Japan Interior Design*, no. 144, cited in: ibid., 110.
16 Superstudio, 1968-69. Adolfo Natalini (ed.), *Superstudio Storie con Figure 1966-1973* (Florence: Superstudio, 1979), 6.
17 Superstudio 1968-69. 'A Journey Like Pilgrims Progress, or a Guide for Young Architects through the Architecture of Monuments, the Architecture of Images, Technomorphic Architecture, and Architecture of the Regions (of Reason)', ibid.
18 Ibid., 7.
19 Gargiani and Lampariello, *Superstudio*, op. cit. (note 9), 26-28 and 34-42.
20 From a telephone interview with Adolfo Natalini, 29 July 2014, and an interview with Cristiano Toraldo di Francia, 28 July 2014.

Irene Cieraad

IKEA en het Nederlandse woonlandschap
IKEA and the Dutch Domestic Landscape

Trendsetter of trendvolger?
Trendsetter or Trend Follower?

Een Nederlandse IKEA-fan die trots achter haar roze Klippan bank poseert: een van de meer dan levensgrote foto's op de jubileumtentoonstelling in Amsterdam, 2013
A Dutch IKEA fan proudly posing behind her pink Klippan sofa; one of the larger-than-life pictures at the jubilee exhibition in Amsterdam, 2013

Ikea, het woonwarenhuis uit Zweden, vierde in 2013 dat het 35 jaar geleden zijn eerste vestiging in Nederland opende. Tijdens de overzichtstentoonstelling in een oude fabriekshal in Amsterdam-Noord werd niet alleen het verhaal verteld hoe oprichter Ingvar Kamprad IKEA van een simpel postorderbedrijfje een multinational maakte, maar werd ook veel aandacht besteed aan IKEA's invloed op het Nederlandse woonlandschap. Die invloed was primair via de jaarlijkse verspreiding van de dikke catalogus verlopen; vandaar dat alle 35 covers van de IKEA-catalogus groot op banieren waren afgedrukt om de bezoeker een nostalgische terugblik te bezorgen. Bovendien hadden de tentoonstellingsmakers een oproep gedaan onder de houders van de IKEA Family-card, zeg maar de IKEA-fanclub, om zich met hun meest geliefde IKEA-trofee te portretteren. Van de vele ingelijste fotootjes van trotse bezitters op hun IKEA-bank, aan hun IKEA-tafel of bij hun IKEA-bed, waren er enkele uitgekozen voor een groot formaat, professioneel portret met een uitgebreidere toelichting over wat het meubelstuk of de lamp voor hen betekende.

IKEA's bedrijfsfilosofie, waarbij de anonimiteit van het massaproduct doorbroken wordt door in de catalogus de naam en soms ook het gezicht van de ontwerper aan het nieuwe product te verbinden, werd geïllustreerd met enkele videopresentaties waarin de veelal jonge ontwerpers het scheppingsverhaal van hun ontwerp vertelden. Ook benadrukte de tentoonstelling dat het bedrijf altijd al duurzaam bezig was geweest en dat IKEA's wereldwijde populariteit vooral te danken is aan de goede prijs-kwaliteitverhouding, mede omdat de meubels uitvoerig getest worden op levensduur. In iedere IKEA-vestiging staat dan ook pontificaal de zit-testmachine die dat al sissend en ploffend moet bewijzen. Ook de oude besparingsclaim dat 'meubels in een doosje' goedkoper zijn doordat de klant de montage overneemt, heeft met de geringere ecologische voetafdruk van massavervoer van platte doosjes een nieuwe duurzaamheidsdimensie gekregen. Voor de toekomst ziet het bedrijf de duurzaamheidsclaim vooral in de omschakeling op energiezuinige led-verlichting in zijn lampontwerpen en illustreerde dat met een feeëriek verlichte wandeling door een aantal zeecontainers. Het accent in het toekomstperspectief lijkt daarmee te verschuiven van meubelontwerp naar lampontwerp, misschien onder invloed van het decoratieve succes van de *Maskros* – de hanglamp gemaakt van allemaal losse papieren bloemetjes op steeltjes.

De tentoonstelling eindigde in het geïmproviseerde grand-café/restaurant met open keuken, waar met uitzicht op het IJ van een Zweedse maaltijd of een Italiaans broodje genoten kon worden. Een adequate weergave van de huidige IKEA-beleving waarin het restaurant en de verkoop van typisch Zweedse delicatessen, van zalm en knäckebröd tot gehaktballetjes, een steeds belangrijker onderdeel is geworden van het Nederlandse IKEA-concept. Hing het Zweedse imago aanvankelijk vooral aan de meubels met die gekke namen, waarvan alleen de *Billy*-boekenkast en de *Klippan*-bank zich in enige naamsbekendheid mogen verheugen, tegenwoordig is het meer verbonden met de delicatessen, en dan vooral de befaamde Zweedse gehaktballetjes. IKEA's korte geschiedenis in Nederland geeft in die zin ook goed weer hoe het smaakbegrip weer verschuift van het oog naar de tong, van de voorkeur voor een bepaalde vormgeving naar de voorkeur voor het culinaire als de uitdrukking van een levensstijl.

In het begeleidende persbericht is IKEA bepaald niet bescheiden over zijn invloed op het Nederlandse woonlandschap:

> Evident is dat IKEA een enorme invloed heeft gehad op hoe Nederlanders de laatste drie decennia wonen. Eigentijdse, functionele en goed ontworpen meubelen werden bereikbaar voor ieder-

In 2013, IKEA, the furniture store from Sweden, celebrated the 35th anniversary of the opening of its first branch in the Netherlands. The retrospective exhibition in an old factory building in Amsterdam told not only the history of how IKEA founder Ingvar Kamprad had turned a simple catalogue firm into a multinational, but also the success story of IKEA's impact on the Dutch interior. The impact was primarily contributed to the annual door-to-door delivery of the thick sales catalogue; that explains why all 35 covers of the IKEA catalogue were printed on large banners, providing the visitors with a nostalgic look back. In addition, the curators of the exhibition had asked holders of the IKEA Family card (that is, the IKEA fan club) to take pictures of themselves with their favourite IKEA trophy. Of the many framed pictures of proud owners on their IKEA sofa, at their IKEA table, or in their IKEA bed, several were selected to be printed in a large format, professional portraits with a detailed explanation of what the piece of furniture or lamp meant to them.

IKEA's business philosophy, which breaks through the anonymity of the mass-market product by having the catalogue link the name and sometimes the face of the designer to the new product, was illustrated with several video presentations in which the mostly young designers told the creation stories of their designs. The exhibition also stressed that the company had always been involved with sustainability, and that IKEA's global popularity was mainly due to the good price/quality ratio, partly because the furniture is extensively tested for durability. That is why every IKEA store has a ceremoniously placed sitting-test machine, hissing and popping to prove this durability. Even the old argument about savings, namely that 'furniture in a box' is cheaper because the customer has to assemble it, has taken on a new dimension of sustainability, because of the reduced ecological footprint of flat boxes shipped via mass transport. For the future, the company imagines its claim to sustainability will mainly result from the switch to more energy-efficient LED lights in its lamp designs; this was illustrated by a fairy-lit walk through a number of containers. The emphasis of this future perspective thus seems to be shifting from furniture design to lamp design, perhaps influenced by the decorative success of the *Maskros* – the pendant made of many loose paper flowers on stalks.

The exhibition ended in a makeshift grand café/restaurant with an open kitchen, where a Swedish meal or an Italian sandwich could be enjoyed with a view overlooking Amsterdam's former harbour. This was a proper representation of the current IKEA experience, in which the restaurant and the sale of typical Swedish delicacies, such as salmon, knäckebröd and meatballs, have become an increasingly important part of the Dutch IKEA concept. Whereas the Swedish image was initially mainly linked to the furniture with crazy names (of which only the *Billy* bookcase and the *Klippan* sofa enjoy any kind of name recognition), today it is connected more to the delicacies, especially the famous Swedish meatballs. In this sense, IKEA's brief history in the Netherlands also reflects how the notion of taste is once again shifting from the eye to the tongue, from a preference for a particular design to a preference for the culinary as the expression of a lifestyle.

In the accompanying press release, IKEA is hardly modest about its impact on the Dutch domestic landscape:

> It is evident that over the past three decades, IKEA has had an enormous influence on Dutch homes. Contemporary, functional, and well-designed furniture became accessible to everyone. *'For the many people'* did not turn out to be an empty slogan. Industry journals wrote about the democratization of taste. The entire perspective on the home changed. The traditional layout of Dutch

een. *For the many people* is geen loze slogan geweest. In vakbladen werd geschreven over de democratisering van de smaak. De hele kijk op wonen veranderde. De klassieke indeling van Nederlandse huizen, waarbij de woonkamer de centrale ruimte was waar het hele gezin samen rond de tv zat, ging op de schop. *Aangezet door de opstellingen in de IKEA winkels en de voorbeelden in de catalogus* [cursivering I.C.] ging men eigen plekken creëren. Een kantoorhoek in de woonkamer was nieuw en welkom. Net als de IKEA oplossingen voor het opbergen van huisraad: een speciale ruimte voor de was en opbergsystemen voor kleding, beddengoed, etc.; keukenraad dat met een slimme indeling van kasten en laden beter gesorteerd kon worden; kastsystemen voor boeken, tijdschriften, AV apparatuur, collecties met LP's en cassettebandjes – naast de tv bezat elk huishouden immers een pick-up en een cassettedesk [sic] met talloze platen en bandjes. Het visiegedreven assortiment van IKEA bood kennelijk de oplossingen die bij Nederlanders in de smaak vielen.[1]

Mijn onderzoek naar 100 jaar wonen in Nederland dwingt IKEA tot iets meer bescheidenheid.[2] Om de vraag te beantwoorden of IKEA's bijdrage aan de vormgeving van het Nederlandse woonlandschap in de afgelopen 35 jaar nu als trendsettend of eerder als trendvolgend gezien moet worden, moeten we iets verder teruggaan in de tijd. In de naoorlogse periode stond Nederland bol van de initiatieven tot smaakopvoeding en woonvoorlichting. Het Zweedse voorbeeld speelde daarin een niet onbelangrijke rol, maar was zeker niet het enige. Ook met 'meubels in een doosje' of bouwpakketten voor meubels had Nederland al een langere ervaring. Het hoek-denken was ook allang doorgedrongen in het Nederlandse wonen.

Aan de hand van een inhoudsanalyse van de IKEA-catalogus door de jaren heen wordt bekeken hoe IKEA zijn Zweedse ontwerp- en bedrijfsfilosofie naar zijn klanten communiceerde. Wat is er na al die jaren blijven hangen van IKEA's zorgvuldig gecultiveerde beeld?

'Zo wonen wij in Zweden'

Eind 1947 werd in het Stedelijk Museum in Amsterdam de eerste naoorlogse woontentoonstelling geopend onder de titel 'Zo wonen wij in Zweden: Zweedse vormgeving'.[3] Op uitnodiging van directeur Sandberg was de tentoonstelling georganiseerd door de Zweedse Vereniging voor Gebonden Kunsten (SSF) in samenwerking met het Zweedse Instituut voor Culturele Uitwisseling met het Buitenland. De tentoonstelling had het voor de hand liggende doel om de Zweedse kunstnijverheid in Nederland te bevorderen, maar was niet zuiver commercieel van aard. Als nieuwe directeur zag Sandberg het als zijn taak de moderne smaak van het grote publiek te ontwikkelen en de Zweedse vormgeving paste daar uitstekend in. Om die reden wilde hij ook het liefst zo snel mogelijk af van de traditionele stijlkamers die tot dan toe een vast onderdeel van het museum waren geweest.[4]

De bedoeling van de tentoonstelling was om met het Zweedse voorbeeld zowel het Nederlandse publiek als de Nederlandse meubelindustrie het resultaat te tonen van een geslaagde samenwerking tussen kunst en industrie. Die samenwerking had geleid tot wat een Nederlandse recensent enthousiast betitelde als: 'een goede en verantwoorde middelmaat voor iedereen, onontbeerlijk voor een gezonde wooncultuur'.[5] In de begeleidende catalogus wordt vooral de geschiedenis van de Zweedse smaakhervorming sinds 1917 uit de doeken gedaan, waarin de Vereniging voor Gebonden Kunsten zichzelf een sleutelrol toedichtte. De stoelontwerpen uit 1920 van Carl Malmsten die het begin van de samenwerking moeten illustreren, zijn helemaal

houses, where the living room was the central area in which the family would sit together around the TV, came under scrutiny. *Prompted by the arrangements in the IKEA stores and the examples in the catalogue* [italics I.C.], people began to create their own spaces. An office nook in the living room was both new and welcome, as were the IKEA solutions for storing household goods: a special room for laundry, and a storage system for clothing, bedding, etc.; kitchen utensils that could be better organized with a clever arrangement of cupboards and drawers; cabinet systems for books, magazines, AV equipment, and collections of LPs and cassette tapes – next to the TV, after all, every household had a turntable and a cassette desk [sic] with countless records and tapes. IKEA's vision-driven range of goods apparently offered the solutions that matched the Dutch taste.[1]

However, my research into the history of the Dutch domestic interior suggests a more modest role for IKEA.[2] To answer the question of whether IKEA's contribution to the Dutch domestic interior over the past 35 years should be seen as trend following, rather than trendsetting, we have to go back a bit further in time. In the post-war period, the Netherlands saw many initiatives for taste reform and information about modern living. The example of Sweden played a significant role here, but it was certainly not the only one. Likewise, the Dutch were familiar with the concept of 'furniture in a box', or furniture kits. And the creation of nooks had penetrated Dutch interior decoration long before IKEA did.

On the basis of a content analysis of the IKEA catalogues throughout the years, the question of how IKEA has communicated its Swedish design and business philosophy to its customers will be investigated. After all these years, what has remained of IKEA's carefully cultivated image?

'This Is How We Live in Sweden'

Late 1947, the Stedelijk Museum in Amsterdam opened its first post-war design exhibition titled 'Zo wonen wij in Zweden: Zweedse vormgeving' (This is how we live in Sweden: Swedish design).[3] The exhibition was organized by the Swedish Society of Arts and Crafts (SSF) in collaboration with the Swedish Institute for Foreign Cultural Exchange, at the invitation of the Museum's director Willem Sandberg. The ostensible goal of the exhibition was to promote the Swedish crafts industry in the Netherlands, but the exhibition was not purely commercial in nature. As the new director of the museum, Sandberg saw it as his responsibility to promote modern living in the Netherlands, and Swedish design fit in perfectly with that goal. It was also a perfect alibi to get rid of the traditional period rooms, which up until then had formed an integral part of the museum.[4]

The aim of the exhibition was to use the Swedish example to show both the Dutch public as well as the Dutch furniture industry what the result of a successful collaboration between art and industry could look like. The cooperation had led to what one Dutch critic enthusiastically dubbed 'a good and affordable middle-range for everyone, which is essential for a healthy domestic culture'.[5] The accompanying catalogue primarily detailed the history of Swedish taste reform since 1917, with the Swedish Society of Arts and Crafts ascribing the key role to themselves. The chair designs from 1920 by Carl Malmsten, which were meant to illustrate the beginning of the collaboration, were in no way sleek or sober models, but instead, with their circular lines, resembled copies of Swedish empire furniture in the so-called Gustavian style.

geen strakke, zakelijke modellen, maar doen met hun ronde belijning meer denken aan kopieën van Zweedse empiremeubelen in de zogenaamde Gustaviaanse stijl.

Deze meubelstijl is bekend geworden door de romantische interieurtekeningen van Carl Larsson, een kunstenaar die weliswaar in 1919 overleed, maar wiens werk in de loop van de twintigste eeuw is uitgegroeid tot een icoon van het Zweedse huiselijk leven. Larsson wordt gezien als dé grote voorvechter van de Vereniging voor Gebonden Kunsten. De publicatie in 1899 van zijn boek *Ett Hem* (Een thuis) met tekeningen van zijn gezinsleven in het simpele en rustieke interieur van hun zomerhuis wordt beschouwd als een designstatement. Hij combineerde de idealen van de Arts and Crafts-beweging, die van de simpele vormgeving en eerlijk vakmanschap, met een nationalistische boodschap van Zweedse culturele eigenheid, met wortels in plattelandstradities. Bovendien paarde Larsson die aan de politieke, sociaaldemocratische boodschap van vrijheid, gelijkheid en broederschap, waarvan hij de woorden zelfs op kasten en bovendorpels geschilderd had.[6] Bijna 100 jaar later heeft IKEA nog steeds een aantal van deze klassieke ontwerpen in de catalogus staan, die in hun stille verwijzing naar Larsson's erfenis misschien nog wel het meest het Zweedse nationalisme in de vormgeving uitdragen.

De ommezwaai naar een strakkere en hoekiger Zweedse vormgeving die ook wel *Swedish Modern* wordt genoemd, dateert van ná 1930 wanneer in Nederland en Duitsland de nieuwe zakelijkheid al stevig in het zadel zit. Aanleiding was een spraakmakende tentoonstelling in Stockholm in 1930 waarin de Vereniging een breuk met de nationalistische traditionalisten forceerde en de moderne, functionele woninginrichting presenteerde als onlosmakelijk onderdeel van de moderne, beknopte en efficiënte woningplattegrond.[7] Het was niet voldoende goede woningen te bouwen, maar het publiek moest er ook op de juiste wijze van gebruik maken, benadrukte de Vereniging. Een adagium dat 18 jaar later ook door de Nederlandse Stichting Goed Wonen gehuldigd wordt bij haar oprichting in 1948.

De Zweedse voorsprong in de samenwerking tussen kunst en industrie, en de voorbeeldfunctie van Swedish Modern, hadden al met al minder met vormgeving te maken dan met de politieke stabiliteit van Zwedens neutraliteit tijdens de Tweede Wereldoorlog. Het missiewerk van de Vereniging kon toen gewoon doorgaan. In die jaren werd het contact tussen de vakverenigingen op het gebied van kunstnijverheid en industrie geformaliseerd; vond de politiek-maatschappelijke eis van betaalbare, maar verantwoord vormgegeven meubels voor de massa gehoor, en leidde dat tot gecontroleerde serieproductie van meubels. Door de innige samenwerking met de industrie kreeg de propaganda van de Vereniging voor betere woningen en betere woninginrichting een grote invloed op de Zweedse woonconsument. Op Zweedse scholen werd zelfs het vak woonkunde ingevoerd en trouwlustigen konden niet alleen een staatslening krijgen voor een verantwoorde woninginrichting, maar ook een stoomcursus woninginrichting volgen.

De tentoonstelling 'Zo wonen wij in Zweden' in het Stedelijk wilde een overzicht geven van verantwoord vormgegeven, Zweedse serieproducten op het gebied van de woninginrichting die onder invloed van de Vereniging tot stand waren gekomen. In die zin was de tentoonstelling voor Nederlandse bezoekers een IKEA-ervaring avant la lettre. Niet alleen in het uitdragen van de politieke, sociaal-democratische boodschap van het Swedish Modern: goede en verantwoorde producten voor *the many* in plaats van *the few* (de slogan die IKEA-oprichter Kamprad ook graag hanteert), maar ook in de opstelling van geënsceneerde interieurs vertoonde de tentoonstelling gelijkenis met de didactische routing in de latere IKEA-vestigingen.[8]

This furniture style became well known as a result of the romantic interior drawings made by Carl Larsson, an artist who had died in 1919, but whose work became an icon of Swedish domestic life over the course of the twentieth century. Larsson is seen as *the* great champion of the Swedish Society of Arts and Crafts. The 1899 publication of his book *Ett Hem* (A Home), with drawings of his family life in the simple and rustic interior of their summer home, is considered a design statement. He combined the ideals of the Arts and Crafts Movement, of simple design and honest craftsmanship, with a nationalist message of Swedish cultural identity, rooted in rural traditions. Larsson also linked this to the political, social-democratic message of liberty, equality and fraternity, whose words he even painted on cabinets and lintels.[6] Nearly 100 years later, IKEA still has a number of these classic designs in its catalogue, which in their silent reference to Larsson's legacy perhaps express more than anything else the Swedish nationalism in the design.

The shift to the sleeker and more angular Swedish design that is also known as Swedish Modern dates from after 1930, when modernism was already firmly established in the Netherlands and Germany. The occasion was a high-profile exhibition in Stockholm in 1930 in which the Society forced a break with the nationalist traditionalists, and presented modern, functional home furnishings as an integral part of the modern, concise and efficient home floor plan.[7] It was not enough to merely build good homes; the public also had to use them properly, the Society emphasized. This adage would also be honoured 18 years later by the Nederlandse Stichting Goed Wonen (Dutch Association for Correct Living) when it was founded in 1948.

All in all, the leading role of Sweden in the collaboration between art and industry, and the exemplary function of Swedish Modern, had less to do with design than with the political stability of Sweden's neutrality during the Second World War; the missionary work of the Association was therefore allowed to continue. In those years, the contact between the various trades in the field of crafts and industry was formalized; the sociopolitical demand for affordable, modern design furniture for the masses proved popular, and this led to the controlled mass production of furniture. Due to the Society's close collaboration with industry, its propaganda for better housing and better home furnishings became a major influence on Swedish consumers. Swedish schools even introduced the subject of 'domestic arts', and couples that wanted to get married could get a government loan for modern home furnishings, as well as a crash course in home decoration.

In a similar vein the exhibition 'Zo wonen wij in Zweden' wanted to give an overview of modern Swedish design in the field of home furnishings that had come about under the influence of the Society. In that sense, the exhibition was an IKEA experience *avant la lettre* for Dutch visitors, not only in its expression of the political, social-democratic message of Swedish Modern – good and affordable products for *the many* instead of *the few* (a slogan that IKEA founder Kamprad also liked to use) – but also in its arrangement of staged interiors, the exhibition resembled the didactic routing that would be seen in the later IKEA stores.[8]

However much museum director Sandberg wanted to get rid of his historical period rooms, with the Swedish example he got staged interiors in return. Much like with the period rooms, museum visitors were not allowed to enter these arranged Swedish interiors, even though the sensory experience of the space and the furniture was, and still is, an important part of the Swedish educational model in taste reform. For example, IKEA explicitly invites visitors to participate in the staged interiors. Both in the IKEA stores and in the catalogue, the public

De geënsceneerde foto's van modelwoningen die Goed Wonen in haar tijdschrift publiceerde, zijn geïnspireerd op het Zweedse didactische model waarbij het de bedoeling is dat het publiek de meubels test, 1956

The staged photos of model homes that *Goed Wonen* published in its magazine were inspired by the Swedish didactic model, where the explicit intention was for the public to test the furniture, 1956

In een Nederlands lesboek voor de huishoudschool werd de stoel *Eva* van Bruno Mathsson anoniem aangeprezen als voorbeeld van een mooie en goed zittende stoel, 1959

In a Dutch textbook for the homemaking school, the *Eva* chair by Bruno Mathsson was anonymously touted as an example of a beautiful and comfortable chair, 1959

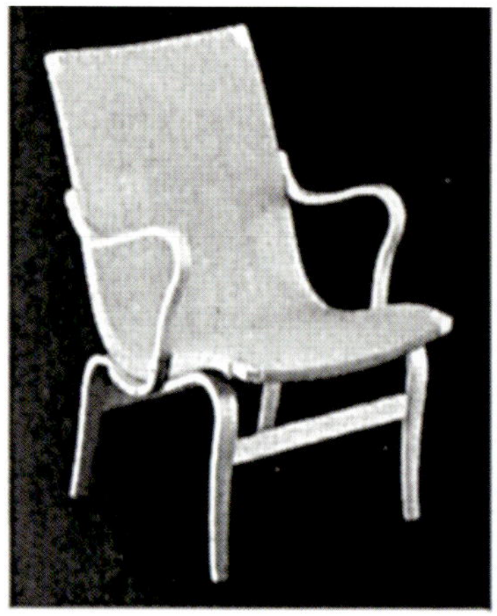

111 Stoel gemaakt van gelamineerd gebogen beukenhout, gestoffeerd met naturel canvas. Een mooie en goedzittende stoel

De propaganda voor het Zweedse meubel richtte zich vooral op de Nederlandse huisvrouw: zo werd de Zweedse *Akerblom*-stoel in een huishoudencyclopedie aangeprezen, 1951

The propaganda for Swedish furniture focused mainly on the Dutch housewife; the Swedish *Akerblom* chair, for example, was praised in a household encyclopaedia, 1951

Met een geënsceneerde foto van publiek dat zich voor het raam van een modelwoning verdringt, deed Goed Wonen graag voorkomen dat de belangstelling voor het moderne interieur erg groot was, 1959

With a staged photograph of crowds pushing their way in front of a window of a model home, *Goed Wonen* liked to give the impression that there was a great deal of interest in modern interiors, 1959

Het museum als laagdrempelige meubelshowroom: door de verhoogde balustrade aan de gevel van het Amsterdams Stedelijk Museum kan het publiek de moderne interieurs door het raam bewonderen, 1954

The museum as an accessible furniture showroom: the elevated balustrade on the facade of Amsterdam's Stedelijk Museum allowed the public to admire the modern interiors through the window, 1954

Na de oorlog bestond er in Nederland grote belangstelling voor het Zweedse meubel: vooral de *Triva*-meubelbouwdoos trok de aandacht, 1946

After the war, the Netherlands showed great interest in Swedish furniture; the *Triva* furniture kit in particular attracted attention, 1946

Gedemonteerd in 5 deelen, zoals de stoel in een doos wordt afgeleverd.

Het eerste begin bij het in-elkaar-zetten van de stoel.

De uit één stuk gemaakte sporten voor versteviging zijn bevestigd en de zitting is vastgeschroefd.

foto's Nordiska Kompaniet

De rug is bevestigd en de stoel is gereed.

Hoe graag directeur Sandberg ook van zijn historische stijlkamers af wilde, met het Zweedse voorbeeld kreeg hij er geënsceneerde interieurs voor terug. Net als de stijlkamers mocht het publiek ook de arrangeerde Zweedse interieurs in de museale context van het Stedelijk niet betreden, terwijl de zintuiglijke ervaring van de ruimte en de meubelschikking juist een belangrijk onderdeel van het Zweedse didactische model in de smaakopvoeding was – en nog steeds is. Zo nodigt ook IKEA zijn bezoekers nadrukkelijk uit plaats te nemen in de geënsceneerde interieurs. Zowel in de IKEA-winkel als in de catalogus wordt het publiek eerst langs het totaalconcept geleid in de vorm van een aantal levensechte interieurs en pas daarna volgt een opstelling van de afzonderlijke interieuronderdelen.

Sandberg sprong bij een volgende educatieve woontentoonstelling 'Wonen en wonen', die hij in 1954 samen met de Stichting Goed Wonen organiseerde, creatief om met dit museumdilemma. Met het aanbrengen van een verhoogde houten galerij aan de gevel van het Stedelijk konden passanten de tentoongestelde moderne interieurs door het venster bekijken en zo maakte Sandberg van het museum een laagdrempelige meubelshowroom.[9] Hoe spraakmakend de tentoonstelling ook was, Goed Wonen wilde een breder publiek bereiken en zag meer in het Zweedse didactische model van interieurs die ook echt betreden konden worden. Vanaf die tijd zette Goed Wonen vooral in op de modelwoning in nieuwbouwwijken. Het aantal didactische modelwoningen dat Goed Wonen inrichtte was overigens gering, vergeleken met de vele modelwoningen die door lokale woninginrichtingszaken werden ingericht. Als middel in de smaakopvoeding was de modelwoning in naoorlogs Nederland ook al geen onbekend verschijnsel, want ze werd al in de jaren 1920 ingezet.[10]

Swedish Modern versus Utility Design

Van de bekende IKEA-strategie van zelfmontage van 'meubels in een doosje' leek in 1947 op de tentoonstelling 'Zo wonen wij in Zweden' nog geen sprake te zijn, maar niets was minder waar. Zelfmontage was toentertijd in Zweden al vrij gebruikelijk.[11] Niet IKEA-oprichter Kamprad die in 1943 op kleine schaal begon met bouwpakketten, maar het Stockholmse warenhuis Nordiska Kompaniet lijkt het voortouw genomen te hebben met de verkoop van meubelbouwdozen in de Triva-serie. Vooral de bouwdoos van de rechte Triva-stoel, bekleed met handgeweven stof, was in Zweden heel populair.[12] De stoel beantwoordde geheel aan de idealen van Swedish Modern, waarin goede kwaliteit voor een redelijke prijs voorop stond.

Wat een redelijke prijs was, daarover bestond verschil van mening. Zo verbood de Engelse overheid de invoer van de Zweedse Triva-stoel omdat die te luxueus en te duur zou zijn, en stond alleen de invoer van de bouwdozen van het kleine Triva-bijzettafeltje toe. Met haar *utility design regulations* voerde de Engelse overheid een stringent industriebeleid om kostbare grondstoffen alleen aan maatschappelijk verantwoorde producten te besteden.[13] Vanwege de hoge prijs keerde ook Goed Wonen zich af van Swedish Modern, en richtte zich op het Engelse voorbeeld van *utility design* waarin spaarzaam materiaalgebruik gepaard werd aan verantwoorde, maar anonieme vormgeving.[14]

Naar Zweeds voorbeeld wilde Goed Wonen wél producenten en ontwerpers bij elkaar brengen in een ultieme poging het Nederlands publiek definitief te winnen voor het moderne meubel, maar dan wel in de anonieme *utility*-sfeer zonder de naam van de ontwerper te noemen. De Zweden vonden de naam van de ontwerper wel belangrijk, en dat is nog steeds terug te zien in de IKEA-catalogi waar de namen van IKEA-ontwerpers bij hun ontwerpen vermeld staan. Al in 1948, in het eerste nummer van haar tijdschrift, publiceerde Goed

is first led through the overall concept in the form of several real-life interiors, and is only then presented with an arrangement of the individual interior components.

In the subsequent educational design exhibition 'Wonen en wonen' (Living and Housing), which was organized in cooperation with Goed Wonen in 1954, Sandberg dealt creatively with this museum dilemma. By installing a raised wooden gallery on the façade of the museum, passers-by were able to view the exhibited modern interiors through the window; in this way, Sandberg turned the museum into an approachable furniture showroom.[9] However provocative the exhibition may have been, Goed Wonen wanted to reach a broader audience, and saw more opportunity in the Swedish educational model, where the interiors could actually be entered. From this point onwards, Goed Wonen focused mainly on model homes in new housing estates. The number of didactic model homes that Goed Wonen actually furnished was rather small, compared to the many model homes that were decorated by local furniture retailers. However, as a means of taste reform, the model home had already been in use since the 1920s.[10]

Swedish Modern versus Utility Design

Although the exhibition 'Zo wonen wij in Zweden' showed no signs of IKEA's famous retail strategy of 'furniture in a box', self-assembly was already fairly common in Sweden.[11] It was not IKEA founder Kamprad (who in 1943 began selling construction kits on a small scale), but rather the Stockholm department store Nordiska Kompaniet that seems to have taken the lead in the sale of furniture construction boxes with its Triva series. In particular, the kit for the upright Triva chair, upholstered in hand-woven fabric, was quite popular in Sweden.[12] The chair completely corresponded to the ideals of Swedish Modern, in which the key points were good quality for a reasonable price.

What a reasonable price meant was a matter of some dispute. For example, the British government banned the import of the Swedish Triva chair because it was said to be too luxurious and expensive, and only allowed the import of the building kits for the small Triva side table. With its *utility design regulations*, the British government introduced a stringent industrial policy of only using valuable resources for affordable products.[13] Because of the high prices, Goed Wonen also turned away from Swedish Modern, and focused instead on the English example of *utility design*, in which a sparing use of materials was coupled to affordable, but anonymous design.[14]

Based on the Swedish example, Goed Wonen indeed tried to bring together producers and designers in an attempt to finally win over the Dutch public with modern furniture, but then in the anonymous 'utility' sense, without mentioning the name of the designer. But the Swedes did consider the name of the designer important, and that can still be seen in the IKEA catalogues today, where the names of the IKEA designers are mentioned next to their designs. As far back as 1948, in the first issue of its magazine, Goed Wonen published a catalogue of approved but nameless industrial products, including simple unfinished wooden chairs, tables and small desks, but also lamps and vases.[15] To the disappointment of the organization, the sale of modern furniture did not catch on. It was precisely the typical Dutch consumers, the ones whom Goed Wonen so badly wanted to reach, who found the price of the simple, unfinished wood furniture (often irreverently referred to as 'kitchen chairs') too high. Research undertaken in 1956 by Mary Zeldenrust-Noordanus also showed that it was not only the price that kept them away; the ordinary man and woman simply did not find modern furniture attractive.[16]

De 35 omslagen van de IKEA-catalogus in de periode 1978 tot 2013 geven een aardig tijdsbeeld.

The 35 covers of the IKEA catalogue, from 1978 to 2013, give a nice image of the times.

IKEA 98
498.-
IKEA

1999
IKEA®
DE PRIJZEN GELDEN TOT 1 AUGUSTUS 1999
Voel je prettig!
Voel je thuis!
WAAROM MEER BETALEN!
ONZE INRICHTINGSADVISEURS
STAAN KLAAR
VANAF 1/9 MAANDAG T/M VRIJDAG KOOPAVOND
IKEA

2000
IKEA®
Tijd voor
verandering
IKEA

2001
IKEA
KOM
ONS VERNIEUWDE
WOONWARENHUIS
ONTDEKKEN.
NOG MEER
WOONINSPIRATIE
BIJ IKEA
HEERLEN!
Z.O.Z.! VOOR MEER
INFORMATIE OVER DE
VERNIEUWDE BEHUIZING
VAN IKEA HEERLEN.
IKEA

2002
IKEA®
Ruimte voor iedereen!
IKEA
www.IKEA.nl

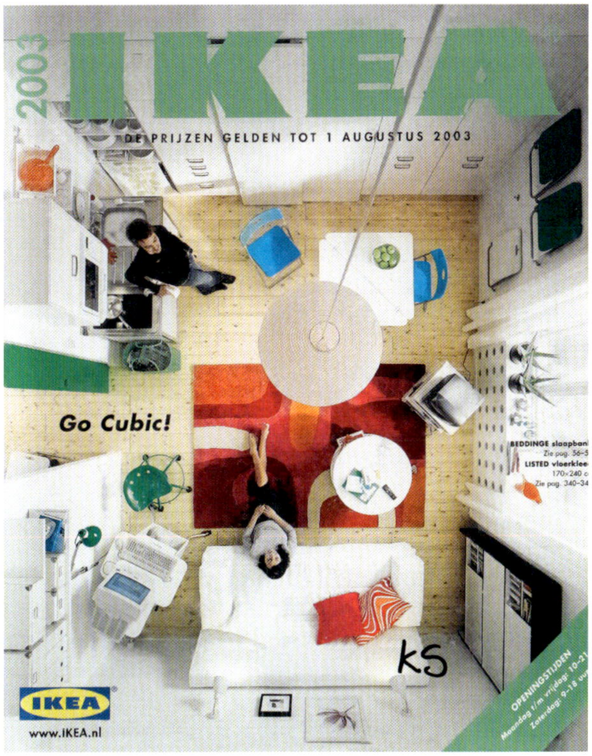
2003
IKEA
DE PRIJZEN GELDEN TOT 1 AUGUSTUS 2003
Go Cubic!
IKEA
www.IKEA.nl

2004
IKEA®
IKEA

2005
IKEA®
119.-
Droom weg
bij onze prijzen
Op zaterdag open tot 20 uur!
IKEA

2006
IKEA®
Nieuwe verlaagde prijzen!
NIEUWE VERLAAGDE PRIJS
498.-
IKEA

2007
IKEA
VERGIS
JE NIET!
IKEA

IKEA® 2008.
DE PRIJZEN ZIJN GELDIG TOT 1 AUGUSTUS 2008
IKEA KEUKEN KOPEN?
WE REGELEN OOK DE
INSTALLATIE. ZIE PAG. 358.
819.-
THUIS
DE BELANGRIJKSTE PLEK
TER WERELD
IKEA
IKEA.nl

IKEA 2009
299.-
DESIGN
YOUR
OWN LIFE
IKEA

2010
IKEA
35.-
169.-
IKEA

2011
IKEA®
299.-
IKEA

2012
IKEA®
JE HOEFT
NIET GROOT
TE WONEN
OM RUIM
TE LEVEN
IKEA

2013
IKEA
6.99
BRENG JE
HUIS TOT
LEVEN
IKEA

Wonen een catalogus van goedgekeurde, maar naamloze industrieproducten, waaronder eenvoudige blankhouten stoelen, tafels en bureautjes, maar ook lampen en vazen.[15] Tot teleurstelling van de organisatie wilde de verkoop van deze verantwoorde meubels niet vlotten. Juist de gemiddelde Nederlandse consument die Goed Wonen wilde bereiken, bleek de prijs van het simpele blankhouten meubilair, vaak oneerbiedig aangeduid als 'keukenstoelen', gewoonweg te hoog te vinden. Het onderzoek uit 1956 van Mary Zeldenrust-Noordanus toonde bovendien aan dat het niet alleen aan de prijs lag, maar dat de gewone man en vrouw het moderne meubel gewoon niet móói vond.[16]

Via heel andere kanalen dan een museale tentoonstelling vonden Zweedse ontwerpen al vroeg een weg naar het grotere publiek, en vooral naar de toekomstige woonconsument: de huisvrouw in spe. Zo werd in 1951 de Zweedse Akerblom-stoel in een Nederlandse huishoudencyclopedie aangeprezen vanwege de revolutionaire verlaging van het zitniveau: 'De Zweedse ingenieur Akerblom is (...) na een twintigjarige studie tot de conclusie gekomen, dat de ideale stoel enkele centimeters lager moet zijn en dat betekent, dat de tafel ook iets moet zakken.'[17] Ook het eerste deel van de ruim 20-delige *Baedeker voor de huisvrouw* die sinds het begin van de jaren 1950 tot ver in de jaren 1970 in grote oplage is verschenen, was gewijd aan interieuradvies en smaakopvoeding. Het was geschreven door de aan Goed Wonen gelieerde interieurarchitect Ep Simons, die in al die edities zorgvuldig heeft gewerkt aan wat IKEA claimt te hebben bereikt in de afgelopen 35 jaar.[18]

Op initiatief van allerlei organisaties, waaronder het Bouwcentrum in Rotterdam en Goed Wonen, kreeg ook het Zweedse schoolvak woonkunde in 1956 navolging met de uitgave van het lesboek voor huishoudschoolleerlingen *Wat maken wij van ons huis?* Het lesboek is in vele edities tot ver in de jaren 1970 verschenen en heeft een groot bereik gehad onder de doelgroep. Kenmerkend voor alle edities bleven de foto's van designmeubels van Scandinavische en later ook Italiaanse en Amerikaanse topontwerpers, zonder ook maar enige naams- of prijsvermelding. Bijvoorbeeld het karakteristieke stoelontwerp *Eva* (1934) van de Zweed Bruno Mathsson werd heel zakelijk gepresenteerd als 'Stoel gemaakt van gelamineerd gebogen beukenhout, gestoffeerd met naturel canvas. Een mooie en goedzittende stoel'.[19]

Meer dan de designvoorbeelden heeft de lage Akerblom-stoel in de Nederlandse meubelindustrie van de jaren 1960 een stille revolutie teweeg gebracht, want de tafel- en stoelhoogte daalde met wel 4 cm. Binnen korte tijd volgde ook de verlaging van het zitniveau van banken en fauteuils. In de jaren 1960 draaide de Nederlandse meubelindustrie op de populariteit van het zogenaamde 'Scandinavisch teak', waarbij 'Scandinavisch' voor strakke vormgeving ervan stond.[20] De verlaging van het zitniveau bereikte in de jaren 1970 een democratisch diepterecord met matrasbanken en schuimplastic zitelementen. Aan het ooit zo formele karakter van het zitkamerameublement was definitief een einde gekomen. De bank werd de favoriete hangplek van het Nederlandse gezin, nog voor iemand ook maar van IKEA gehoord had.

Zweden Land van IKEA

Het IKEA-concept mag dan minder uniek zijn dan zijn oprichter Kamprad graag beweert, maar het is juist de unieke lage prijs van het blankhouten meubilair, van de ooit verfoeide 'keukenstoelen', waardoor IKEA in 1978 de Nederlandse markt wist te veroveren. In die zin is IKEA, dat zichzelf toen aanprees als 'het onmogelijke woonwa-

Through channels quite different than a museum exhibition, Swedish designs managed early on to find their way to the larger public, and especially to the future consumer of domestic products: the housewife in the making. In 1951, for example, the Swedish Akerblom chair was praised in a Dutch household manual because of its revolutionary lowering of the seat-height: 'The Swedish engineer Akerblom concluded . . . after a twenty-year study that the ideal chair should be a few centimetres lower, and that means that the table also needs to be slightly lowered.'[17] The first part of the 20-volume *Baedeker voor de huisvrouw* (Baedeker for the housewife) encyclopaedia, which was published in large numbers from the early 1950s well into the 1970s, was also dedicated to decorating advice and taste reform. It was written by interior designer Ep Simons, who was aligned with Goed Wonen, and who in all of the encyclopaedia's editions carefully worked on what IKEA claims to have achieved in the last 35 years.[18]

On the initiative of various organizations, including the Bouwcentrum (Construction Centre) in Rotterdam and Goed Wonen, the Swedish school subject of domestic arts was introduced in the Netherlands in 1956, with the publication of the textbook for courses in home economics, called *Wat maken wij van ons huis?* (What shall we make of our home?). Many editions of this textbook were published until well into the 1970s, and enjoyed a wide reach among the target audience of housewives in the making. Characteristic of all editions of this book were the photographs of design furniture made by leading designers from Scandinavia (and later from Italy and the USA), without any mention of the designer's name, or the price. The characteristic chair design *Eva* (1934), for example, made by the Swede Bruno Mathsson, was presented very soberly as a 'chair made of laminated bent beech wood, upholstered in off-white canvas. A beautiful and comfortable chair'.[19]

Even more than the design examples, the low Akerblom chair silently revolutionized the Dutch furniture industry of the 1960s, because the heights of tables and chairs decreased by 4 cm. Within a short period of time, the seat heights of sofas and armchairs were also lowered. In the 1960s the Dutch furniture industry was driven by the popularity of so-called 'Scandinavian teak', with 'Scandinavian' standing for sleek design.[20] The lowering of the seat height reached a democratic low point in the 1970s, with the appearance of mattress sofas and foam seating elements; a definite end had finally come to the once so formal nature of sitting-room furniture. The sofa had become the favourite hangout of the Dutch family, before anyone had even heard of IKEA.

Sweden, Land of IKEA

The IKEA concept, then, may be less unique than its founder Kamprad would like to claim, but it was precisely the uniquely low price of the unfinished wood furniture, of those once detested 'kitchen chairs', that helped IKEA to conquer the Dutch market in 1978. In that sense, IKEA, which at the time praised itself as 'the impossible furniture store from Sweden', is the only one that actually managed to implement the democratic ideals of Swedish Modern, and not only in Sweden, but globally as well. This success has everything to do with the severe design policy that Kamprad followed from the beginning, in which every design starts with the price that the item will cost. In 2000, they even stopped hiding this price-conscious policy: 'At IKEA, we always say: first we design the price tag.'[21]

In addition to the low prices, IKEA also had fashion on its side when it began operating in the Netherlands in 1978. A preference had returned for a slightly higher seat height, and the fact that IKEA had only slightly, but never extremely, lowered its seat heights, connected perfectly with this new trend. In IKEA's design discourse, ergonomics

Met de nadruk op goede kwaliteit voor een redelijke prijs is IKEA schatplichtig aan de democratische idealen van het Swedish Modern uit de jaren 1930. Ieder IKEA–ontwerp mag dan beginnen bij het prijskaartje, toch is het geen anoniem product en wordt in de catalogus ook de naam van de ontwerper vermeld, 1990
With its emphasis on good quality for a reasonable price, IKEA is indebted to the democratic ideals of Swedish Modern from the 1930s. While every Ikea design may begin with the price tag, these are not anonymous products, and the name of the designers are also included in the catalogue, 1990

In de internationale communicatie benadrukt IKEA graag het bijzondere karakter van Zweden. Hier positioneert IKEA zich in de ontwerptraditie van het Zweedse icoon Carl Larsson, 2009
In its international communications, IKEA likes to stress the special character of Sweden. Here IKEA positions itself in the design tradition of the Swedish icon Carl Larsson, 2009

volgende pagina
Met het bouwpakket van de toen nog ongelakte grenen hoogslaper heeft IKEA de Nederlandse kinderkamer veroverd, 1990
next page
With the kit of the pine loft bed (still unpainted at the time), IKEA conquered the Dutch children's room, 1990

WITT bedden. Massief hout en spaanplaat. Wit gelakt. möbelfakta **Stapelbed.** Bedframe van massief hout. Inkl. zijsteun, bedbodem en ladder. Afm.: 80×195 cm. 145 cm hoog. Zie blz. 104-105 voor bijpassende matrassen. **649.-** **Onderschuifbed.** Bedbodem: grenen latten en geperforeerd hardboard. Afm.: 80×185 cm. **189.-** **SENCELLO WITT matras voor onderschuifbed.** Polyether. Overtrek: katoen. Bonte was tot 60°C. **89.-** **BOJ buro/opbergserie.** Zie blz. 132. **PUKAS tienerstoel.** Epoxygelakt buisframe. Verstelbare hoogte 34 tot 45 cm. **95.-**

ERIK buro. Met folie overtrokken spaanplaat. 118×58 cm. 72 cm hoog. 79.-

renhuis uit Zweden', er als enige in geslaagd de democratische idealen van Swedish Modern ten uitvoer te brengen, en dat niet alleen in Zweden, maar inmiddels mondiaal. Dit succes heeft alles te maken met het straffe designbeleid dat Kamprad van meet af aan gevoerd heeft, waarin ieder ontwerp begint bij de prijs die het artikel moet gaan kosten. Van dat prijsbewuste beleid maken ze in 2000 zelfs geen geheim meer: 'Bij IKEA zeggen we altijd: we ontwerpen eerst het prijskaartje.'[21]

Behalve het lage prijsniveau had IKEA met zijn vestiging in Nederland in 1978 ook de mode mee. Er kwam weer een voorkeur voor een iets hoger zitniveau en aangezien IKEA het zitniveau wel iets, maar nooit extreem verlaagd had, sloot dat naadloos aan bij de nieuwe trend. Ergonomie speelde (en speelt) in het designdiscours van IKEA geen prominente rol; alle nadruk lag toen en ligt nog steeds op degelijkheid als kwaliteit. Met allerlei Zweedse keurmerken en eigen kwaliteitstesten, als de zit-testmachine, sprak IKEA ook de meer behoudende Nederlandse consument aan, die vooral goede waar voor weinig geld wilde. Halverwege de jaren 1970 was ook de smaakvoorkeur van de trendsettende studentengeneratie, die het Scandinavisch teak van haar ouders had afgezworen, al verschoven van het nostalgische donkerbruine 'eiken' naar het blonde grenen.[22] Verder was de zelfmontage van IKEA-meubels geen nadeel maar een voordeel, want was een stuk eenvoudiger dan het populaire, maar tijdrovende doe-het-zelven dat bovendien meer handigheid en geduld vereiste.

Dat IKEA zich het linkse designethos van het Swedish Modern heeft toegeëigend en niet nalaat dat keer op keer in zijn catalogus te benadrukken, is gerechtvaardigd, maar dat IKEA het Zweeds-zijn als een *unique selling point* uitbuit, roept volgens kritische landgenoten juist rechtse krachten op. Het zou nationalistische en etnisch-Zweedse sentimenten aanwakkeren en de huidige multiculturele Zweedse samenleving onder druk zetten.[23] Deze kritiek mag overtrokken lijken, maar in de loop der jaren verandert de nadruk op Zweden. In de eerste IKEA-catalogi werden de klanten met mooie foto's van traditionele houten huizen in een oer-Zweeds landschap nadrukkelijk uitgenodigd het land te komen bezoeken. Hoewel in de jaren daarna de toevoeging 'Zweeds' steeds vaker wordt ingeruild voor het bredere begrip 'Scandinavisch', komt daar in 1999 abrupt een einde aan. In de catalogus en in het eerste nummer van *WOON!*, het magazine voor de leden van de IKEA-Family, viert het Zweeds nationalisme hoogtij.

Het tijdschrift *WOON!* dat verschijnt ter gelegenheid van het 20-jarig bestaan van IKEA in Nederland, is een lofzang op het Zweedse landschap en alles wat typisch Zweeds zou zijn: 'Zweden land van ongerepte natuur, van blanke wateren en diepgroene bossen. (...) Land van ruimte voor ideeën. Waar uit pure lijnen eenvoud en design geboren worden. Zweden Land van IKEA.' Een IKEA-styliste typeerde desgevraagd: 'De Zweedse stijl is licht, sober, blond en ruim. Maar ook heel knus' en 'Zweden zijn logische en praktische denkers. We zijn trendgevoelig maar geen trendsetters'.[24] Die zelfkennis lijkt 15 jaar later ver te zoeken als het 35-jarig bestaan van IKEA gevierd wordt.

Als *WOON!*, dat louter op de Nederlandse markt gericht was, na een aantal jaren opgaat in het internationale magazine *IKEA Family Live* dat de hele Europese klantengroep van noord tot zuid moet bedienen, dan is dat zichtbaar in de internationale voorbeelden. Toch is het winternummer van *IKEA Family Live* in 2009 een ode aan Zweden en de Larssons: 'Hun decoraties worden tegenwoordig typisch Zweeds genoemd. (...) Aan de basis ligt goed design voor het praktische alledaagse leven thuis, gekoppeld aan een speelse geest. (...) De liefde voor alles in zijn puurste vorm vond bij de Larssons zijn

never played (and still does not play) a prominent role; all of the emphasis then and now is on solidity and quality. With all kinds of Swedish quality certificates, as well as its own quality testing (such as the sitting-test machine), IKEA also spoke to the more conservative Dutch consumers, who mainly wanted good value for little money. In the mid-1970s, the taste preferences of the trendsetting generation of students, who had renounced the Scandinavian teak of their parents, shifted from nostalgic brown 'oak' to blonde pine.[22] Furthermore, the self-assembly of IKEA furniture was not a downside but rather an advantage, because it was a lot easier than the popular but time-consuming do-it-yourself projects that required more skill and patience.

The fact that IKEA appropriated the leftist design ethos of Swedish Modern, and never fails to emphasize this in its catalogue, is indeed justified. But according to critical compatriots, IKEA's exploitation of its Swedishness as a 'unique selling point' invokes right-wing forces. This allegedly stirs up nationalist and ethnic-Swedish sentiments, and puts today's multicultural Swedish society under pressure.[23] This criticism may seem exaggerated, but over the years, the focus on Sweden has changed. In the first IKEA catalogues, with their beautiful pictures of traditional wooden houses in a typical Swedish landscape, customers were expressly invited to come and visit the country. Although in the years that followed, the word 'Swedish' was increasingly replaced by the broader concept of 'Scandinavian', an abrupt end came to this in 1999: in the catalogue and in the first issue of *WOON!* (Ikea's Dutch-language magazine for members of IKEA Family), Swedish nationalism reigned supreme.

The magazine *WOON!*, which was published to mark the 20th anniversary of IKEA in the Netherlands, is an ode to the Swedish countryside, and to everything that is typically Swedish: 'Sweden, the land of pristine nature, clear waters and lush green forests. . . . The land of room for ideas. Which is born out of pure lines and simple design. Sweden, the land of IKEA.' As an IKEA stylist phrased it, when asked: 'The Swedish style is light, sober, blond, and spacious. But also very cosy', and 'The Swedes are logical and practical thinkers. We are sensitive to trends, but not trendsetters.'[24] Fifteen years later, this self-knowledge was nowhere to be found when the 35th anniversary of IKEA was celebrated.

When *WOON!*, which was purely focused on the Dutch market, merged after several years into the international magazine *IKEA Family Live*, which was meant to serve the entire European customer base from north to south, this new focus became visible in the international examples. Yet the winter issue of *IKEA Family Live* in 2009 was a tribute to Sweden, and to the Larssons: 'Their decorations are now called typically Swedish. . . . The basis is good design for practical everyday life at home, coupled with a playful spirit. . . . The Larssons' love for everything in its purest form had its origins in nature . . . and their designs were sustainable. The vision of the Larssons is still current.' Under the headline 'Everything for a Christmas party the way the Larssons celebrated it', all manner of red and white IKEA furniture and home accessories are pictured, which in shape and colour are meant to show their indebtedness to the Larssons.[25] The Swedish researcher Ursula Lindqvist, however, criticizes IKEA for its nationalistic focus and especially for globally spreading the narrative of Sweden's singularity.[26]

How 'Swedish Modern' Do We Live?

In its written communication in the form of the annual catalogue, the IKEA Family magazine, and the inscriptions in the stores, IKEA does its best to emphasize its special Swedish character. But a small survey

oorsprong in de natuur (...) en hun ontwerpen waren duurzaam. De visie van de Larssons is nog steeds actueel.' Onder het kopje 'Alles voor een kerstfeest zoals de Larssons dat vierden' staan allerlei rode en witte IKEA-meubels en woonaccessoires afgebeeld die in vorm en kleur hun schatplichtigheid aan de Larssons moeten tonen.[25] Zoals de kritische Ursula Lindqvist opmerkt: 'Het IKEA-warenhuis draagt ertoe bij het verhaal van de uitzonderlijkheid van Zweden te construeren, te reproduceren en wereldwijd te verspreiden.'[26]

Hoe Zweeds modern wonen wij?

Hoezeer IKEA in zijn geschreven communicatie van de jaarlijkse catalogus, het IKEA-Family magazine tot en met de opschriften in de winkel zijn best doet het bijzondere Zweedse karakter te benadrukken, toch leerde een kleine rondvraag iets anders. De IKEA-producten worden eerst en vooral gewaardeerd vanwege de gunstige prijs-kwaliteit verhouding, en omdat ze praktisch zijn. Het Zweedse karakter zag men meer in de naamgeving van de meubels en de smaak van hun gehaktballetjes. Dat IKEA in de catalogus stug blijft spreken van 'de eetkamer' neemt men graag voor lief als men op zoek is naar een nieuwe eethoek of eettafel, evenals die koddige Zweedse namen. Op de vraag met welke winkel men IKEA vergeleek, werd de naam van Leen Bakker meer dan eens genoemd. Een woonwinkelketen die vooral bekend staat om de lage prijzen, niet om originaliteit of duurzaamheid.

Bij de rondvraag refereerde niemand aan de sociaal-democratische achtergrond van IKEA's ontwerpfilosofie. Zelf moet ik ook bekennen dat mij dat pas duidelijk is geworden na bestudering van de teksten in de catalogi. Op de plattegrond van de tentoonstelling 'Hurra! IKEA 35 jaar thuis in Nederland' zag ik pas later dat er een sectie aangeduid was met 'democratisch design'. Nederlanders hebben zich in die 35 jaar gevoeliger getoond voor het prijskaartje dan voor de morele boodschap van het democratisch design.

Hoewel ook niemand refereerde aan de geschiedenis van de Scandinavische vormgeving, mag IKEA met zijn kwalitatief goede meubels 'voor de middelmaat' toch de rechtmatige erfgenaam van het Swedish Modern genoemd worden.

shows something different. IKEA's products are appreciated first and foremost because of their favourable price-quality ratio, and because they are practical. The Swedish character was seen as more of something that was expressed in the naming of the furniture, and in the taste of their meatballs. The fact that IKEA continues to stiffly refer to the 'dining room' in the catalogue can be taken for granted when one is looking for a new breakfast nook or dining table, as can those comical Swedish names. When asked which store they compare IKEA to, the name Leen Bakker is mentioned more than once; a chain of furniture stores that is mainly known for its low prices, not its originality or sustainability.

In the survey, no one referred to the social-democratic background of IKEA's design philosophy. I must also confess that this background only became known to me after studying the texts in the catalogues. In the floor plan of the exhibition 'Hurra! IKEA 35 jaar thuis in Nederland' (Hurrah! IKEA 35 years at home in the Netherlands), I saw only later that there was a section labelled 'democratic design'. Over the past 35 years, the Dutch have proven to be more sensitive to the price tag than to the moral message of democratic design. Although no one in the survey referred to the history of Scandinavian design either, IKEA, with its good quality furniture 'for the mid-range', can still be called the rightful heir to Swedish Modern.

Noten

1 'IKEA 35 jaar thuis in Nederland'. Persinformatie bij de tentoonstelling in Amsterdam, 2013, 5.
2 J. Huisman, I. Cieraad et al., *Honderd jaar wonen in Nederland 1900-2000* (Rotterdam: Uitgeverij 010, 2000).
3 'Zo wonen wij in Zweden'. Tentoonstellingscatalogus Stedelijk Museum Amsterdam 19-12-1947 tot 26-1-1948, georganiseerd door de Zweedse Ver. voor Gebonden Kunsten en het Zweedse Instituut voor Culturele Uitwisseling met het Buitenland (Amsterdam: Stadsdrukkerij, 1947).
4 Mienke Simon Thomas en Petra Timmer, '1945-1963 (Inter)nationale vormgeving als kunst; smaakverbetering en voorlichting', in: E. Bergvelt et al. *80 jaar wonen in het stedelijk* (Amsterdam: Stadsdrukkerij, 1981), 17-25.
5 Citaat uit een tentoonstellingsrecensie van B.B.W. in *Forum*, nr. 3 (1948), 113.
6 Al in 1902 was er in Haarlem een Zweedse tentoonstelling over decoratieve kunst met het interieur van de Larssons als voorbeeld: 'Modern – maar niet cosmopolitisch is de Zweedsche decoratieve kunst, en beter dan ergens anders is hier de vraag opgelost, hoe men "goedkoop en smaakvol" werk kan leveren', was het commentaar van een recensent, zie: Marjan Groot, *Vrouwen in de vormgeving in Nederland 1880-1940* (Rotterdam: 010 Uitgeverij, 2007), 223-224; Renate Puvogel, *Carl Larsson: Acquarellen en tekeningen* (Keulen: Taschen, 1998); Michelle Facos, 'The Ideal Swedish Home: Carl Larsson's Lilla Hyttnäs', in: Christopher Reed (red.), *Not at Home: The Suppression of Domesticity in Modern Art and Architecture* (Londen: Thames and Hudson, 1996), 81-91.
7 Lucy Creagh, 'At the Limits of Architecture: The Housing Section of the 1930 Stockholm Exhibition', *DASH*, nr. 9 *Housing Exhibitions* (2013), 18-35.
8 Ursula Lindqvist, 'The Cultural Archive of the IKEA Store', *Space and Culture*, jrg. 12 (2009) nr. 1, 43-62.
9 Simon Thomas en Timmer, '1945-1963 (Inter)nationale vormgeving als kunst', op. cit. (noot 4), 19-20.
10 Irene Cieraad, 'Milk bottles and model homes: strategies of the Dutch Association for Correct Living (1946-1968)', *The Journal of Architecture*, jrg. 9 (2004) nr. 4, 431-443.
11 Weliswaar geen bouwpakketten, maar Gerrit Rietveld en Truus Schröder-Schräder hebben in de oorlog wel een handleiding geschreven voor zelfbouw: 'Meubels om zelf te maken' (1943), zie: Irene Cieraad, 'De gestoffeerde illusie: de ontwikkeling van het twintigste-eeuwse woninginterieur', in: Huisman en Cieraad et al., *Honderd jaar wonen in Nederland 1900-2000*, op. cit. (noot 2), 78. Al in 1937 maakte Lotte Beese gewag van het feit dat in Berlijn en Parijs een meubelindustrie ontstond die meubels in onderdelen verkocht 'compleet met schroeven'. Ook buismeubelen werden als bouwpakketjes geleverd: L. Beese, 'Het meubel in z'n ontwikkeling beïnvloed door de maatschappelijke omstandigheden', *De 8 en de Opbouw*, jrg. 8 (1937) nr. 21, 200-203.
12 W. Kuyper, 'Zweedsche meubelen', *Forum*, nr. 1 (1946), 20-24. (p. 22 ill. bouwpakket Triva-stoel); W. Kuyper, 'Zweedse meubelkunst', in: Otto van Tussenbroek (red.) *Ruimte, vorm, sfeer in het binnenhuis.* (Amsterdam: Het Hollandsche Uitgevershuis, 1956), 2-3.
13 Kevin Davies, 'Scandinavian Furniture in Britain: Finmar and the UK Market, 1949-1952', *Journal of Design History*, jrg. 10 (1997) nr. 1, 39-52, 47; Judy Attfield (red.), *Utility Reassessed: The Role of Ethics in the Practice of Design* (Manchester: Manchester University Press, 1999), 2.
14 M. Stam, 'Wat onze kracht zal zijn: utility-producten', *Goed Wonen*, jrg. 1 (1948) nr. 1, 7-8
15 'Catalogus', *Goed Wonen*, jrg. 1 (1948) nr. 1, 11-17.
16 M. Zeldenrust-Noordanus, *Onderzoek naar enige psychologische aspecten van de woninginrichting* (proefschrift Gemeente Universiteit Amsterdam, 1956).
17 M.G. Schenk, 'Meubelen', in: M.G. Schenk (red.), *Encyclopaedie voor de vrouw. Practisch handboek voor het dagelijks leven* (Utrecht: A. W. Bruna, 1951), 178-182, 180.
18 Ep Simons, *Goed huis goed thuis. Deel 1 Baedeker voor de huisvrouw* ('s-Gravenhage: Nederlandse Boekenclub, 1e editie ca. 1955).
19 F.M. Wagter, M.J. van de Pol en J. Eiffers, *Wat maken wij van ons huis?* ('s-Gravenhage: Uitgeverij Nijgh & Van Ditmar, 9de druk, ca. 1970), 114.
20. Huisman en Cieraad et al., *Honderd jaar wonen in Nederland 1900-2000*, op. cit. (noot 2), 76-77.
21 *IKEA catalogus 2000*, 7.
22 Huisman en Cieraad et al., *Honderd jaar wonen in Nederland 1900-2000*, op. cit. (noot 2), 46, 61, 79-80.
23 Lindqvist, 'The Cultural Archive of the IKEA Store', op. cit. (noot 8), 43-62.
24 *IKEA catalogus 1999*, 367; *WOON!*, jrg. 1 (1999) nr. 1, 60-65.
25 *IKEA Family Live* (winter 2009), 20.
26 Lindqvist, 'The Cultural Archive of the IKEA Store', op. cit. (noot 8), 43.

Notes

1 'IKEA 35 jaar thuis in Nederland'. Press information about the exhibition in Amsterdam, 2013, 5.
2 J. Huisman, I. Cieraad et al., *Honderd jaar wonen in Nederland 1900-2000* (Rotterdam: 010 Publishers, 2000).
3 'Zo wonen wij in Zweden'. Exhibition catalogue of the Stedelijk Museum Amsterdam 19-12-1947 to 26-1-1948, organized by the Swedish Society of Arts and Crafts and the Swedish Institute for Foreign Cultural Exchange (Amsterdam: Stadsdrukkerij, 1947).
4 Mienke Simon Thomas and Petra Timmer, '1945-1963 (Inter)nationale vormgeving als kunst; smaakverbetering en voorlichting', in: E. Bergvelt et al., *80 jaar wonen in het stedelijk* (Amsterdam: Stadsdrukkerij, 1981), 17-25.
5 Quote from an exhibition review by B.B.W. in *Forum*, no. 3 (1948), 113.
6 In 1902, in Haarlem there was a Swedish exhibition of decorative art that used the interior of the Larssons as an example: 'Modern – but not cosmopolitan – are the Swedish decorative arts, and the question has been answered here better than anywhere else of how one can make "cheap and tasteful" work', as one reviewer commented, see: Marjan Groot, *Vrouwen in de vormgeving in Nederland 1880-1940* (Rotterdam: 010 Publishers, 2007), 223-224; Renate Puvogel, *Carl Larsson: Acquarellen en tekeningen* (Cologne: Taschen, 1998); Michelle Facos, 'The Ideal Swedish Home: Carl Larsson's Lilla Hyttnäs', in: Christopher Reed (ed.), *Not at Home: The Suppression of Domesticity in Modern Art and Architecture* (London: Thames and Hudson, 1996), 81-91.
7 Lucy Creagh, 'At the Limits of Architecture: The Housing Section of the 1930 Stockholm Exhibition', *DASH*, no. 9 *Housing Exhibitions* (2013), 18-35.
8 Ursula Lindqvist, 'The Cultural Archive of the IKEA Store', *Space and Culture*, vol. 12 (2009) no. 1, 43-62.
9 Simon Thomas and Timmer, '1945-1963 (Inter)nationale vormgeving als kunst', op. cit. (note 4), 19-20.
10 Irene Cieraad, 'Milk bottles and model homes: strategies of the Dutch Association for Correct Living (1946-1968)', *The Journal of Architecture*, vol. 9 (2004) no. 4, 431-443.
11 Although they were not kits, during the war Gerrit Rietveld and Truus Schröder-Schräder did produce a written guide for self-building: 'Meubels om zelf te maken' (1943), see: Irene Cieraad, 'De gestoffeerde illusie: de ontwikkeling van het twintigste-eeuwse woninginterieur', in: Huisman and Cieraad et al., *Honderd jaar wonen*, op. cit. (note 2), 78. As far back as 1937, Lotte Beese had mentioned a furniture industry had emerged in Berlin and Paris that sold furniture in parts, 'complete with screws'. Tubular furniture was also delivered in the form of construction kits. L. Beese, 'Het meubel in z'n ontwikkeling beïnvloed door de maatschappelijke omstandigheden', *De 8 en de Opbouw*, vol. 8 (1937) no. 21, 200-203.
12 W. Kuyper, 'Zweedsche meubelen', *Forum*, no. 1 (1946), 20-24. (p. 22 ill. building kit for the Triva chair); W. Kuyper, 'Zweedse meubelkunst', in: Otto van Tussenbroek (ed.) *Ruimte, vorm, sfeer in het binnenhuis* (Amsterdam: Het Hollandsche Uitgevershuis, 1956), 2-3.
13 Kevin Davies, 'Scandinavian Furniture in Britain: Finmar and the UK Market, 1949-1952', *Journal of Design History*, vol. 10 (1997) no. 1, 39-52, 47; Judy Attfield (ed.), *Utility Reassessed: The Role of Ethics in the Practice of Design* (Manchester: Manchester University Press, 1999), 2.
14 M. Stam, 'Wat onze kracht zal zijn: utility-producten', *Goed Wonen*, vol. 1 (1948) no. 1, 7-8
15 'Catalogus', *Goed Wonen*, vol. 1 (1948) no. 1, 11-17.
16 M. Zeldenrust-Noordanus, *Onderzoek naar enige psychologische aspecten van de woninginrichting* (thesis for the Gemeente Universiteit Amsterdam, 1956).
17 M.G. Schenk, 'Meubelen', in: M.G. Schenk (ed.), *Encyclopaedie voor de vrouw. Practisch handboek voor het dagelijks leven* (Utrecht: A. W. Bruna, 1951), 178-182, 180.
18 Ep Simons, *Goed huis goed thuis. Deel 1 Baedeker voor de huisvrouw* (The Hague: Nederlandse Boekenclub, 1st edition ca. 1955).
19 F.M. Wagter, M.J. van de Pol and J. Eiffers, *Wat maken wij van ons huis?* (The Hague: Uitgeverij Nijgh & Van Ditmar, 9th edition, ca. 1970), 114.
20 Huisman and Cieraad, *Honderd jaar wonen*, op. cit. (note 2), 76-77.
21 *IKEA catalogue 2000*, 7.
22 Huisman and Cieraad, *Honderd jaar wonen*, op. cit. (note 2), 46, 61, 79-80.
23 Lindqvist, 'The Cultural Archive of the IKEA Store', op. cit. (note 8), 43-62.
24 *IKEA catalogue 1999*, 367; *WOON!*, vol. 1 (1999) no. 1, 60-65.
25 *IKEA Family Live* (winter 2009), 20.
26 Lindqvist, 'The Cultural Archive of the IKEA Store', op. cit. (note 8), 43.

'Het wonen en de dingen'
'Living and Things'

Jurjen Zeinstra

Interview met / with Louise Schouwenberg, Design Academy Eindhoven / Sandberg Instituut Amsterdam

Without Cabinet,
Helmut Smits, 2003

De Design Academy Eindhoven (DAE), voortgekomen uit de Akademie Industriële Vormgeving Eindhoven, speelt sinds de Tweede Wereldoorlog een belangrijke rol in het Nederlandse designonderwijs. Sinds de jaren 1990 geldt de academie internationaal als een van de belangrijkste ontwerpopleidingen in de wereld en trekt daardoor steeds meer buitenlandse studenten aan, vooral in het masteronderwijs. Na de terugtreding van Gijs Bakker, grondlegger van het masterprogramma van de DAE, namen Jan Boelen, Joost Grootens en Louise Schouwenberg het stokje over. Sinds 2010 geeft Schouwenberg leiding aan de afdeling Contextual Design, die zich richt op productdesign in brede zin. Schouwenberg studeerde achtereenvolgens psychologie, beeldhouwen en filosofie, en heeft diverse publicaties op haar naam, waaronder een monografie over kunstenaar Robert Zandvliet (2012) en twee over ontwerper Hella Jongerius (2004 en 2010). Daarnaast stelde ze in de rol van curator enkele tentoonstellingen samen, onder andere voor Galerie Fons Welters in Amsterdam, het TextielMuseum Tilburg en Museum Boijmans van Beuningen in Rotterdam.*

In het programma van de afdeling Contextual Design laat je vrijwel ieder jaar het thema 'wonen' onderzoeken. Kun je vertellen waarom je juist voor dit onderwerp kiest?

Omdat het een ideaal kader biedt voor waar het in design om gaat: relaties tussen dingen onderling, tussen dingen en mensen, en tussen dingen en hun ruimtelijke context, die op zijn beurt uiteraard is ingebed in een grotere culturele en sociale context. Ontwerpers hebben te veel de neiging bezig te zijn met het object, terwijl het mijns inziens veel meer gaat om andere vragen, zoals welke betekenissen impliciet en expliciet verscholen liggen in objecten. Waartoe nodigt het object je uit, welk gedrag faciliteert het (en welk gedrag perkt het in), welke gedachten en emoties roept een object op? Zelfs bij zoiets materieels als de zichtbare en voelbare sporen van het productieproces gaat het primair om de referenties die in die sporen zichtbaar en voelbaar worden, niet zozeer om de materialiteit zelf.

Wat me aan het onderwerp 'wonen' ook fascineert, is dat het begrip 'privé' de laatste decennia onder invloed van mobiele telefonie, internet en sociale media zo enorm is veranderd. Niemand lijkt er meer enige moeite mee te hebben om in de trein of op een terras de meest intieme details luidkeels te communiceren, waarbij de buitenwereld volledig genegeerd wordt, terwijl die buitenwereld zo dichtbij is. Het is alsof mensen een onzichtbare cocon rond hun lichaam en hun scherm dragen, waarbinnen de hele private wereld zich afspeelt, die vroeger voornamelijk het interieur van de woning bestreek.

Toch kun je je afvragen of er niet een 'kern' van wonen is die onveranderd blijft en die tegemoet komt aan een menselijk verlangen naar geborgenheid. Is wonen niet per definitie conservatief?

Bij veel van mijn studenten (allemaal opgegroeid met internet en sociale media) zie ik dit conservatieve idee inderdaad opduiken, zodra zij over wonen gaan nadenken. Zij constateren dan een verlies aan direct fysiek contact, wat ik overigens bestrijd. Het aantal mogelijkheden voor contact is immers alleen maar toegenomen; het aloude handjes vasthouden is niet verdwenen. Wonen kan heel vluchtig zijn, bijna oplossen in het virtuele, maar wonen is tegelijk ook een verlangen naar het niet-vluchtige. In dit verlangen spelen de dingen, de spullen, een belangrijke rol. Misschien behoort het tot het menszijn om je te identificeren met de spullen die je om je heen hebt verzameld. Marcel Proust schrijft in *A la recherche du temps perdu* hoe de herinnering aan atmosfeer,

The Design Academy Eindhoven (DAE), which evolved from its forerunner the Akademie Industriële Vormgeving Eindhoven, has played an important role in design education in the Netherlands since the Second World War. The academy has been considered one of the most important design schools in the world since the 1990s and, as a result, attracts an increasing number of foreign students, particularly for the Master's courses. After the departure of Gijs Bakker, the founder of the DAE Master's programme, Jan Boelen, Joost Grootens and Louise Schouwenberg took over responsibility. Since 2010, Schouwenberg has headed the department of Contextual Design, which focuses on product design in a broad sense. Schouwenberg successively studied psychology, sculpture and philosophy and is the author of many publications, including a monograph about artist Robert Zandvliet (2012) and two on designer Hella Jongerius (2004 and 2010). In addition, she curated several exhibitions for, among others, Galerie Fons Welters in Amsterdam, the TextielMuseum Tilburg and Museum Boijmans van Beuningen in Rotterdam.*

In the Contextual Design department's programme you have the students investigate the theme of 'living' almost every year. Can you explain why you opt for this subject in particular?

Because it provides an ideal framework for what design is all about: relationships between things and other things, between things and people, and between things and their spatial context, which is naturally in turn embedded in a broader cultural and social context. Designers are too inclined to focus on the object, while in my opinion other questions are much more important, such as which meanings are concealed implicitly and explicitly in objects. What does the object invite you to do, what behaviour does it facilitate (and limit), which thoughts and emotions does an object evoke? Even with something as material as the visible and tangible traces of the production process, it's primarily about the references that become visible and tangible in these traces, not so much about the materiality itself.

Something that also fascinates me about the concept of 'living' is that the idea of 'private' has changed so enormously in recent decades because of the influence of mobile telephony, Internet and social media. No-one seems to have the slightest problem with loudly communicating the most intimate details in the train or on a terrace, while completely ignoring the outside world, although that outside world is so nearby. It's as if people are wearing an invisible cocoon around their body and their screen, within which their entire private world takes place. In the past this was mainly contained in the interior of the home.

And yet you might wonder if there isn't a 'core' in living that has remained unaltered and fulfils a human longing for a sense of security. Is the living situation not conservative by definition?

I certainly do see this conservative idea in many of my students (all of whom grew up with Internet and social media) as soon as they start to think about living. In their perception there is a loss of direct physical contact, which I dispute, by the way. The number of possibilities for contact has only increased, after all; the time-honoured tradition of holding hands hasn't disappeared. Living can be fleeting, almost dissolving into the virtual, but at the same time there is a longing for the non-cursory. Things, 'stuff', play an important role in this longing. Perhaps it's a characteristic of being human to identify with the things you have gathered around you. Marcel Proust writes in *A la recherche du temps*

aan gebeurtenissen, zich telkens weer verbindt aan objecten in je omgeving. Die herinnering kan later in het leven plotseling herleven, zodra je op hetzelfde (of een soortgelijk) object stuit. Als je er vanuit gaat dat je identiteit ook te maken heeft met het verleden, met herinneren, dan spelen dingen dus een belangrijke rol in het herinterpreteren van je eigen leven. Met de dingen om je heen, de tafel, de stoel, de kast, de iPhone, de laptop, onderhoud je relaties en die relaties hebben zowel verbindingslijnen naar het verleden als het heden.

Als je het zo beschouwt, is het eigenlijk een raar idee als van een ontwerper wordt gevraagd voor een klant een compleet nieuw woninginterieur te ontwerpen, met compleet nieuwe spullen. Het zou veel logischer zijn als mensen ook spullen uit hun vorige woning meenemen. De woning moet leven. Ik onderschrijf ook de gedachte van Adolf Loos dat het onzinnig is om van een woning een Gesamtkunstwerk te maken, waarin ieder detail in relatie tot alle andere details is vormgegeven. Daarmee wordt de woning een soort graf.

Loos zette zich af tegen de dictatuur van de vormgeving, en ging op zoek naar authentieke, stijlloze dingen. Is het 'stijlloze' eigenlijk wel mogelijk? Uiteindelijk heeft ieder ding een vorm.

In stijlloze dingen geloof ik niet. Dat mensen hun eigen ervaringen projecteren op dingen, wil niet zeggen dat de dingen zelf geen karakter hoeven te hebben. Sterker, ik vermoed dat karaktervolle dingen eerder uitnodigen eigen referenties toe te voegen. Tegelijkertijd kan het idee van stijl ook telkens weer opnieuw worden ondergraven. Dat is misschien telkens de opdracht aan iedere nieuwe generatie: bestaande stijlen herkennen en ermee afrekenen. Denk bijvoorbeeld aan het eclecticisme, dat zich afzet tegen een 'totaalstijl', waarbij je in ieder geval de illusie hebt dat je kunt kiezen. In dat opzicht vind ik het 'Ideal House' interessant dat ontwerper Hella Jongerius in 2005 ontwierp voor de meubelbeurs in Keulen. Het toont een huis als een archief van de herinnering en een opslagplaats vol mogelijkheden. Het laat zien dat een huis nooit af is.

Het leven vult het huis, zoals de dingen het leven vormgeven. Ik moet daarbij ook altijd aan mijn ouders denken. Die hebben ooit een wandvullend eikenhouten meubel gekocht dat zo'n beetje alles kon bevatten. Het was een lang gekoesterde wens waarover ze eindeloos hadden nagedacht en lang voor hadden gespaard. Toen de te grote vrachtwagen uit Duitsland voor de deur arriveerde en de kast vliegensvlug werd opgebouwd, bleek hij veel te groot; een wanstaltig monster dat de woonkamer volledig domineerde. Mijn moeder barstte in tranen uit; in de showroom had hij veel kleiner geleken. De rest van de inrichting, en feitelijk onze hele manier van leven, moest zich nu aan dit monster aanpassen.

Blijkbaar leefde er bij je ouders een behoefte om hun interieur als het ware samen te vatten in één object. Daarmee konden ze zich representeren naar de buitenwereld, zoals ieder interieur pretendeert.

Maar niet alleen naar de buitenwereld. Zo'n wandmeubel geeft ook een soort ordening aan je leven. Het representeert ook voor jezelf een bestaan dat je onder controle hebt. De chaos is immers beteugeld. Kunstenaar Helmut Smits heeft het idee van het wandmeubel als uitgangspunt genomen voor de installatie 'Without Cabinet', waarin het meubel zelf is verdwenen en een groot blok gestapelde spullen is overgebleven. Fantastisch wat er allemaal schuilt in dat werk: de menselijke behoefte om het leven te beheersen, zich vervolgens te identificeren met die ordening, en deze te showen aan zichzelf en de anderen. En tegelijkertijd het besef dat alles

perdu how the memory of atmosphere, of events, is connected time and again with objects in your surroundings. This memory can suddenly resurface later in life, as soon as the same or a similar object is encountered. If you assume that your identity is also linked to the past, by remembering, then things play an important role in reinterpreting your own life. You maintain relationships with the things around you – the table, the chair, the cupboard, the iPhone and the laptop – and these relationships have connecting lines to both the past and the present.

Looked at like this, it's actually a strange idea for a designer to be asked to create a completely new interior for a client, with completely new things. It would be much more logical if people kept things from their previous house as well. A house has to live. I support Adolf Loos's idea that it is irrational to turn a home into a Gesamtkunstwerk, where every detail is designed in relation to all the other details. That turns the house into a sort of grave.

Loos opposed the dictatorship of design, and went in search of authentic, styleless things. Is 'styleless' actually possible? Ultimately, every single thing has a form.

I don't believe in styleless things. If people project their own experiences onto things, that doesn't mean that the things don't need to have any character themselves. In fact, I suspect that things that are full of character are more likely to invite the addition of one's own references. At the same time, the idea of style can also be undermined time and again. Perhaps that is the recurring task for each new generation: recognizing and finishing with existing styles. Take, for instance, eclecticism, which distances itself from an 'overall style' and at any rate gives you the illusion that you have a choice. In that respect, I find the 'Ideal House' that designer Hella Jongerius created in 2005 for the furniture fair in Cologne interesting. It shows a house as an archive of the memory and a storage space full of possibilities. It demonstrates that a house is never finished.

The house is filled with life, just as things give life its form. This idea always makes me think about my parents. They once bought a piece of oak furniture that took up the entire wall and could hold pretty much everything. It was a long-standing wish they had thought about endlessly and spent a long time saving for. When the huge lorry from Germany pulled up to the door and the cabinet was swiftly put together, it turned out to be far too big; a misshapen monster that completely dominated the living room. My mother burst into tears; in the showroom it had looked much smaller. The rest of the furniture layout, and essentially our whole way of life, now had to adapt to accommodate this monster.

Apparently your parents had the idea of summing up their interior in a single object, as it were. In this way they could present themselves to the outside world, as every interior claims to do.

But not just to the outside world. A wall cabinet like this brings some sort of order to your life. For yourself, too, it represents an existence that you have under control. After all, chaos has been curbed. Artist Helmut Smits took the idea of a wall unit as the starting point for the installation 'Without Cabinet', where the unit itself has disappeared and a large pile of stacked stuff is all that remains. Fantastic, everything that lies behind that work: the human wish to control life, to subsequently identify with this organization and then to show this off to themselves and others. And at the same time the realization that everything collapses if one small element is removed. The illusion is fragile.

Untitled Fuzz Room,
Eva Jäger, 2013

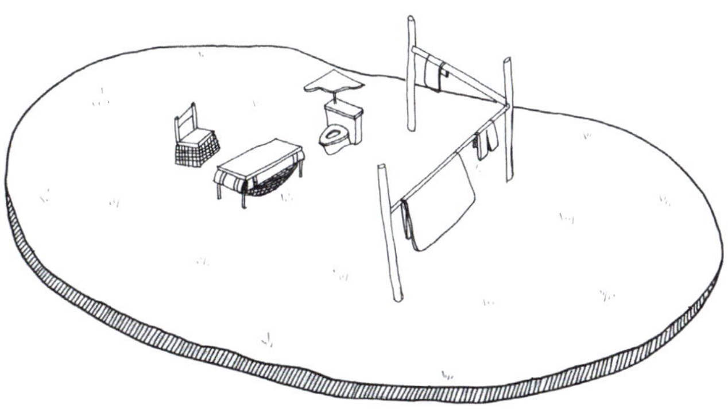

House: the outside is on the inside, Stephanie Goh Hui En, 2013

Living Chair, Ina Hollmann, 2014

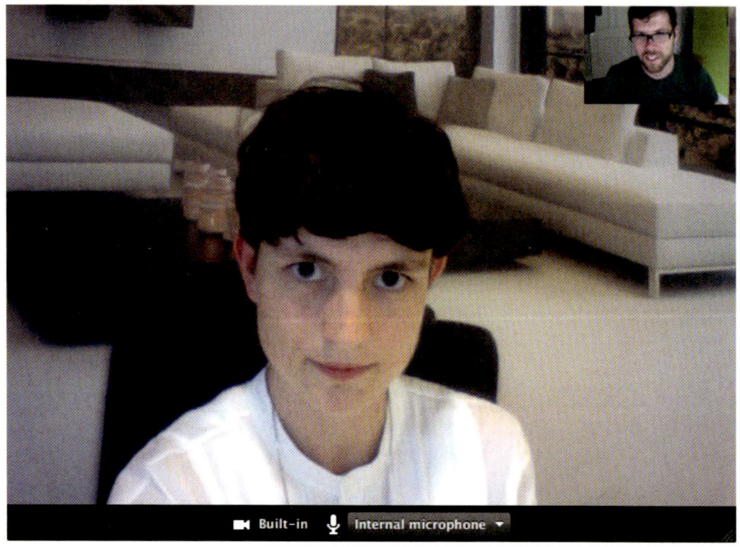

Videochat

Loo cart-hWC(human waste collector), Sarah Daher, 2014

Operatic Living: A Wagnerian Routine, Allison Crank, 2014

Breakfast

Fountainshower

Performance

This also makes me think of the Wunderkammer, the cabinet of curiosities from the sixteenth and seventeenth centuries. In a special room or cabinet, all kinds of curios were collected and shown to a select group on occasion to elicit discussion and, in particular, admiration, not just for the collected items but also for the collector, whose identity was on display. The things served as an illustration of the creation of God or man, and they were celebrated in their physical presence and their potential for storytelling. To some extent this is also true of an interior; the consumer considers his living space to be a universe, filled with fetishistic things he wishes to be identified with.

In the Contextual Design programme at the Design Academy objects from everyday surroundings play an important role. The way in which you formulate the design assignments differs significantly from, for instance, the Faculty of Industrial Design Engineering in Delft. Are the students you educate at the Design Academy artists or designers?

As far as I'm concerned they are designers, but it does sometimes touch on art. It becomes problematic if they let go of the functionality. Besides my position in Eindhoven, I am also head of the Material Utopias department at the Sandberg Institute in Amsterdam, where we train both artists and designers from the conviction that their creative paths display many similarities. But there are also differences. As far as the designers are concerned, I would like to train 'author-designers'. That automatically raises the question of what design really is, a self-reflective question that designers have taken over from the arts. Does design take place on the basis of market research, or the available production technologies? What is the role played by form? Ultimately I find the artistic intuition of a designer, combined with his intelligence and knowledge, the most important. A good designer feels the spirit of the period and understands intuitively the consequences and greater implications of new technologies or social developments. A good designer has sufficient expressive force to make ideas materialize into concrete objects that contain several references and layers of meaning.

But design does have to communicate: if it's too strange or new, it doesn't work. You always need a mixture of something familiar and something new, so that it falls within a frame of reference. A designer with good antennae for social developments understands the needs of a time before others do. Whether that immediately means that his designs are embraced by many people, or that they are perhaps too avant-garde, lies outside this discussion for me. We need free thinkers and I would like to make a contribution to training this type of designers, together with my teams of teachers.

So you are suggesting that technological progress must by definition lead to something that looks new and unfamiliar. I see that as a typically modernist interpretation and the issue is whether the home is not also specifically a place where there has to be space for nostalgia. In other words, could a style from the past be equally capable of giving expression to living?

Certainly. This tendency was apparent in recent years in the longing for authenticity, for example. However, merely recapturing old styles is not something I find interesting, and neither is just returning to old techniques. I expect a good designer to also reflect on the leaning towards authenticity and nostalgia, and the longing for the imperfect, the unfinished. This reflection also has to be found in the designs, as it were: What does it say about the current times

in elkaar stort als een klein onderdeel wordt weggehaald. De illusie is broos.

Dat doet me ook denken aan de Wunderkammer, het rariteitenkabinet uit de zestiende en zeventiende eeuw. In een speciale kamer of kast werden curiosa van uiteenlopende aard verzameld en bij gelegenheid aan een select gezelschap getoond om discussie en vooral bewondering uit te lokken, niet alleen voor de verzamelde spullen, maar ook voor de verzamelaar die hiermee zijn identiteit toonde. De dingen golden als illustratie van de creatieve schepping van God of de mens, en werden gevierd in hun fysieke aanwezigheid en hun verhalende potentie. In zekere zin geldt dit ook voor een interieur, waarin de consument zijn leefruimte opvat als universum, gevuld met fetisjistische dingen waarmee hij zich wenst te identificeren.

In het programma Contextual Design op de Design Academy spelen de voorwerpen uit de alledaagse omgeving een belangrijke rol. In de wijze waarop jullie de ontwerpopgaven formuleren, verschillen jullie sterk van bijvoorbeeld de faculteit Industrieel Ontwerpen in Delft. Zijn de studenten die je aan de Design Academy opleidt kunstenaars of ontwerpers?

Voor mij zijn het ontwerpers, maar het schurkt soms tegen kunst aan. Het wordt problematisch als ze de functionaliteit loslaten. Naast mijn functie in Eindhoven ben ik ook hoofd van de afdeling Material Utopias op het Sandberg Instituut in Amsterdam, waar we tegelijkertijd kunstenaars en ontwerpers opleiden vanuit de overtuiging dat hun creatieve trajecten veel overeenkomsten vertonen. Maar er zijn ook verschillen. Wat betreft de ontwerpers wil ik graag 'auteur-designers' opleiden. Daarbij krijg je vanzelfsprekend te maken met de vraag wat design dan wel is, een zelfreflectieve vraag die designers hebben overgenomen van de kunsten. Is design het ontwerpen op basis van marktonderzoek, op basis van de beschikbare productietechnieken? Welke rol speelt vorm? Uiteindelijk vind ik de artistieke intuïtie van een ontwerper, gecombineerd met zijn intelligentie en kennis, het belangrijkst. Een goede ontwerper voelt de tijdgeest aan, begrijpt intuïtief welke gevolgen, welke grotere implicaties, nieuwe technieken of maatschappelijke ontwikkelingen hebben. Een goede ontwerper heeft voldoende beeldende kracht om ideeën te materialiseren in concrete voorwerpen die meerdere referenties en betekenislagen in zich dragen.
Maar design moet wel communiceren: als het te vreemd of te nieuw is, werkt het niet. Je hebt altijd een mengeling nodig van iets vertrouwds met iets nieuws, opdat het binnen een referentiekader valt. Een ontwerper met goede voelhorens voor maatschappelijke ontwikkelingen begrijpt eerder dan anderen de noden van een tijd. Of dat gelijk ook betekent dat zijn ontwerpen door veel mensen worden omarmd, of dat ze misschien nog te avantgardistisch zijn, staat wat mij betreft buiten die vraag. We hebben vrijdenkers nodig, en aan het opleiden van dat type ontwerpers wil ik samen met mijn docententeams graag bijdragen.

Daarmee suggereer je dat technologische vooruitgang per definitie moet leiden tot iets dat er nieuw en ongekend uitziet. Dat lijkt me een typisch modernistische opvatting en het is de vraag of niet juist de woning ook een plek is waar ruimte moet zijn voor nostalgie. Met andere woorden: zou een stijl uit het verleden niet net zo goed uitdrukking kunnen geven aan het wonen?

Zeker. Je zag deze tendens de afgelopen jaren bijvoorbeeld in de hang naar het authentieke. Een herneming van oude stijlen alleen vind ik echter niet interessant, ook niet louter een herneming van oude technieken. Van een goede ontwerper verwacht ik dat er ook gereflecteerd wordt op de

Living room, Dan Adlesic, 2014

Live Minimally Physically to Live Maximally Mentally, Corinne Mynatt, 2014

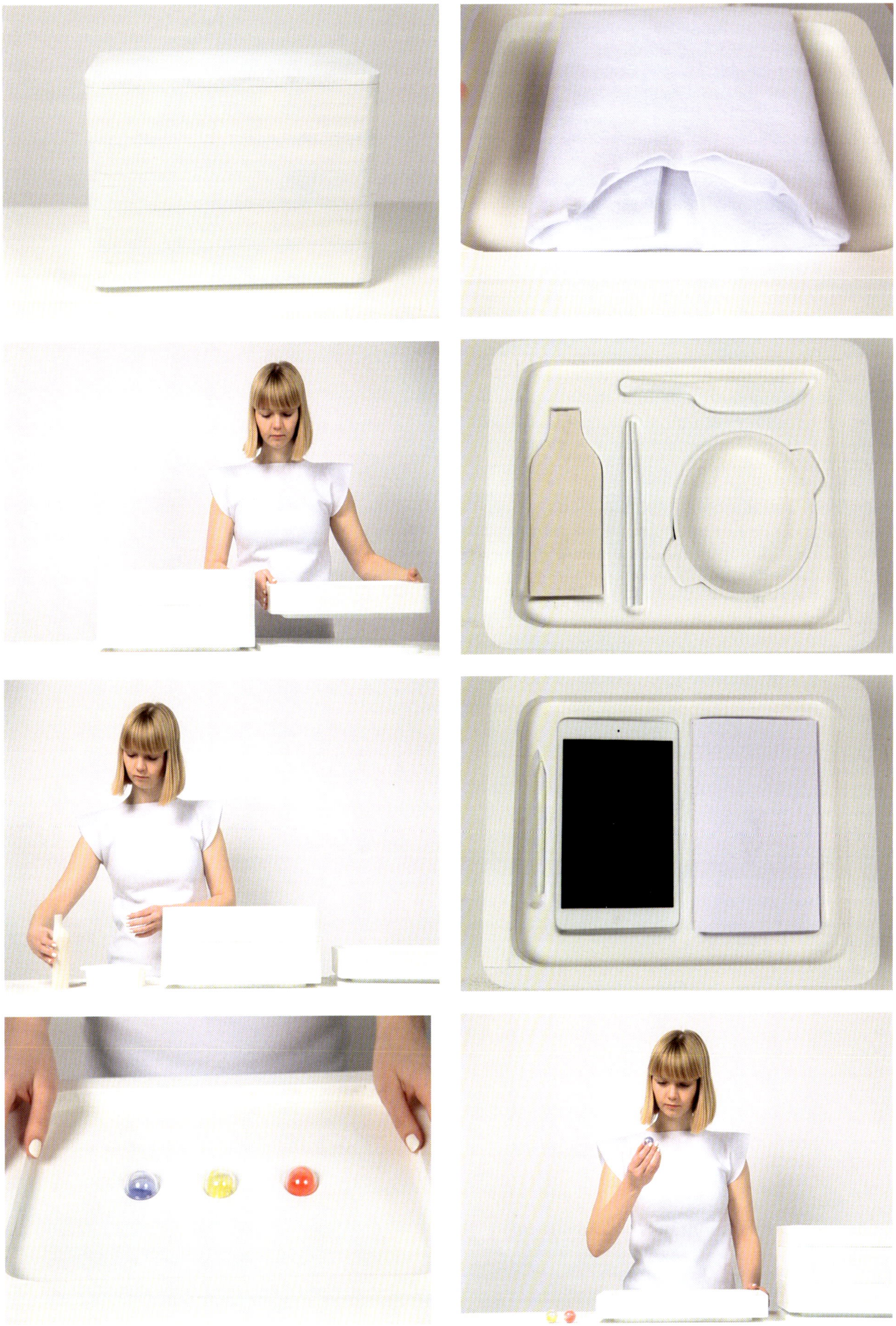

hang naar authenticiteit en nostalgie, en de hang naar het imperfecte, het onaffe. Die reflectie moet als het ware ook in de ontwerpen schuilen: wat zegt het over de huidige tijd dat er een hang naar imperfectie is? Pas als deze vraag aan de orde komt, wordt een herneming interessant.

Tegelijkertijd is er ook een voortdurende weerzin tegen design, misschien nog wel het sterkst bij de ontwerpers zelf.

Heidegger stelt dat gebruiksvoorwerpen zouden moeten verdwijnen in hun dienstbaarheid. Ze moeten niet de aandacht trekken naar zichzelf als object. Als een stoel goed functioneert, ervaar je hem niet meer als object. Functioneert hij niet goed, dan word je je bewust van zijn aanwezigheid. Dat zie ik als een van de mooie dilemma's van design: hoe creëer je zoveel dienstbare functionaliteit dat het object voldoende verdwijnt uit het gezichtsveld, en hoe incorporeer je tegelijkertijd zoveel betekenis in een object dat het niet louter bijdraagt aan de te grote hoeveelheid onzinproducten van onze tijd. Design gaat over de dagelijkse omgang van mensen met hun omgeving. Dat is een ongelooflijk belangrijk terrein. In ons alledaagse handelen laten we zien wie we als mensen zijn.

***Dit interview werd afgenomen op 26 augustus 2014 in Amsterdam. Delen van het interview zijn afkomstig uit de tekst 'De Dingen'. Louise Schouwenberg schreef de tekst, die in 2006 in een beperkte oplage verscheen, voor het Marres Centrum voor Contemporaine Cultuur in Maastricht.**

that there is a desire for imperfection? Recapturing only becomes interesting once this question has been dealt with.

At the same time there is also a constant aversion to design, perhaps even most strongly felt by the designers themselves.

According to Heidegger, objects should disappear into their subservience; they shouldn't draw attention to themselves as objects. If a chair functions well, you no longer experience it as an object. If it doesn't function well, you become aware of its presence. I see that as one of the great dilemmas of design: How do you create enough serviceable functionality that the object disappears sufficiently from view, and how do you simultaneously incorporate enough meaning into an object that it doesn't merely contribute to the excess number of nonsensical products of our time. Design is about the daily interaction of people with their surroundings and that is an unbelievably important terrain. In our everyday activities we show who we are as people.

*This interview took place on 26 August 2014 in Amsterdam. Parts of the interview are taken from the text 'De Dingen' (The Things). Louise Schouwenberg wrote that text, which appeared in a limited edition in 2006, for Marres, House for Contemporary Culture in Maastricht.

Projectdocumentatie Stijlkamers

Project Documentation Interiors on Display

Jurjen Zeinstra

Met bijdragen van/With contributions by:
Frederique van Andel, Rika Devos, Fredie Floré, Dick van Gameren, Julia Hegenwald, Paul Kuitenbrouwer, Peter Lang, Pierijn van der Putt, Louise Schouwenberg, Hans Teerds & Jurjen Zeinstra

Tekeningen/Drawings:
Guido Greijdanus, Carlyn Simoen & Davida Rauch

Interiors on Display

The project documentation for this eleventh edition of *DASH* shows 15 style rooms that cover a time span of more than 100 years. These home interiors, which were never inhabited, were explicitly designed to illustrate a contemporary or futuristic form of dwelling at exhibitions and fairs. This distinguishes them from the traditional style rooms or period rooms in museums that depict a historic domestic style. The interiors shown here demonstrate how certain themes from the past 100 years continue to play a role in the debate on architecture, design and dwelling.

In selecting the style rooms, an attempt was made to find a certain variation in design philosophies, without striving for completeness. The rooms from the first decade of the twentieth century made by Peter Behrens and Hendrik Petrus Berlage for Wertheim, the department store in Berlin, show two different approaches: the *Gesamtkunstwerk* and the composed interior. The home furnishing of Behrens became well known and was reconstructed in Darmstadt, whereas Berlage's room has been forgotten. The three exhibited interiors from the 1920s illustrate the great importance that architects from this period gave to the phenomenon of 'dwelling', as well as the important position that housing exhibitions (and the interiors they featured) played in a debate about space, materials, standardization and domestic culture. Noteworthy of the two interiors documented here by the great Modern masters Ludwig Mies van der Rohe and Le Corbusier is the essential role of two women, respectively Lilly Reich and Charlotte Perriand, whose names have remained somewhat in the shadows until recently. In comparison to these two installations, the furniture arrangement of Heinrich Tessenow shows a completely different approach: here, a link was sought to the conventions of a natural domestic culture. In their 1930 installation for the Triennale di Milano, Luigi Figini and Gino Pollini took an intermediary position between Mies and Tessenow: in a spatial arrangement that was clearly indebted to Mies, they placed furniture as ready-mades, referring to traditions from the Italian countryside. From the same period, we also included a furniture arrangement by Josef Frank for Svenskt Tenn, which was exhibited with great commercial success at the World's Fair in New York: the home interior had become a global market.

After the Second World War, the relationship between architecture and the home interior changed. The ambition to educate the dwelling consumer about good taste took off significantly during the reconstruction period. In the early 1950s, Finn Juhl was asked by the Trondheim museum to give shape to this particular kind of taste, in a modern period room. Likewise, at Expo 58 in Brussels, Karl Augustinus Bieber and Ernst Althoff showed the interior of a more ordinary but still modern model apartment. A specific way of exhibiting distinguished this pavilion from the many model homes and arrangements that, for example, the Goed Wonen foundation had furnished in the Netherlands.

The shift from architecture to (product) design, or more accurately the gradual disappearance of the strong interest that architects had shown for home interiors during the pre-war years, was perhaps best seen in the 1972 MoMA exhibition 'Italy: The New Domestic Landscape'. Two completely different projects by Joe Colombo and Superstudio, both related to this exhibition, showed how the architecture of the home dissolved respectively into an all-inclusive object and a series of neutral furniture pieces in a landscape. Product design, encouraged by the spirit of postmodernism, threw itself wholeheartedly into the domestic interior, by depicting trends like the rise of the media, as can be seen in the project by Ugo La Pietra from the 1980s. Apparently, in the current consumer society, product designers have recently been better than architects at giving shape to their ideas about dwelling: Jasper Morrison and Hella Jongerius created installations that critically questioned their own profession, whereas Kengo Kuma seemed to be looking for a reinterpretation of an ancient culture. But at the same time, this also illustrates a fundamental and at least 100-year-old debate among architects and designers about the role of innovation and tradition in home interiors.

All of these interiors on display were specially redrawn for this issue. In so doing, we looked for a drawing technique that specifically worked for interiors. Showing the floor plan with unfolded walls (known as 'developed surface drawing') is a technique that has traditionally been used by those who focus on the treatment of the surfaces of the inner walls, such as painters and other craftsmen. In the England and the Netherlands of the eighteenth century, this technique achieved a certain popularity among architects in the design of interiors. Because this drawing technique allows the relationship between the floor plan and the elevations of the room to be united in a single drawing, we have consistently used it in this project documentation, and we have thus drawn the 15 style rooms in a similar fashion. This inevitably led to a number of complications. As a drawing technique, developed surface drawing is particularly suitable for 'classic' rooms with a flat floor, walls and ceiling. But with this technique, steps or projections in these surfaces lead to interruptions in the uniform depiction of the figure, as can be seen in the drawings of the rooms by Behrens, Figini and Pollini, and Juhl. Despite these interruptions, these drawings still create the illusion of a model cut-out, which only needs to be folded together to be viewed from above. This becomes difficult, however, with exhibited home interiors that are not so much rooms or spaces but objects, such as the model apartment by Bieber and Althoff, the Total Furniture Unit by Colombo, or the Ideal House by Jongerius. Here we have used a variant of this drawing technique, where the outer walls of the object are grouped around the floor plan, so that you look from the outside to the inside. This variant of the floor plan with unfolded elevations has also been used in what is perhaps the most outspoken 'anti-style room', namely Superstudio's placement of the *Misura* furniture in an open space.

Interiors that were once displayed at fairs or exhibitions have not always been well described or documented. For the most part, the new drawings shown here are therefore reconstructions of the project, based on the available (historical) material: sketches, drawings and photographs.

Stijlkamers

In de projectdocumentatie van deze elfde uitgave van *DASH* worden 15 stijlkamers getoond, die een periode van meer dan 100 jaar bestrijken. Deze nooit bewoonde woninginterieurs, nadrukkelijk ontworpen om een eigentijdse of toekomstige wijze van wonen te verbeelden op tentoonstellingen en beurzen, onderscheiden zich van de traditionele stijlkamers die binnen een museale context een historische woonstijl verbeelden. De hier getoonde interieurs laten zien hoe bepaalde thema's in de afgelopen 100 jaar een belangrijke rol zijn blijven spelen in het debat over architectuur, vormgeving en wonen.

Bij de selectie van de stijlkamers is gezocht naar een zekere variatie in ontwerpopvatting, zonder hierbij naar volledigheid te streven. De stijlkamers van Peter Behrens en Hendrik Petrus Berlage uit het eerste decennium van de twintigste eeuw voor het Berlijnse warenhuis Wertheim, laten twee verschillende benaderingen zien: respectievelijk het *Gesamtkunstwerk* en het samengestelde interieur. De woninginrichting van Behrens heeft grote bekendheid gekregen en is gereconstrueerd in Darmstadt, terwijl de stijlkamer van Berlage in de vergetelheid is geraakt. De drie stijlkamers uit de jaren 1920 illustreren het grote belang dat architecten in deze periode aan het fenomeen 'wonen' toekennen en de belangrijke positie die woontentoonstellingen en de daar getoonde interieurs spelen in een debat over ruimte, materiaal, standaardisatie en wooncultuur. Opvallend bij de hier getoonde stijlkamers van de grote moderne meesters Ludwig Mies van der Rohe en Le Corbusier is de essentiële rol van twee vrouwen, Lilly Reich respectievelijk Charlotte Perriand, wier namen tot voor kort in de schaduw bleven. Ten opzichte van deze twee installaties toont de meubelopstelling van Heinrich Tessenow een geheel andere benadering: hier wordt gezocht naar aansluiting bij de conventies van een vanzelfsprekende wooncultuur. Op eigen wijze nemen Luigi Figini en Gino Pollini in hun installatie voor de Triennale di Milano uit de jaren 1930 een positie in tussen Mies en Tessenow: in een ruimtelijke opzet die duidelijk schatplichtig is aan Mies worden meubels geplaatst, die als *readymades* lijken te verwijzen naar tradities van het Italiaanse platteland. Uit dezelfde tijd stamt een meubelopstelling van Josef Frank voor Svenskt Tenn, die met groot commercieel succes getoond werd op de wereldtentoonstelling in New York: het woninginterieur is een mondiale markt geworden.

Na de Tweede Wereldoorlog verandert de relatie tussen de architectuur en het woninginterieur. De ambitie om de woonconsument op te voeden in goede smaak neemt tijdens de wederopbouw een grote vlucht. Finn Juhl wordt in de vroege jaren 1950 gevraagd in het museum van Trondheim aan deze smaak vorm te geven in een heuse museale, moderne stijlkamer, terwijl Karl Augustinus Bieber en Ernst Althoff op de Expo 58 in Brussel het interieur van een meer alledaags, maar wel modern modelappartement tonen. De bijzondere wijze van tentoonstellen onderscheidt dit paviljoen van de vele modelwoningen en opstellingen die bijvoorbeeld de stichting Goed Wonen in Nederland liet inrichten. De verschuiving van architectuur naar design of productontwerp, of beter gezegd het geleidelijk verdwijnen van de sterke aandacht die architecten in de vooroorlogse jaren voor het woninginterieur toonden, wordt misschien het best zichtbaar in de MoMA-tentoonstelling 'Italy: The New Domestic Landscape' uit 1972. Twee geheel verschillende projecten van deelnemers aan deze tentoonstelling, Joe Colombo en Superstudio, tonen hoe de architectuur van de woning oplost in respectievelijk een alles bevattend object en een reeks neutrale meubels in een landschap. Het productontwerp, aangemoedigd door de geest van het postmodernisme, stort zich vol overgave op het woninginterieur, door een tendens als de opkomst van de media te verbeelden, zoals in het project van Ugo La Pietra uit de jaren 1980. Blijkbaar zijn productontwerpers de afgelopen tijd beter dan architecten in staat om binnen de huidige consumptiemaatschappij hun ideeën over wonen vorm te geven: Jasper Morrison en Hella Jongerius maken installaties die op kritische wijze hun eigen vak ter discussie stellen, terwijl Kengo Kuma het eerder lijkt te zoeken in een herinterpretatie van een eeuwenoude cultuur. Maar tegelijkertijd wordt daarmee ook een fundamenteel en minstens 100 jaar oud debat onder architecten en vormgevers geïllustreerd over de rol van vernieuwing en traditie in het woninginterieur.

Alle stijlkamers zijn speciaal voor deze uitgave opnieuw getekend. Daarbij hebben we gezocht naar een tekentechniek die specifiek is voor interieurs. De plattegrond met uitgeklapte wanden (*developed surface drawing*) is een techniek die al van oudsher toegepast wordt door diegenen die zich op de behandeling van de oppervlakten van de binnenwanden richtten, zoals schilders en ambachtslieden. In de achttiende eeuw krijgt deze techniek in Engeland en in Nederland een zekere populariteit onder architecten bij het ontwerp van interieurs. Omdat met deze tekentechniek de relatie tussen plattegrond en de opstanden van de kamer in één figuur kan worden vastgelegd, hebben we haar in deze projectdocumentatie consequent toegepast en zijn de 15 stijlkamers op een gelijkwaardige manier getekend. Daarbij dook er onvermijdelijk een aantal complicaties op. De 'plattegrond met uitgeklapte wanden' is als tekentechniek vooral geschikt voor de 'klassieke' kamer met vlakke vloer, wanden en plafond. Bij sprongen of uitstulpingen in deze oppervlakken zal deze techniek tot onderbrekingen in de uniforme weergave van de figuur leiden, zoals te zien is in de tekeningen van de stijlkamers van Behrens, Figini en Pollini, en Juhl. Ondanks deze onderbrekingen wekken ook deze tekeningen de illusie van een maquette-bouwplaat, die alleen nog in elkaar gevouwen moet worden om er daarna van bovenaf in te kunnen kijken. Lastiger wordt het bij tentoongestelde woninginterieurs die niet zozeer een kamer of ruimte, maar een object zijn, zoals het modelappartement van Bieber en Althoff, de Total Furniture Unit van Colombo of het Ideal House van Jongerius. Hier hebben we een variant getekend, waarbij juist de buitenwanden van het object rond de plattegrond zijn gegroepeerd, zodat je ditmaal van buiten naar binnen kijkt. Ook bij de misschien wel meest uitgesproken anti-stijlkamer, de plaatsing van de Misura-meubels in het vrije veld door Superstudio, is deze variant op de plattegrond met uitgeklapte aanzichten gebruikt.

Interieurs, eenmalig getoond op beurzen of tentoonstellingen, worden niet altijd goed beschreven of gedocumenteerd. Voor het overgrote deel zijn de hier getoonde nieuwe tekeningen dan ook reconstructies van het project aan de hand van beschikbaar (historisch) materiaal: schetsen, tekeningen, en foto's.

Speisezimmer Berlijn/Berlin (DE)

Peter Behrens

Eetkamer/Dining room: opstelling voor de tentoonstelling 'Moderne Wohnräume' in het warenhuis Wertheim, Berlijn, 1902 / installation for the exhibition 'Moderne Wohnräume' in the Wertheim department store, Berlin, 1902
Initiatief/Initiative: warenhuis Wertheim, Berlijn / Wertheim department store, Berlin
Vloeroppervlak/Floor area: c.15 m^2
Materialen en kleuren/Materials and colours: *Muren*: bekleed met witte panelen van geweven bast; fries in bruin en beige met witte, rode, groene en blauwe accenten op het ornament; *Plafond*: beige met ornamenten vergelijkbaar met het fries; *Vloer*: houten parket, tapijt / *Walls*: cladding of white panels of woven bast; frieze in brown and beige, with white, red, green and blue accents in the ornament; *Ceiling*: beige with ornaments similar to the frieze; *Floor*: wood parquet, carpet
Meubilair/Furniture: alle meubilair van donker gebeitst eikenhout. Uitschuifbare eettafel met vier stoelen, twee dressoirs, een hangplank, een bijtafel, twee extra stoelen, een kandelaar, twee wandlampen (alles Peter Behrens) / all furniture made of dark-stained oak. Extendable dining table with four chairs, two sideboards, one hanging shelf, one side table, two extra chairs, one candelabrum, two wall lamps (all Peter Behrens)
Overig/Diverse: twee schilderijen en drie vazen (Peter Behrens) / two paintings and three vases (Peter Behrens)

Tentoonstellingen/Exhibitions: Warenhuis Wertheim, Berlijn, 1902 en 1908 (in een eenvoudiger uitvoering) / Wertheim department store, Berlin, 1902 and 1908 (in a simpeler setting); 'The Arts and Crafts Movement in Europe en America', Los Angeles County Museum of Art, reizende tentoonstelling / travelling exhibition, 2004-2006; Sinds 2008 permanent tentoongesteld in het Museum Mathildenhöhe Künstlerkolonie in Darmstadt / Permanently exhibited at the Museum Mathildenhöhe Künstlerkolonie in Darmstadt since 2008

Bronnen/Sources:
R. Beil, *Peter Behrens: Das Wertheim Speisezimmer* (Darmstadt: Institut Mathildenhöhe, 2008).
H.-J. Kadatz, *Peter Behrens* (Leipzig: Seemann, 1977).
Max Osborn, 'Die modernen Wohn-Räume im Waren-Haus von A. Wertheim zu Berlin', in: *Deutsche Kunst und Decoration: Illustrierte Monatshefte für Moderne Malerei, Plastik, Architektur, Wohnungskunst und kunstlerisches Frauen-Arbeiten*, nr./no. 11 (1902), 259-304.

Opstelling van de eetkamer op de tentoonstelling 'Moderner Wohnungs-Kunst' in het warenhuis Wertheim, Berlijn, 1902
Arrangement of the dining room at the exhibition 'Moderner Wohnungs-Kunst' in the Wertheim department store, Berlin, 1902

In 1902 begon het Wertheim-warenhuis in Berlijn ultramoderne woonruimten te exposeren, die waren ontworpen door eigentijdse architecten en kunstenaars. In een van de verkoopruimten werd een opstelling van twee typisch Berlijnse appartementen gebouwd, zodat de bezoekers door de levensechte kamers konden wandelen. Onder de aangetrokken architecten waren de Britse architect Mackay Hugh Baillie Scott, een van de belangrijkste leden van de tweede generatie van de Arts and Crafts-beweging, en Peter Behrens, medeoprichter van de Deutsche Werkbund en latere creatief directeur van het bedrijf AEG. Onder invloed van de jonge Jugendstilbeweging die zich vanuit Darmstadt door het hele land verspreidde, wilden zij een complete grote schoonmaak ontketenen om kunst en natuur een plaats te geven in het moderne dagelijkse leven. De tentoonstelling ambieerde de nieuwe, opkomende stijl te laten zien waar Duitsland al zo lang naar op zoek was.

De eetkamer van Peter Behrens was ingericht met een eettafel met vier stoelen. De muren houden het vertrek bijeen door het doorlopende, van een geometrisch motief voorziene fries. Dezelfde ornamentele taal was toegepast in het tapijt; het resultaat van Behrens' abstracte ontwikkeling van ornamenten van ineen gestrengelde rechthoeken, in zijn welbekende geometrisch grafische taal.

Behrens' ontwerp ging uit van het idee een *Gesamtkunstwerk* te creëren en was daardoor consistent en doorontworpen; elke component volgde een bepaald principe van een alomvattend ontwerpconcept. Hij ontwierp ieder voorwerp in de eetkamer, van het meubilair tot het aardewerk, de glazen en het bestek, van de decoratie tot de lampen. Het meubilair, allemaal gemaakt van hetzelfde donkere hout, had onconventionele details, zoals het grote, ruw grijsmetalen beslag op de laden, wat de voor het overige elegante kamer een licht industriële charme gaf. De ongewone en nogal ruwe combinatie van het delicate glaswerk en de machine-esthetiek van de complexe, in een geometrisch patroon gerangschikte metalen staven, die met succes werd toegepast in de kandelaar, leek een voorbode van Behrens' latere carrière als industrieel ontwerper. Behrens' gehele eetkamerontwerp was doordrongen van eenvoudige elegantie, maar liet het dominante eclecticisme van de tijd achter zich.

De eetkamer werd vijf keer als complete kamer verkocht. Het ontwerp werd zeer gewaardeerd door zowel de critici als het publiek, en werd als topstuk van de tentoonstelling beschouwd. In 2008 kreeg de eetkamer van Peter Behrens een permanente expositieruimte in Museum Künstlerkolonie in Darmstadt, Duitsland. (jh)

In 1902 the department store Wertheim in Berlin started to showcase state-of-the-art living spaces designed by contemporary architects and artists. A set up of two typical Berlin flats was built into one of the sales areas, allowing the visitors to walk through real-life rooms. Among the contributing architects were British architect Mackay Hugh Baillie Scott, one of the main actors of the second-generation Arts and Crafts Movement, as well as Peter Behrens, co-founder of the Deutsche Werkbund and later creative director of AEG. Influenced by the young Jugendstil movement that originated in Darmstadt and influenced the entire nation, they wanted to spark a revolutionary change to establish art and nature in modern everyday life. The exhibition was to show the new upcoming style that Germany had long been searching for.

Peter Behrens' dining room was set-up with a centrally positioned seating arrangement of a dining table and four chairs. The walls tie the room together, with a recurring geometrical motive in the frieze decoration. The same ornament-like language was applied to the carpet; a result of Behrens' abstract development of ornaments of intertwined rectangles, in his well-known geometrical graphic language.

Following the idea of creating a *Gesamtkunstwerk*, Behrens' design was consistent and thorough, and every single component followed the overall design concept. For the dining room, he designed everything, from the furniture to the pottery, the glasses and the cutlery, from the decoration to the lamps. The furniture, all made of the same dark wood, had unconventional details such as big and rough grey metal fittings on the drawers, which lent a slightly industrial charm to the otherwise elegant room. The unusual and rather harsh combination of the delicate glass work and the machine aesthetic of the complex metal rods, which were arranged in a geometrical pattern, was successfully applied to the candelabrum and seemed to forecast Behrens' later career as an industrial designer. Throughout the design, Behrens' dining room featured simple elegance, yet abandoned the predominant eclecticism of the time.

The dining room was sold as a complete room five times. His design was highly acclaimed by both critics and audience, and was seen as the success of the exhibition. In 2008, Peter Behrens' dining room was given a permanent exhibition space at the Künstlerkolonie Museum in Darmstadt, Germany. (jh)

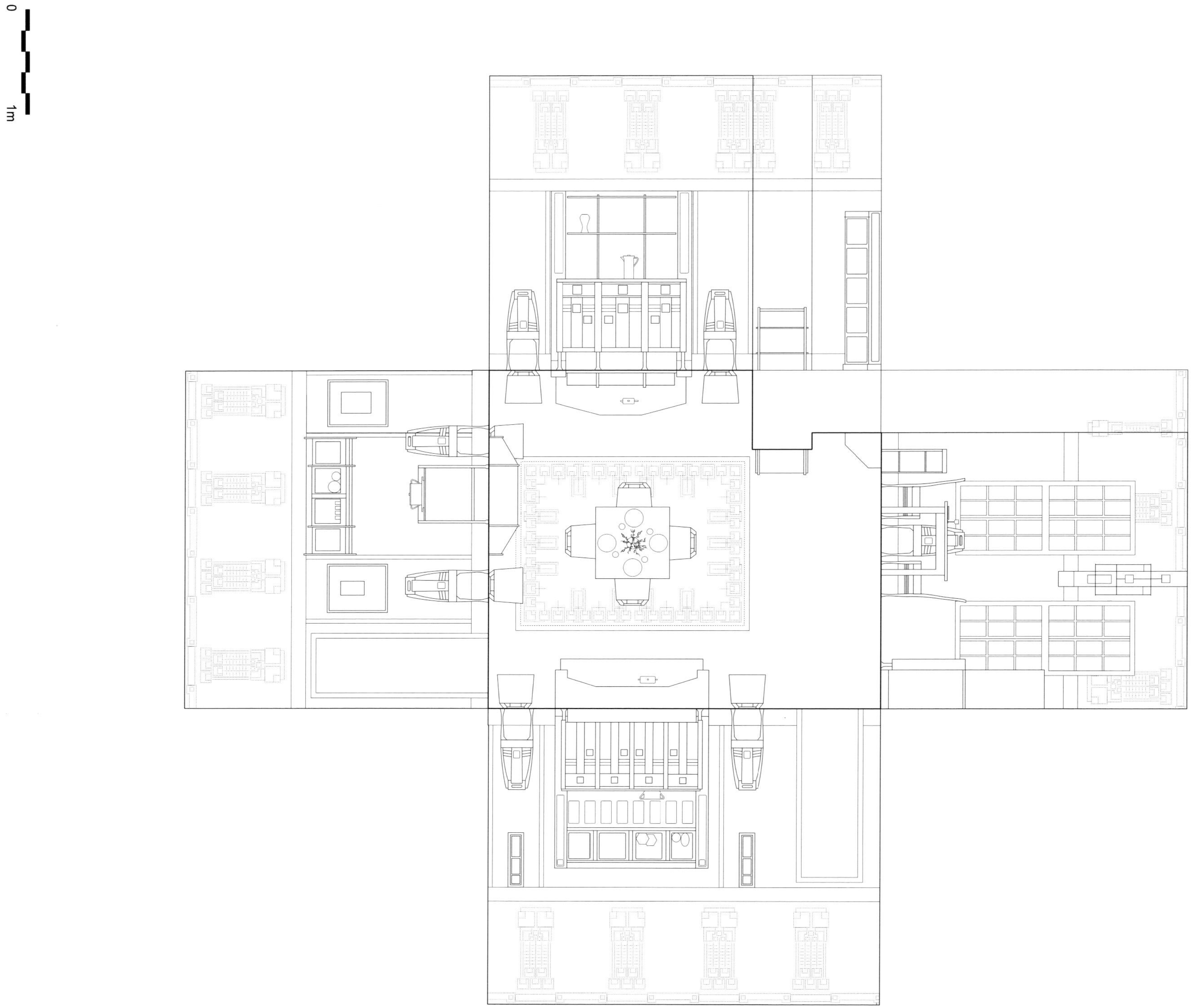
0
1m

Dientafeltje in de eetkamer
Serving table in the dining room

Opstelling van de eetkamer in Museum Mathildenhöhe, Künstlerkolonie Darmstadt, sinds 2008
Arrangement of the dining room in the Museum Mathildenhöhe Darmstadt Artists' Colony, since 2008

Buffetkast in de eetkamer
Sideboard in the dining room

Wohnzimmereinrichtung Berlijn/Berlin (DE)

Hendrik Petrus Berlage

Woon-/eetkamer/Living/dining room: opstelling voor de tentoonstelling 'Moderne Wohnräume' in het warenhuis Wertheim, Berlijn, 1905 / installation for the exhibition 'Moderne Wohnräume' in the Wertheim department store, Berlin, 1905
Initiatief/Initiative: warenhuis Wertheim, Berlijn / Wertheim department store, Berlin
Vloeroppervlak/Floor area: c. 20 m^2
Materialen en kleuren/Materials and colours: *Wanden*: behangen (blauw en geel), fries en kroonlijst met geel ornament op blauw; *Plafond*: blauw geschilderd met gele decoratie; *Vloer*: houten parket, tapijt (blauw met geel patroon) / *Walls*: wallpaper (blue and yellow), frieze and cornice with yellow ornament on blue; *Ceiling*: painted blue with yellow decoration; *Floor*: wood parquet, carpet (blue with yellow pattern)
Meubilair/Furniture: alle meubilair gemaakt van ongeverfd, licht eikenhout; stoffering van donker leer. Eettafel met vier stoelen en een bank, twee kasten, een fauteuil, twee extra stoelen, een bureau en een stoel, vier wandlampen, een kandelaar (Berlage) / all furniture made of unpainted, light oak; chairs and bench upholstered in dark leather. Dining table with 4 chairs and a bench, 2 cupboards, 1 armchair, 2 extra chairs, 1 desk and 1 chair, 4 wall lights, 1 candelabrum (Berlage)
Tentoonstelling/Exhibition: Berlijn/Berlin, 1905

Bronnen/Sources:
Prof. Curt Stoeving en/and Emil Högg, 'Neue Wohn Räume, neues Kunstgewerbe, dem Hause eigen, nach Entwürfen von Künstlern unter Leitung von Prof. Curt Stoeving', in: *Deutsche Kunst und Decoratie und Dekoration: Illustrierte Monatshefte für Moderne Malerei, Plastik, Architektur, Wohnungskunst und künstlerisches Frauen-Arbeiten*, nr./no. 16 (1905), 643-699.
H.P. Berlage, Over *Stijl in bouw- en meubelkunst* (Rotterdam: W.L. & J. Brusse, 1917).
Titus M. Eliëns, *H.P. Berlage (1856-1934): Ontwerpen voor het interieur* (Zwolle, Den Haag/The Hague: Waanders Uitgevers, Gemeentemuseum Den Haag, 1998).
Yvonne Brentjens, *Rechte Stoelen, rechtschapen burgers: Wonen volgens 't Binnenhuis* (1900-1929) (Zwolle: Wbooks, 2011).

Opstelling woon- en eetkamer in warenhuis Wertheim, 1905
Living and dining room arrangement in the Wertheim department store, 1905

In april 1905 opende warenhuis A. Wertheim zijn tweede tentoonstelling van 'Moderne Wohnräume' ter vervanging van de vorige permanente tentoonstelling uit 1902. Een van de 16 deelnemende architecten was de Nederlandse architect Hendrik Petrus Berlage, die een woon-/eetkamer had ontworpen.

Berlage heeft zich vanaf het einde van de negentiende eeuw intensief bezig gehouden met het woninginterieur. Zo heeft hij van verschillende villa's het interieur ontworpen, waarbij de villa Henny (1898) in Den Haag de bekendste is. Maar daarnaast was Berlage ook betrokken bij de oprichting van 't Binnenhuis, een verkooplokaal voor kunstnijverheid in Amsterdam dat een Amsterdams, maar vooral ook 'Hollands' antwoord moest zijn op een populaire, in Art Nouveau gespecialiseerde winkel in Den Haag. Verder publiceerde hij over meubelontwerp en het interieur, en ontwierp ook een aantal interieurs voor tentoonstellingen, zoals een eetkamerameublement voor de 'Eerste internationale tentoonstelling voor de decoratieve kunst' in Turijn (1902) en een ander ameublement voor een expositie van Architectura et Amicitia in het Stedelijk Museum te Amsterdam (1905). Het meest opvallend aan zijn meubelontwerpen is zijn voortdurende onderzoek naar de tektoniek van de stoel, waarbij de schuin geplaatste rugleuning op verschillende manieren verbonden wordt met de rechte stoelpoten. Gottfried Semper, en vooral diens verwijzing naar de Egyptische 'oerstoel', wordt door Berlage expliciet aangehaald.

De woonkamer voor Wertheim bevatte meerdere meubelstukken: het middelpunt was een eetkamerameublement, bestaande uit een bank en drie stoelen rondom een lange tafel, op een blauw tapijt met daarop een siermotief, vergelijkbaar met het ornament dat op het fries was toegepast. Een secretaire was orthogonaal bij een tweede raam geplaatst en vormde zo een ruimte om te zitten en te studeren. Bij de tegenoverliggende muur stond een fauteuil in een hoek bij een betegelde schoorsteen. De kamer was uitgerust met twee grote kasten met gesloten en open delen waarin plaats was voor boeken en keramiek.

Berlage's woon-/eetkamer werd door het publiek en de critici niet enthousiast ontvangen: zijn fusie van functies – een eetkamer (het zitgedeelte) met woonkamerelementen (schoorsteen) en studieruimte – was kennelijk een bij het Duitse publiek tamelijk onbekend concept. Dit ongebruikelijke ontwerp werd toegeschreven aan een vermeende Nederlandse traditie. Uit de kritiek en discussie bleek verder dat de kamer niet zo goed werd ontvangen als anderen vanwege zijn 'zonderlinge uiterlijk', dat blijkbaar veroorzaakt werd door Berlage's 'abstracte, bijna gotisch geconstrueerde' licht eiken meubels en het gebruik van blauwe en gele muurverf – ook een vrij onbekende en ongebruikelijke combinatie voor Duitse bezoekers. (jh/jz)

In April 1905, the department store A. Wertheim opened their second exhibition of 'Moderne Wohnräume', replacing the previous permanent exhibition from 1902. Among the 16 participating architects was Dutch architect Hendrik Petrus Berlage, who designed a living/dining room.

Since the end of the nineteenth century, Berlage had been very involved in interior design. For example, he designed the interiors of several villas; the best-known of these is Villa Henny (1898) in The Hague. But he was also involved in the creation of *'t Binnenhuis*, a store in Amsterdam that sold local handicrafts; it was meant to be an 'Amsterdam' answer, but even more so a 'Dutch' answer, to a popular shop in The Hague that specialized in Art Nouveau. Berlage also published on furniture design and interiors, and designed a number of interiors for exhibitions, such as a dining room set for the 'First International Exposition of Decorative Arts' in Turin in 1902, and another suite of furniture for the Architectura et Amicitia exhibition in Amsterdam's Stedelijk Museum in 1905. What strikes most in his furniture designs is his ongoing investigation into the tectonics of the chair, whereby the angled backrest is connected in various ways to the straight legs of the chair. Berlage explicitly cites Gottfried Semper, particularly his reference to the Egyptian 'proto-chair'.

The living room for Wertheim featured several furnishings, with the centrepiece being a seating group consisting of a bench and three chairs around a long table on a blue carpet that showed an ornamental motif, similar to the one used on the wall frieze. A davenport was placed orthogonally to a second window, forming a unit as a space to sit and study. On the opposite wall, an armchair was positioned next to a tile-clad chimney. The room was equipped with two big cupboards with closed and opened parts, offering space for books and ceramics.

The reception of Berlage's living/dining room by the audience and critics was unenthusiastic, as Berlage's fusion of functions – a dining room with living room elements and a study corner – was an unfamiliar concept to the German audience. This unusual design was traced back to an alleged Dutch tradition. The critique and discussion indicated that the room was not received as well as others because of its 'foreign appearance', which was apparently caused by Berlage's 'abstract, almost gothic construction' of the light oak furniture, and the use of blue and yellow on the walls – again a rather unknown and unusual combination in Germany. (jh/jz)

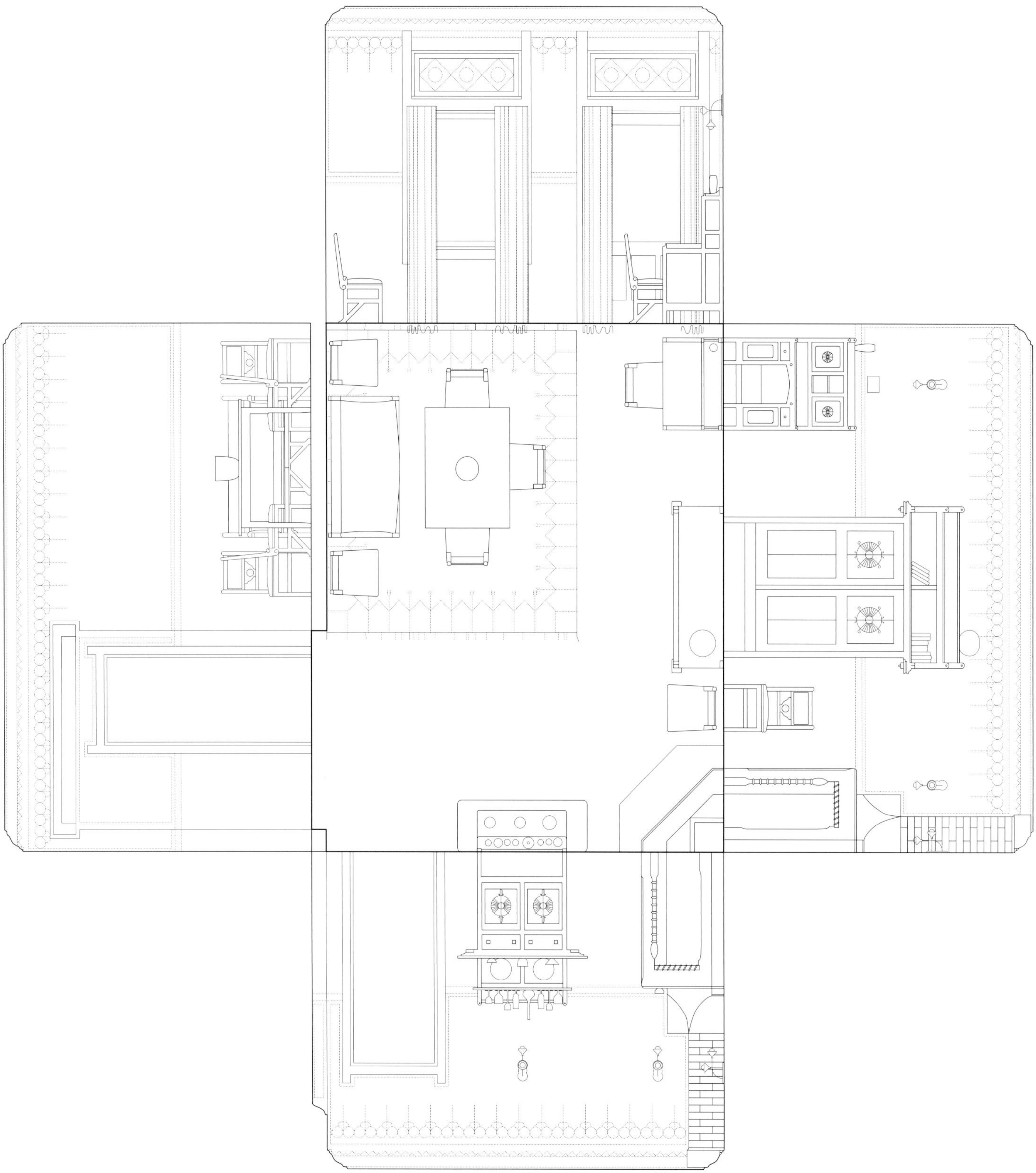

0 1m

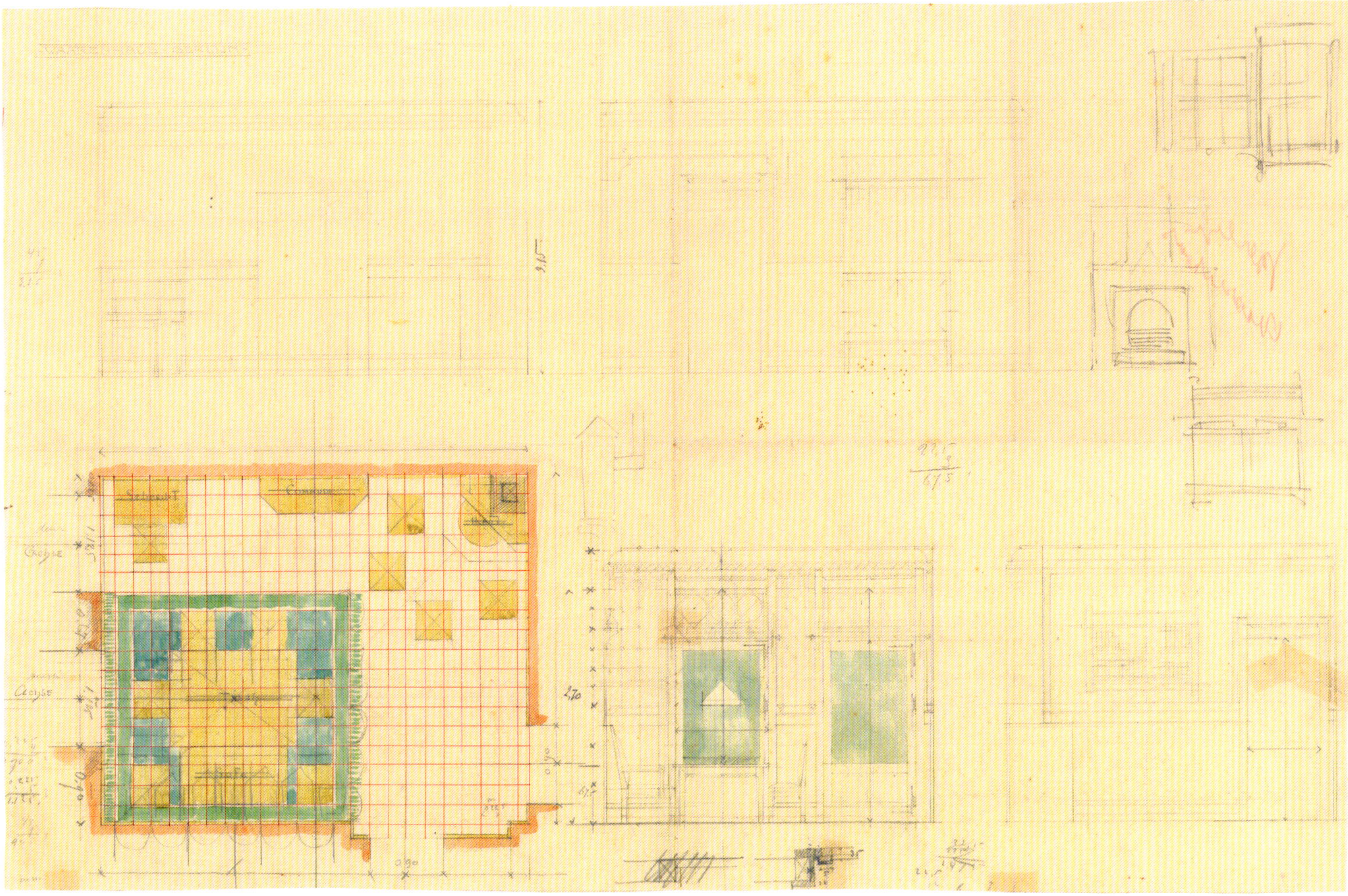

Schets van plattegrond en wanden met ontwerpraster
Sketch of floor plan and elevations with design grid

Haard en dressoir
Fireplace and dresser

Kast
Cabinet

Schrijftafel met stoel en wandlamp
Writing desk with chair and wall lamp

Kleinbürgerliches Wohnzimmer Dresden (DE)

Heinrich Tessenow

Kleinburgerlijke woonkamer/Lower middle-class living room: meubelopstelling in hal 12/ furniture arrangement in Hall 12, 4e/4th Jahresschau Deutscher Arbeit 'Wohnung und Siedlung', Dresden, 1925
Initiatief/Initiative: Landesverein Sächsischen Heimatschutzes
Uitvoering/Execution: Deutsche Werkstätte Dresden-Hellerau
Materialen en kleuren/Materials and colours: *Wanden*: wit; *Plafond*: wit; *Vloer*: donker (in oorspronkelijke schets: hout) / *Walls*: white; *Ceiling*: white; *Floor*: dark (in original sketch: wood)
Meubels/Furniture: tafel, armleunstoel (bekleed met goudbruin, groen en geel gestreept linnen), stoel, boekenkast op tafeltje (af te sluiten door gordijn), ladekast / table, armchair (upholstered in golden-brown, green and yellow striped linen), chair, bookcase on small table (which can be closed with a curtain), dresser
Overig/Diverse: schilderij met landschap, fotolijstjes, spiegel, vloerkleed, bloemenvaas, maquette woning (op boekenkast), plant in vensterbank, gesmokte witte gordijnen, tafelkleed met franje / painting with landscape, picture frames, mirror, rug, flower vase, model house (on the bookcase), windowsill plant, smocked white curtains, table cloth with fringe
Tentoonstelling/Exhibition: 16 mei – 30 september 1925 / 16 May – 30 September 1925

Bronnen/Sources:

Jahresschau Deutscher Arbeit. Dresden 1925. Wohnung. Siedlung (Dresden: Amtlicher Katalog und Führer, 1925).
'Ausstellung Wohnung und Siedlung in Dresden', in: *Bauwelt* (1925), jrg./vol. 16 (1925) nr./no. 33, 777-780.
W. Hegemann, '21 Bilder von der Dresdener Jahresschau der Arbeit', in: *Wasmuths Monatshefte für Baukunst*, jrg./vol. 9 (1925), nr./no. 9, 374, 384-390.
Paul Wolf, 'Jahresschau Deutscher Arbeit. Ausstellung "Wohnung und Siedlung", Dresden, 1925', in: *Deutsche Bauzeitung*, jrg./vol. 59 (1925), nr./no. 69, 541-548.
Karl Scheffler, 'Neue Arbeiten von Heinrich Tessenow', in: *Kunst und Künstler*, jrg./vol. 24 (1926), nr./no. 2, 54-60.
Heinrich Lang, 'Der schlichte Wohnraum: Arbeiten der "Deutsche Werkstätte" A.-G.', in: *Innendekoration*, jrg./vol. 37 (1926), nr./no. 1, 46-53.
H. Tessenow, *Wohnhausbau* (München/Munich: Callwey, 1927).
H. Tessenow, *Hausbau und dergleichen* (Berlijn/Berlin: Cassiser, 1928).
G. Wangerin en/and G. Weiss, *Heinrich Tessenow, ein Baumeister – Leben, Lehre, Werk* (Essen: Verlag Richard Bacht, 1976).

Kleinburgerlijke wooonkamer, opstelling tijdens de 4e Jahresschau Deutscher Arbeit, 'Wohnung und Siedlung', Dresden, 1925
Kleinbürgerliches Wohnzimmer, arrangement during the 4th Jahresschau Deutscher Arbeit, 'Wohnung und Siedlung', Dresden, 1925

In 1925, het jaar waarin Le Corbusier op de 'Exposition des Arts Décoratifs' in Parijs zijn Pavillon de L'Esprit Nouveau exposeerde, werd op het binnenstedelijke tentoonstellingsterrein van Dresden voor de vierde keer de 'Jahresschau Deutscher Arbeit' georganiseerd, ditmaal onder leiding van stadsbouwmeester Paul Wolf. Hadden voorgaande tentoonstellingen thema's als 'porselein, keramiek & glas' (1922); spel & sport (1923) en 'textiel' (1924), in de tentoonstelling van 1925 stond, vanwege de woningnood, de woonsituatie na de Eerste Wereldoorlog centraal onder de titel 'Wohnung und Siedlung'. Op een oppervlakte van ca. 16.000 m^2 en in meerdere tentoonstellingshallen werden door diverse interieurarchitecten en kunstenaars ruim 60 interieurs ingericht; op het buitenterrein stonden 16 voorbeeldhuizen van onder andere Bruno Paul, Albin Müller en Gustav Lüdecke. Een 'wetenschappelijke' afdeling toonde de ontwikkeling van de woningbouw in woord en beeld. Heinrich Tessenow ontwierp het restaurant 'Oberbayern' en enkele voorbeeldinterieurs, waaronder een grote en kleine slaapkamer, een eetkamer, een zithoek (*Wohnzimmerecke*) en een 'kleinburgerlijke' woonkamer.

De woonkamer is eenvoudig ingericht. De positie van boekenkast, tafel, stoelen en ladekast geeft een rustig en krachtig totaalbeeld. Karl Scheffler omschrijft in *Kunst und Künstler* (1926) de interieurs van Tessenow als volgt: 'Onzichtbaar, maar daarom niet minder werkelijk, zijn de werken van Tessenow omgeven met de atmosfeer van een idee, of beter gezegd een ideaal. (...) Dit idealisme is niet in een problematische vorm gegoten maar, met een bescheiden klassieke houding, omgeven door romantiek, waarin zowel de ziel van de traditie als het instinct voor het kiemende besloten ligt.'

Toch hecht Tessenow juist grote waarde aan de vorm. Uitgangspunt voor zijn meubelontwerpen, die altijd van hout worden gemaakt, is eenvoud in de vormgeving. De afzonderlijke onderdelen worden door ambachtelijke houtverbindingen tot een meubelstuk met een zuivere vorm en afgewogen proportie samengevoegd. Wat voor een meubelstuk als een stoel geldt, past Tessenow ook toe op de meubilering van een ruimte. In een zorgvuldige compositie plaatst hij enkele meubels langs de wand – het midden laat hij vrij, zodat de ruimtelijkheid van de kamer behouden blijft.

Hoe nauwkeurig Tessenow zijn ideeën over wonen voor zich zag, is te zien aan de prachtige gedetailleerde tekeningen die hij maakte voor zijn woningontwerpen. De kleinburgelijke woonkamer schetste hij al in 1911 als inrichtingsvoorstel voor zijn niet uitgevoerde ontwerp voor rijwoningen in de tuinstad Hohensalza (nu: Polen). Later in 1921 maakt hij de schets opnieuw en brengt enkele minutieuze wijzingen aan (zoek de verschillen!). In 1925 krijgt hij dan de kans om dit interieur te verwezenlijken op de 'Jahresschau' in Dresden: de gelijkenis met de tekening is verbluffend. (fva)

In 1925, the year in which Le Corbusier exhibited his *Pavillon de L'Esprit Nouveau* at the 'Exposition des Arts Décoratifs' in Paris, the 'Jahresschau Deutscher Arbeit' was held for the fourth time at Dresden's downtown exhibition area, this time under the leadership of city architect Paul Wolf. Whereas previous exhibitions had themes such as 'porcelain, ceramic & glass' (1922); 'game & sport' (1923) and 'textiles' (1924), the 1925 exhibition was entitled 'Wohnung und Siedlung', due to the post-First World War housing shortage. Across an area of approximately 16,000 m^2 and in several exhibition halls, about 60 interiors were decorated by various interior designers and artists. The outdoor area contained 16 model houses by Bruno Paul, Albin Müller, Gustav Lüdecke and others. A 'scientific' department showed the developments in housing construction, in words and pictures. Heinrich Tessenow designed the 'Oberbayern' restaurant as well as several sample interiors, including a large and a small bedroom, a dining room, a sitting area (*Wohnzimmerecke*) and a 'petty bourgeois' living room.

The living room was simply furnished. The position of the bookcase, table, chairs and dresser created a calm and powerful overall picture. In *Kunst und Künstler* (1926), Karl Scheffler described the interiors of Tessenow as follows: 'Invisible, but thereby no less real, are the works of Tessenow, surrounded by the atmosphere of an idea, or better yet an ideal. . . . This idealism is not cast in a problematic way, but instead with a modest, classic attitude, surrounded by a sense of the romantic, in which both the soul of the tradition as well as the instinct for germination are embedded.'

Yet Tessenow attached great importance to form. The starting point for his furniture designs, which were always made of wood, was simplicity in design. The individual components were assembled into a piece of furniture with a pure form and balanced proportions, by means of artisanal wood joints. When he was furnishing a room, Tessenow also used the same qualities that make a piece of furniture into a chair. In a careful composition, he placed several pieces of furniture along the wall, and left the middle empty, so that the spaciousness of the room was maintained.

Just how accurately Tessenow envisioned his ideas about dwelling can be seen in the beautifully detailed drawings that he made for his home designs. He had initially sketched the lower middle-class living room in 1911 as a furnishing proposal in his (ultimately unexecuted) design for row houses in the garden city of Hohensalza (which is now part of Poland). Later, in 1921, he redrew this sketch, and made several meticulous changes (spot the differences!). In 1925, he was given the chance to realize this interior at the 'Jahresschau' in Dresden: its similarity to the drawing is amazing. (fva)

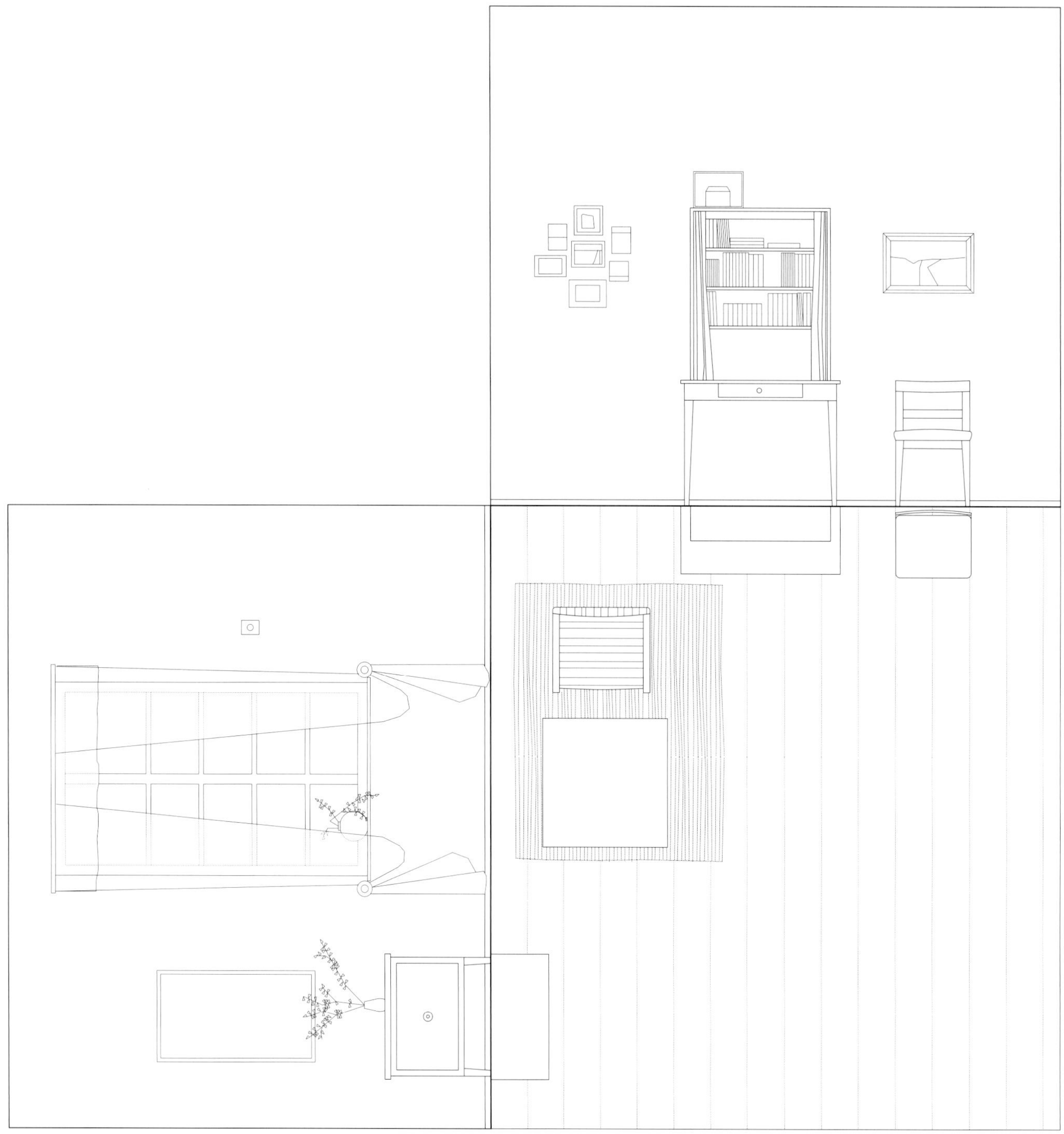

0 1m

Tekening van een woonkamer, ca. 1921
Drawing of a living room, c. 1921

Kleine boekenkast met stoel, ca. 1926
Small bookcase with chair, c. 1926

Andere opstelling tijdens de 4e Jahresschau Deutscher Arbeit, 'Wohnung und Siedlung', Dresden, 1925
Another arrangement during the 4th Jahresschau Deutscher Arbeit, 'Wohnung und Siedlung', Dresden, 1925

Inrichtingsvoorstel voor rijwoningen in Hohensalza (niet uitgevoerd), 1911
Suggested furnishing for row houses in Hohensalza (not executed), 1911

Glasraum Stuttgart (DE)

Lilly Reich en/and Ludwig Mies van der Rohe

Glasraum: Werkbundausstellung 'Die Wohnung', installatie in de Spiegelglashalle; hal 4 van de tentoonstellingshallen aan de Gewerbehallenplatz, Stuttgart, 1927 / installation in the Spiegelglashalle; Hall 4 of the exhibition halls at the Gewerbehallenplatz, Stuttgart, 1927
Initiatief/Initiative: Verein Deutscher Spiegelglasfabrikanten, Keulen/Cologne
Uitvoering/Execution: Süddeutsche Glashandels-A.G., Stuttgart-Feuerbach
Vloeroppervlak/Floor area: 200 m²
Materialen en kleuren/Materials and colours: *Wanden*: verzinkte metaalprofielen met verschillende soorten spiegelglas (muisgrijs, olijfgroen, helder, enkel- en dubbelzijdig gematteerd spiegelglas) en multiplexpanelen; *Plafond*: wit textieldoek, gespannen op houten latten; *Vloer*: linoleum (zwart, wit, rood) / *Walls*: galvanized metal profiles with different types of mirror glass (mouse grey, olive green, bright, single-sided and double-sided frosted mirror glass) and plywood panels; *Ceiling*: white textile, stretched on wooden slats; *Floor*: linoleum (black, white, red)
Meubels/Furniture: bureau met stoel, boekenwand, eettafel, 3 leren leunstoelen (wit), 1 leren leunstoel (zwart) en salontafel (Lilly Reich) / desk with chair, bookcase, dining table, three leather armchairs (white), one leather armchair (black), and coffee table (Lilly Reich)
Overig/Diverse: beeld/picture 'Mädchentorso, sich umwendend (Wilhelm Lehmbruck)
Tentoonstelling/Exhibition: 23 juli 1927 – 9 oktober 1927 (vanaf 12 augustus 1927 met meubels) / 23 July – 9 October 1927 (from 12 August 1927 with furniture)

Bronnen/Sources:
Karin Kirsch, *Die Weissenhofsiedlung; Werkbund-Ausstellung 'Die Wohnung', Stuttgart 1927* (Stuttgart: Deutsche Verlags-Anstalt, 1986), 36-38.
Matilda McQuaid, 'Lilly Reich and the Art of Exhibition Design', in: Matilda McQuaid, *Lilly Reich; Designer and Architect* (New York: Museum of Modern Art, 1996), 22-25.
Wolf Tegethoff, *Mies van der Rohe, Die Villen und Landhausprojekte* (Essen: Verlag Richard Bacht, 1981), 64-72.

In het kader van de Werkbundtentoonstelling 'Die Wohnung' in Stuttgart wordt niet alleen de Weissenhofsiedlung gebouwd, maar vindt in het centrum van de stad een tentoonstelling plaats van verschillende producten en materialen, die bij de bouw en inrichting van woningen een rol spelen. Mies vraagt voor het ontwerp van deze tentoonstelling Werkbund-lid Lilly Reich, die indruk heeft gemaakt met haar ontwerp voor de tentoonstelling 'Von der Faser zum Gewebe' in Frankfurt (1926). Zij kiest voor een strakke opzet met per hal een productgroep zoals sanitair, keukens, gordijnen, meubels en behang. Hal 4, toebedeeld aan de spiegelglasindustrie en hal 5, met een presentatie van de *Deutsche Linoleum Werke*, werden door Mies van der Rohe en Lilly Reich samen ontworpen. Het eigenlijke initiatief voor de Glasraum in hal 4 komt van Mies van der Rohe, die voor het glas in zijn woningblok voor de Weissenhofsiedlung een materiaalsponsor zocht.

De Glasraum bestaat uit drie aaneengeschakelde ruimten, die de suggestie van een woonhuis oproepen: een werkkamer, een eetkamer en een woonkamer. De bezoeker beweegt zich door deze drie ruimten via een slingerbeweging waarbij de glaswanden, zoals vaak bij de woonhuizen van Mies, de ruimten niet letterlijk begrenzen, maar meer als zelfstandige elementen de vertrekken suggereren. De centrale wand, tussen eetkamer en woonkamer, bestaat uit twee grote, dubbelzijdig gematteerde glaspanelen; eenzelfde paneel staat haaks op deze wand en vormt de scheiding tussen de entree vanuit hal 5 en de woonruimte. De overige glaswanden zijn opgebouwd uit smallere panelen (muisgrijs, olijfgroen en helder glas). Alle wanden zijn opgebouwd uit dezelfde metalen profielen.

Twee glazen patio's, een met een sculptuur van Wilhelm Lehmbruck en een met drie losstaande planten, suggereren hoe binnen- en buitenruimte aan elkaar gerelateerd zouden moeten zijn. Dit idee is twee jaar later door Mies uitgewerkt in het Barcelona-paviljoen. Het plafond, gemaakt van stof, opgespannen op dunne houten latten, wordt aangelicht van boven, vermoedelijk door middel van smalle raamopeningen en zorgt voor een egale belichting in het interieur. Deze stijlkamer is onlosmakelijk verbonden met de installatie in hal 5 voor de Duitse linoleumindustrie, vooral door de linoleumvloer die doorloopt.

Het is niet toevallig dat Mies en Reich het wooninterieur kozen om het materiaal glas tentoon te stellen. De glaswand, met minimale profielen, is bij uitstek in staat om de ruimtelijke en materiële ideeën omtrent het nieuwe wonen gestalte te geven. Voor Mies is dit niet alleen een ruimtelijk, maar juist ook een materieel idee, waarbij hij in glas, met zijn reflectieve en transparante mogelijkheden, een van de meest veelbelovende materialen ziet. (jz)

Glasraum, Werkbundtentoonstelling 'Die Wohnung', Stuttgart, 1927
Glasraum, Werkbund exhibition 'Die Wohnung', Stuttgart, 1927

Not only the Weissenhofsiedlung was built in the context of the Werkbund exhibition 'Die Wohnung' in Stuttgart, in the centre of town an exhibition also took place, featuring different products and materials that play a role in the construction and furnishing of homes. Mies van der Rohe asked Werkbund member Lilly Reich, who had made an impression with her design for the exhibition 'Von der Faser zum Gewebe' in Frankfurt (1926), to design this exhibition. She opted for an austere approach with one product group per hall, for example sanitary facilities, kitchens, curtains, furniture and wallpaper. Hall 4 (devoted to the mirror glass industry) and Hall 5 (with a presentation by the *Deutsche Linoleum Werke*) were co-designed by Mies and Reich. The actual initiative for the Glasraum in Hall 4 came from Mies, who was looking for a materials sponsor for the glass in his Weissenhofsiedlung housing block.

The Glasraum consisted of three interconnecting spaces that invoked the suggestion of a house: a study, a dining room and a living room. The visitor moved through these three spaces in a pendulum-like motion, whereby the glass walls (as is often the case in Mies's houses) did not literally limit the spaces, but instead functioned more like independent elements that suggested the outlines of the rooms. The central wall between the dining room and the living room consisted of two large, double-sided frosted glass panels; a similar panel was at a right angle to this wall, and formed the separation between the entranceway from Hall 5 and the living space. The other glass walls were composed of narrower panels (mouse grey, olive green and clear glass). All of the walls were made with the same metal profiles.

Two glass patios, one with a sculpture by Wilhelm Lehmbruck and one with three freestanding plants, suggested how the inner and the outer spaces were meant to relate to each other. Two years later, Mies elaborated this idea in the Barcelona Pavilion. The ceiling, made of fabric stretched on thin wooden slats, was illuminated from above, presumably by narrow window openings, which provided uniform illumination in the interior. This exhibited interior was inextricably linked to the installation in Hall 5 for the German linoleum industry, especially by the uninterrupted linoleum floor.

It was no coincidence that Mies and Reich chose the home interior as the place to exhibit glass as a material. The glass wall, with minimal profiles, was ideally capable of giving form to the spatial and material ideas about the new style of living. For Mies, this was not only a spatial idea but also a material one, whereby he saw glass, with its reflective and transparent possibilities, as one of the most promising materials. (jz)

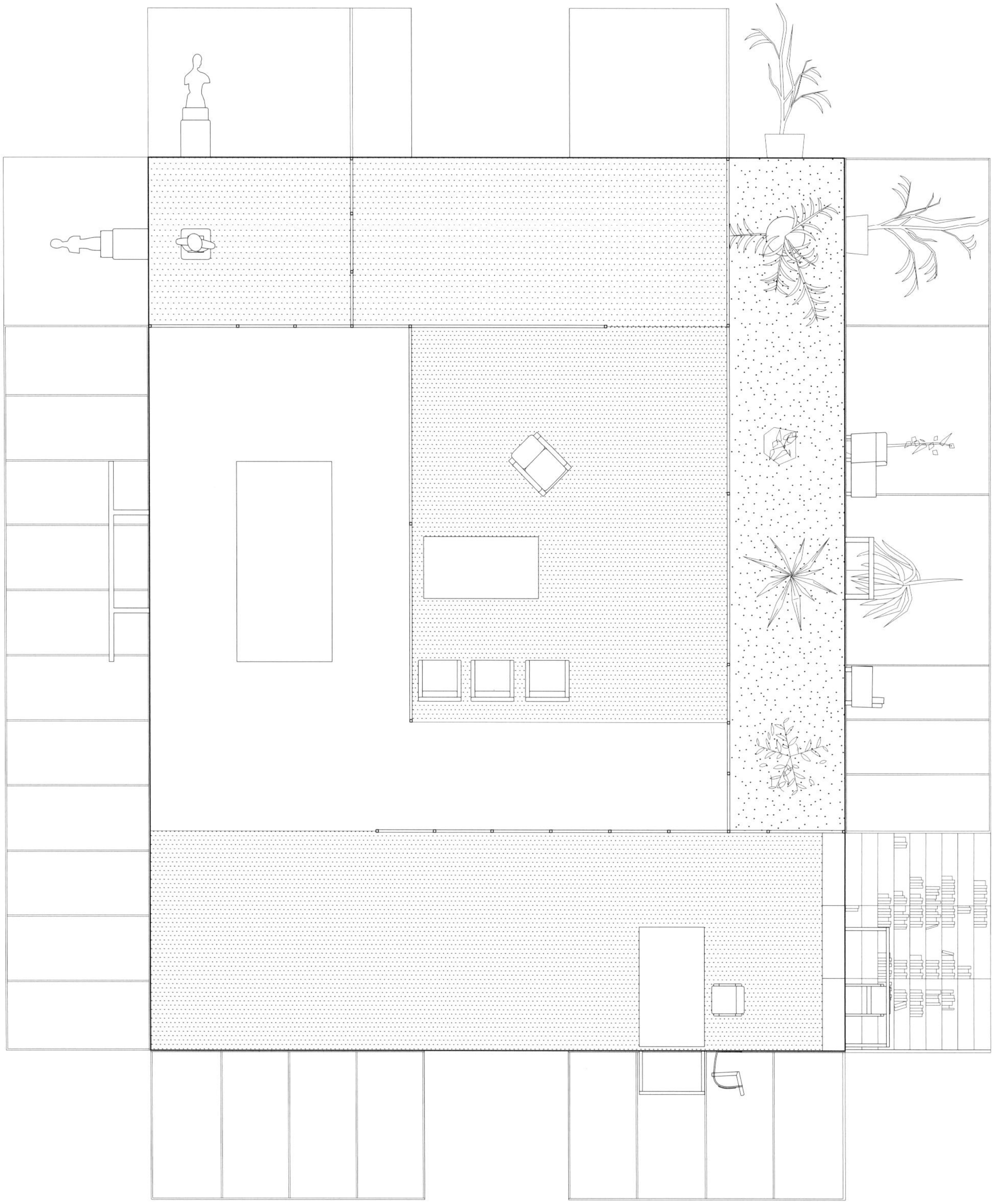

0 1m

Woonruimte
Living area

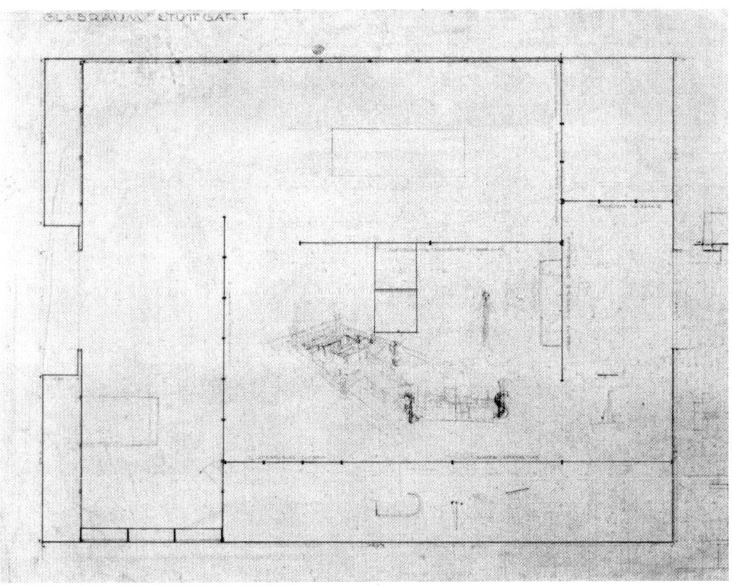

Schetsplattegrond
Sketch of the floor plan

Zicht op patio met beeld van Wilhelm Lehmbruck
View of the patio with statue by Wilhelm Lehmbruck

Eetruimte
Dining area

Equipement intérieur d'une habitation

Parijs/Paris (FR)

Charlotte Perriand, Le Corbusier en/and Pierre Jeanneret

Inrichting van een woning/Furnishing of a home: toonkamer voor de Salon d'Automne, Grand Palais, Parijs, 1929 / showroom for the Salon d'Automne, Grand Palais, Paris, 1929
Initiatief/Initiative: Le Corbusier, Pierre Jeanneret, Charlotte Perriand
Financiering/Funding: Thonet Frères, Parijs/Paris
Uitvoering/Execution: Thonet Frères, Parijs/Paris; Hans Gautschi, Zürich/Zurich; Jacques Labadie, Parijs/Paris; La compagnie continentale Simmons, Saint-Ouen; Charles Blanc, Parijs/Paris
Vloeroppervlak/Floor area: 90 m^2
Materialen en kleuren/Materials and colours: *Wanden*: glazen bouwstenen (borstwering), horizontaal venster met schuiframen; *Vloer*: blauwe glazen tegels (badkamer), porseleinen tegels (keuken), grote groene matglazen tegels (overig); *Plafond*: in het lage gedeelte geëtst glazen panelen in een metalen ophangframe met daarboven gelijkmatige verlichting, elektrische ventilator in de keuken / *Walls*: glass bricks (lower section), horizontal sliding window; *Floor*: blue glass tiles (bathroom), porcelain tiles (kitchen), large green frosted glass tiles (diverse); *Ceiling*: in the lower section, etched glass panels in a metal suspension frame uniformly illuminated from above, and an electric fan in the kitchen
Meubels/Furniture: ca. 47 kasten (*casiers métalliques*) met verchroomde metaalprofielen en metalen beplating (wit, lichtblauw, donkerbruin, rood) en schuifpanelen (transparant, translucent, spiegelglas, gepolijst metaal); cilindervormige, aluminium douchecabine met schuifdeur; eenpersoons- en tweepersoonsbed; krukje (*tabouret salle de bains*); leunstoel (*fauteuil à dossier basculant*), kleine clubfauteuil (*siège grand confort*), grote clubfauteuil (*siège grand confort*), *chaise longue basculante*, *tafel (table dalle polie*), tafel (*table en tubes d'avion*) (Le Corbusier, Pierre Jeanneret, Charlotte Perriand); draaistoel met leuning (*fauteuil pivotant*, Charlotte Perriand) / about 47 cupboards (*casiers métalliques*) with chromed metal profiles and metal plating (white, light blue, dark brown, red) and sliding panels (transparent, translucent, mirror glass, polished metal); cylindrical, aluminium shower cabin with sliding door; single and double bed; stool (*tabouret salle de bains*); armchair (*fauteuil à dossier basculant*), small club chair (*siège grand confort*), large club chair (*siège grand confort*), chaise longue basculante, table (*table dalle polie*), table (*table en tubes d'avion*) (Le Corbusier, Pierre Jeanneret, Charlotte Perriand); swivel chair with backrest (*fauteuil pivotant*, Charlotte Perriand)
Tentoonstelling/Exhibition: 3 november 1929 – 22 december 1929 / 3 November – 22 December, 1929

Bronnen/Sources:
Willy Boesiger, *Le Corbusier und Pierre Jeanneret, Ihr gesamtes Werk von 1929-1934* (Zürich/Zurich: Verlag Dr.H. Girsberger, 1935)
Kenneth Frampton, *Le Corbusier* (Londen/London: Thames & Hudson, 2001)
Arthur Rüegg, *Le Corbusier Furniture and Interiors* (Zürich/Zurich: Scheidegger & Spiess, 2012), 286-289
Mary McLeod (red./ed.), *Charlotte Perriand: An Art of Living* (New York: Harry N. Abrams Publishers, 2003)

Met de komst van Charlotte Perriand in de Parijse studio van Le Corbusier en Pierre Jeanneret in 1927, startten de drie ontwerpers de ontwikkeling van een reeks meubelontwerpen. De ontwerpen werden vanaf 1928 getoond op de Salon d'Automne. Deze jaarlijkse kunsttentoonstelling, begonnen in 1903 en tot de dag van vandaag in Parijs gehouden, had vooral in de eerste decennia van haar bestaan een grote reputatie als verzamelpunt van de nieuwste ontwikkelingen in de beeldende kunst en architectuur.

In de periode voor 1928 richtten Le Corbusier en Jeanneret hun ontwerpen in met *readymades*, onder andere met de altijd aanwezige Thonet-stoelen. In 1928 verschenen de eerste eigen meubels in de interieurs van onder andere Villa Church. In 1929 maakte het drietal een grote installatie op de Salon d'Automne waar in een door Perriand ontworpen, stralend puristisch interieur de hele reeks tot dan toe ontwikkelde meubelstukken getoond werd.

De wanden en plafonds van de ruimte waren gemaakt van staal en glas. Aan een zijde werd een gevel geplaatst van stalen kozijnen en glazen bouwstenen.

Stalen kasten, de *casiers standards*, deelden de ruimte in in een grote en hoge woonruimte en een reeks kleine, lagere kabinetten die als slaapkamer, badkamer, keuken en werkkamer fungeerden. Het glimmende staal, chroom en glas van de wanden, plafonds en kasten contrasteerde met de zachte leren bekleding van de stoelen en de vachten op het bed. Een opvallend element in het orthogonale interieur was de vrijstaande, cilindrische douchecabine, de meest letterlijke uitwerking van de machine-esthetiek die alle meubelontwerpen kenmerkte. Te zien waren onder andere de *siège grand comfort*, de op een standaard veldstoel van het Britse leger geïnspireerde *petit fauteuil à dossier basculant*, de *table en tubes d'avion*, en als meest complexe ontwerp, de chaise longue.

De modulaire, verplaatsbare en veranderbare kastelementen die in de grote open ruimte als ruimteverdelers dienst doen, vormden het meest vernieuwende aspect van de opstelling, Het zijn echter juist de zitmeubels en tafels die 85 jaar na dato de status van onaantastbare klassiekers hebben gekregen. Perriand bleef aan de ontwikkeling van modulaire kastsystemen werken, ook na haar vertrek uit het bureau van Le Corbusier in 1937. Later werkte zij opnieuw samen met Le Corbusier aan het ontwerp van het interieur van de woningen in de Unité d'Habitation te Marseille. Toen was de machine-esthetiek al lang en breed door zowel Le Corbusier als Perriand ingewisseld voor een meer rustieke, organische stijl, uitgevoerd in hout en bont lakwerk. (dvg)

Inrichting van een woning, Salon d'Automne, 1929
Furnishing of a home, Salon d'Automne, 1929

With the arrival of Charlotte Perriand in the Parisian studio of Le Corbusier and Pierre Jeanneret in 1927, the three designers began to develop a series of furniture designs. The designs were exhibited at the Salon d'Automne beginning in 1928. This annual art exhibition, which started in 1903 and still takes place in Paris, had a great reputation as a collection point for the latest developments in the visual arts and architecture, especially in the first decades of its existence.

Before 1928, Le Corbusier and Jeanneret had furnished their designs with readymades, including the ubiquitous Thonet chairs. In 1928, the first furniture of their own design appeared in the interiors of Villa Church and elsewhere. In 1929, the trio made a large installation at the Salon d'Automne, where the entire series of furniture that they had developed up to that point was exhibited, in a radiant and purist interior designed by Perriand.

The walls and ceilings of the space were made of steel and glass. A façade of steel frames and glass bricks was placed on one side.

Steel cabinets, the *casiers standards*, divided the space into a large high living space, and a series of small, lower cabinets that functioned as bedroom, bathroom, kitchen and office. The gleaming steel, chrome and glass of the walls, ceilings and cabinets contrasted with the soft leather seat covers and furs on the bed. A striking feature of the orthogonal interior was the freestanding cylindrical shower cabin, which was the most literal interpretation of the machine aesthetic that characterized all of the furniture designs. On view here were the *siège grand comfort*, the *petit fauteuil à dossier basculant* (inspired by a standard field chair of the British army), the *table en tubes d'avion* and the chaise longue, which was the most complex design.

The modular, movable and changeable cabinet elements that served as space dividers in the large open space formed the most innovative aspect of the arrangement. But 85 years later, it is the seating and the tables that have received the status of unassailable classics. Perriand continued to work on the development of modular cabinet systems, even after her departure from Le Corbusier's studio in 1937. Later, she again worked with Le Corbusier in designing the interior of the homes in the Unité d'Habitation in Marseilles. By that time, both Le Corbusier and Perriand had long since exchanged the machine aesthetic for a more rustic, organic style, implemented in wood and colourful paintwork. (dvg)

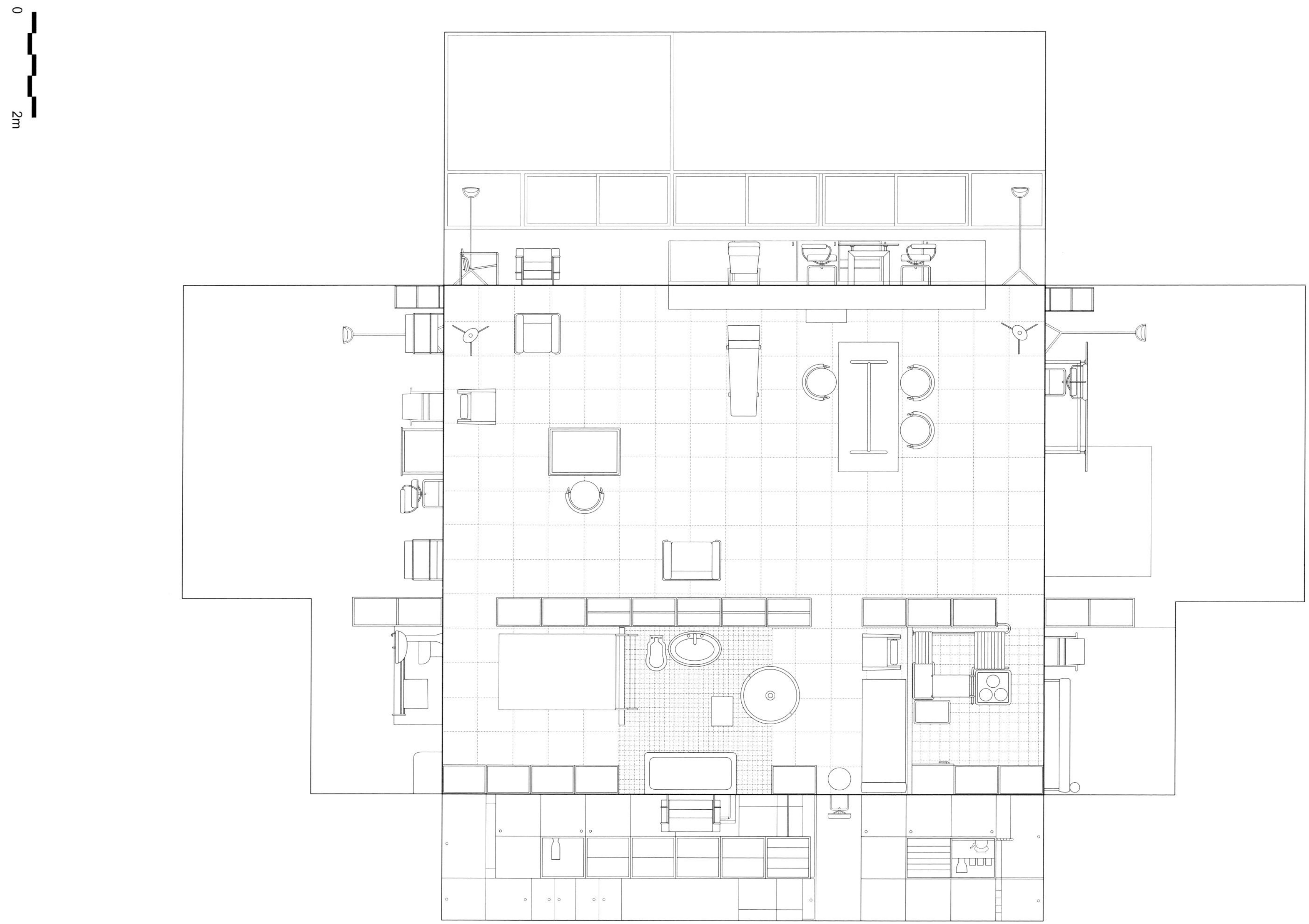
0
2m

Presentatietekening met foto-montage
Presentation drawing with photo-montage

Tafel LC6, Le Corbusier
LC6 table, Le Corbusier

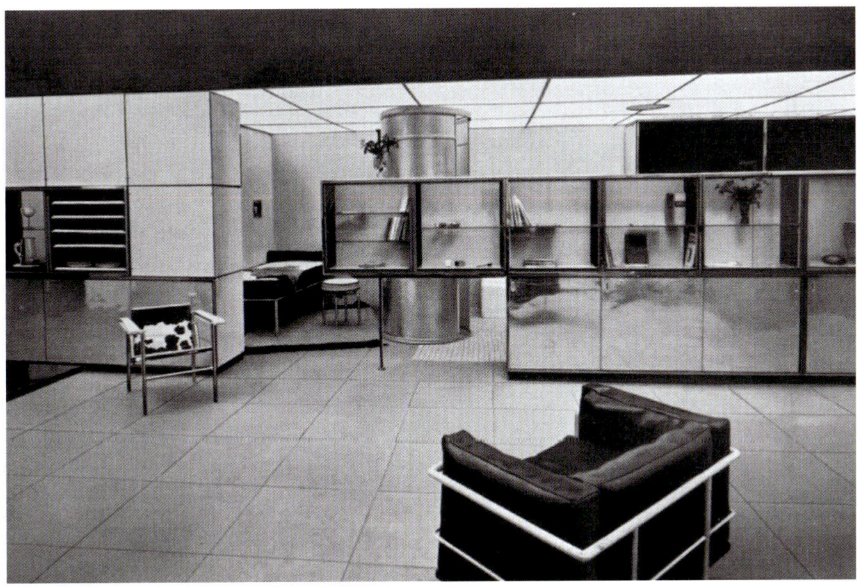

Metalen kastensysteem
Metal cabinet system

Keuken
Kitchen

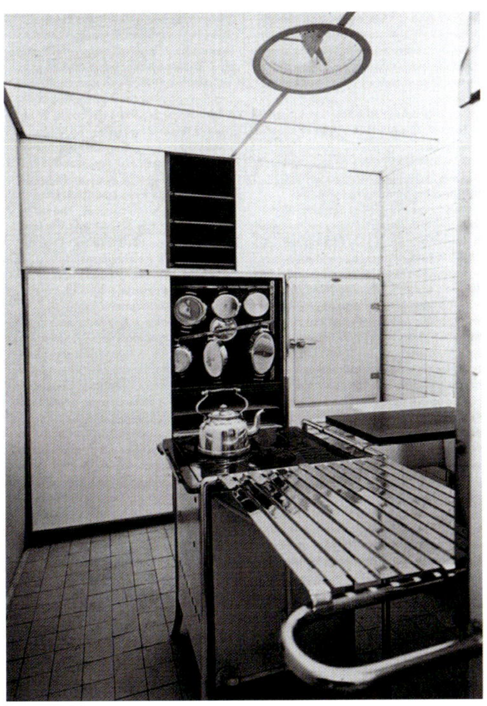

Badkamer met halfhoge afscheiding naar slaapruimte
Bathroom with half-height separation from the sleeping area

Ambiente di soggiorno e terrazzo

Milaan/Milan (IT)

Luigi Figini en/and Gino Pollini

Woonkamer met terras/Living room with terrace: interieur op de 6e Triënnale, Milaan, 1936 / interior at the 6th Triennial, Milan, 1936
Initiatief/Initiative: 6e Triënnale, Milaan, 1936 / 6th Triennial, Milan, 1936
Uitvoering/Execution: onbekend/unknown
Vloeroppervlak/Floor area: 63 m²
Materialen en kleuren/Materials and colours: *Wanden*: blokken en stucwerk van puimsteen, kleine porfierblokken (donkergrijs), gordijn (beige); *Plafond*: stucwerk, wit; *Vloer*: botticino marmer (woonkamer), wit gravel (smal terras), roze gravel (breed terras), kwartsiet flagstones (toegang) / *Walls*: blocks and rendering of pumice, small porphyry cubes (dark grey), curtain (beige); *Ceiling*: plaster, white; *Floor*: botticino marble (living room), white gravel (narrow terrace), pink gravel (large terrace), quartzite flagstones (entrance)
Meubels/Furniture: eettafel (lange, smalle groene marmeren plaat op een onderstel van witte stalen buizen) met vier traditionele houten stoelen en bijbehorende kruk met rieten zittingen, boekenkast (kastanjehout, en kristallen voorpanelen, met ingelegde bloemmotieven), twee leunstoelen (kastanjehout) en twee witte houten strandstoelen en bijbehorende klaptafel / dining table (long, narrow green marble tabletop on tubular white metal braced legs) with four traditional wooden chairs and matching stool with wicker seats, bookcase (chestnut, and crystal for panels, inlaid with floral designs), two armchairs (chestnut), and two white wooden beach chairs and matching folding table
Overig/Diverse: uitvergrote poster van een pre-alpinelandschap als suggestie van openheid van de woonkamer naar buiten, pot met grote kamerplant naast de eettafel, kunstwerken van Fausto Melotti en Mauro Reggiani / Blown-up poster of a pre-Alpine scenery to suggest the openness of the living room to the outside, pot with large houseplant next to the dining table, works of art by Fausto Melotti and Mauro Reggiani
Tentoonstelling/Exhibition: 6e Triënnale, Milaan/ 6th Triennale, Milan, 1936

Bronnen/Sources:
Roberto Rizzi (red./ed.), *Civilization of Living. The Evolution of European Domestic Interiors* (Milaan/Milan: Edizione Lybra immagine, 2003), 126-127
Eugenio Gentili Tedeschi, *Figini e Pollini* (Milaan/Milan: Il Balcone, 1959), 1-3
http://www.answers.com/topic/figini-and-pollini-1 http://www.answers.com/topic/milan-triennali

In de late jaren 1920 beweegt de Italiaanse architectuur zich nog binnen de grenzen van het academische denken en houdt vast aan neoclassicisme en een decoratieve stijlopvatting, terwijl in de omringende wereld de moderne beweging al volop in ontwikkeling is. Onder de eerste jongeren, die zich tegen deze behoudzuchtige Italiaanse academische cultuur keren, zijn Luigi Figini (1903-1984) en Gino Pollini (1903-1991). Beiden zijn oprichters van GRUPPO 7; hun vierdelig manifest (1926-1927) legt de basis voor het Italiaanse *Razionalismo.* In 1929 beginnen zij in Milaan samen een ontwerppraktijk; vanaf 1930 worden ze ook actieve CIAM-leden.

Het karakter van de biënnale (vanaf 1930: triënnale) voor decoratieve en toegepaste kunst, voor het eerst gehouden in Monza (1923), verandert snel van een regionale *showcase* in een belangrijke Italiaanse tentoonstelling van vooruitstrevende ontwerpen. In het kader van de 6e Triënnale in Milaan in 1936 richten Figini en Pollini hun *ambiente di soggiorno e terrazzo* in. Deze setting verenigt elementen van de nieuwe – rationele en functionele – architectuur met andere elementen, afkomstig uit een door de eeuwen heen bewaarde traditie, en presenteert ze als deel van een in de tijd doorlopend geheel. Het groen is hierin van fundamentele betekenis en wordt in de stedelijke bebouwing gerepresenteerd door daken boven tuinen, plantenbakken en open patio's, die het leven van de moderne stadsmens veraangenamen.

Entree woonkamer met terras, 6e Triënnale, Milaan, 1936
Entrance to livingroom with terrace, 6th Triennial, Milan, 1936

De *ambiente* bestaat uit twee op elkaar betrokken sferen, slechts van elkaar gescheiden door een gordijn, en gemarkeerd door overgangen tussen verschillende vloermaterialen: *botticino* marmer in de hoofdverblijfszone, en gravel in de flankerende zones, met kwartsiet flagstones als 'opmaat' voor het betreden van het brede terras en het woonvertrek. Ook de wanden definiëren de verschillende sferen: een wand van kale puimsteenblokken (langs het brede terras), en gestucte puimsteenwanden, een vrijstaande glazen pui en een gordijn (woonvertrek). Aan het smalle terras daarachter wordt diepte verleend door deze lange wand te bekleden met kleine porfierblokken. Zicht op de buitenwereld wordt gesuggereerd door een uitvergrote foto van een fraai uitzicht op een berglandschap, dat zich over de volle breedte van het terras ontvouwt, *du moment* dat dit interieur wordt betreden. De meubels zijn speciaal voor deze setting ontworpen en verenigen moderne lijnvoering en geometrie met traditionele en natuurlijke materialen: een ensemble van een lange, smalle tafel met een groen marmeren blad op een wit stalen buizenframe met vier houten stoelen en een kruk met rieten zittingen verwijst naar 'de herberg', met daarnaast een pot met grote kamerplant – alsof je buiten zit – en een kastanjehouten boekenkast met kristallen voorpanelen met ingelegde bloemmotieven, die een beeld van de natuur oproepen. De presentatie wordt gecompleteerd door kunstwerken van Fausto Melotti en Mauro Reggiani. (pk)

In the late 1920s, Italian architecture was still operating within the boundaries of academic thinking, and clung to neoclassicism and a decorative style concept, whereas in the surrounding world, the Modern Movement was already in full swing. Among the first young people to oppose this conservative Italian academic culture were Luigi Figini (1903-1984) and Gino Pollini (1903-1991). Both were founders of GRUPPO 7; their four-part manifesto (1926-1927) provided the basis for the Italian *Razionalismo.* Together, they began a design practice in Milan in 1929; from 1930, they were also active CIAM members.

The character of the Biennale (from 1930: Triennial) for decorative and applied arts, first held in Monza (1923), was rapidly changing from a regional showcase to an important Italian exhibition of progressive designs. In the framework of the 6th Triennial in Milan, in 1936, Figini and Pollini furnished their *ambiente di soggiorno e terrazzo.* This setting combined elements of the new (rational and functional) architecture with other elements, taken from a tradition that had been preserved over the centuries, and presented them as part of a whole that spanned all the ages. Greenery was of fundamental importance here, and was represented in the built urban environment by roofs above gardens, planters and open patios, which would enrich the lives of modern city dwellers.

The *ambiente* consisted of two related spheres that were separated only by a curtain, and were marked by transitions between different floor materials: *botticino* marble in the main living area and gravel in the flanking areas, with quartzite flagstones as a 'prelude' to entering the wide terrace and the living space. The walls also defined the different atmospheres: a wall of bare pumice blocks (along the large terrace), pumice stone and rendered walls, a freestanding glass front and a curtain (living space). Along the narrow terrace behind this, a sense of depth was conferred by covering this long wall with small porphyry cubes. A view to the outside world was suggested by an enlarged photograph of a beautiful view of a mountain scenery, which immediately unfolded across the full width of the terrace upon entering the interior. The furniture was specially designed for this setting, and united modern lines and geometry with traditional and natural materials: an ensemble consisting of a long, narrow table with a green marble top on tubular white metal braced legs, with four wooden chairs and a stool with wicker seats, all referred to country inns, together with a large potted houseplant (as if you were sitting outside) and a chestnut bookcase with crystal for panels, inlaid with floral designs, which evoked an image of nature. The presentation was completed by works of art by Fausto Melotti and Mauro Reggiani. (pk)

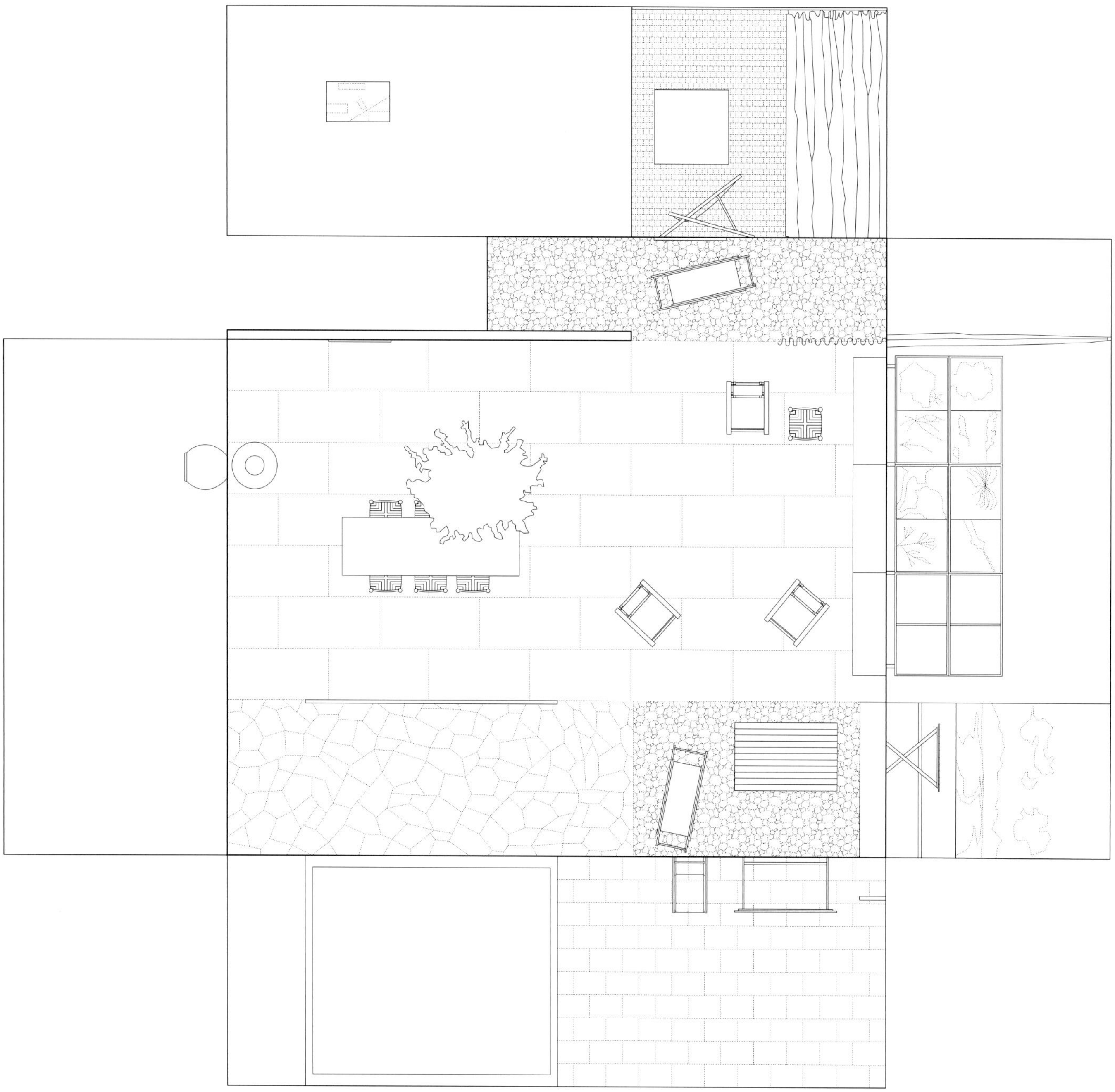

0 1m

Zicht op boekenkast en foto van berglandschap
View of the bookcase, and photo of mountain landscape

Woonkamer met smalle terras
Living room with narrow terrace

Svenskt Tenns utställningsrum New York (US)

Josef Frank en/and Estrid Ericson

Svenskt Tenn expositieruimte/exposition space: Zweeds paviljoen, wereldtentoonstelling, New York, 1939 / Swedish Pavilion, World's Fair, New York, 1939
Initiatief/Initiative: Svenskt Tenn
Vloeroppervlak/Floor area: 27m^2
Meubels/Furniture: bijzettafel *Svenskt Tenn 1112*; leunstoel *Svenskt Tenn 966*, niervormige schrijftafel *Svenskt Tenn 980*, tafellamp *Svenskt Tenn 2427*, staande lamp (vooraan) *Svenskt Tenn 2429*, staande lamp *Svenskt Tenn 1842* / *Svenskt Tenn 1112* side table; *Svenskt Tenn 966* armchair, *Svenskt Tenn 980* kidney-shaped writing desk, *Svenskt Tenn 2427* table lamp, *Svenskt Tenn 2429* floor lamp (front), *Svenskt Tenn 1842* floor lamp
Overig/Diverse: kussens bekleed met Stockholmskarta en Världskarta (Landkartor) / cushions upholstered in Stockholm Karta and Världskarta (Landkartor)
Tentoonstelling/Exhibition: 30 april 1939 – 31 oktober 1939 / 20 April – 31 October 1939

Bronnen/Sources:
Josef Frank, *Architektur als Symbol*, Verlag Anton (Wenen/Vienna: Schroll, 1931).
Nina Stritzler-Levine (red./ed.), *Josef Frank, Architect and Designer* (New Haven: Yale University Press, 1996).
Kristina Wängberg-Eriksson en/and Jan Christer Eriksson, *Josef Frank Möbelformgivaren* (Stockholm: Carlsson Bokförlag, 2014).

Svenskt Tenn expositieruimte, opstelling in Zweeds paviljoen, wereldtentoonstelling New York, 1939
Svenskt Tenn exposition space, installation in Swedish Pavilion, World's Fair, New York, 1939

Sweden speaks. Dit motto stond in 1939 in grote letters op het Zweedse paviljoen van de World Fair in New York. Het door Sven Markelius ontworpen paviljoen trok veel aandacht, niet in de laatste plaats door een aantal stijlkamers, ingericht door toonaangevende ontwerpers. Een van de kamers, een studio, was ontworpen en ingericht door Estrid Ericson en Josef Frank, respectievelijk oprichtster en hoofdontwerper van de interieurfirma Svenskt Tenn in Stockholm. Dit interieur ging de wereld in als een eerste voorbeeld van een nieuwe, informele en rijkgeschakeerde interieurstijl die in de jaren na de Tweede Wereldoorlog wereldwijd onder de noemer *Swedish Modern* veel navolging kreeg.

De wortels van Josef Frank's ontwerp liggen echter niet zozeer in Zweden, als in een ander deel van Europa, in Wenen. Samen met Oskar Wlach richtte Frank daar in de jaren 1920 een firma voor woninginrichting op: Haus & Garten. Voortbouwend op zijn eerdere werk ontwikkelde Frank voor zijn bedrijf een reeks eclectische ontwerpen voor meubels en stoffen, die gebruik maakte van diverse tradities en stijlen, van biedermeier tot het verre oosten. Voorop stond de noodzaak van comfort, behaaglijkheid en individuele vrijheid. Ideaal was een interieur waar geen meubelstuk hetzelfde was, en geen enkele toevoeging door de bewoner afbreuk zou kunnen doen aan het geheel. Frank keerde zich evenzeer tegen de gedachte van een *Gesamtkunstwerk* van architecten als Josef Hoffmann, als tegen de modernistische dwang om te vernieuwen. Hij had grote afkeer van de in zijn ogen 'romantische' idee van een machine-esthetiek, zoals voorgestaan door Le Corbusier, Mies en Gropius.
Gedwongen door de politieke situatie verliet Frank in 1933 Wenen, en vestigde zich in Zweden, het vaderland van zijn echtgenote. Daar ontstond snel een samenwerking met Estrid Ericson. Tot in de jaren 1960 ontwierp hij voor haar bedrijf Svenskt Tenn niet alleen groot aantal meubels, maar ook stoffen, kleden, lampen en andere objecten. Frank maakte met Ericson vele stijlkamers, voor beurzen en musea, en voor de (nog steeds bestaande) winkel van Svenkst Tenn in Stockholm.

De studio op de World Fair is een van de meest beknopte en ingetogen opstellingen van hun hand. De niervormige schrijftafel, stoelen, lampen en bijzettafels zijn typerend voor Frank's uitgebreide meubeloeuvre. De zorgvuldig 'spontaan' opgestelde boeken en kussens, uiteraard bekleed met Frank's stofontwerpen, verraden de hand van Ericson die de bonte verzameling meubels en voorwerpen in een totaalbeeld bij elkaar bracht. Het informele karakter en de bonte, botsende patronen en kleuren, samengebracht op een klein oppervlak, zijn het kenmerk van Swedish Modern geworden, en leven tot de dag van nu voort, onder andere in de IKEA-catalogus. (dvg)

Sweden speaks. In 1939, this motto was written in large letters on the Swedish pavilion at the New York World's Fair. The pavilion, designed by Sven Markelius, drew a lot of attention, not least because of several style rooms that were furnished by leading designers. One of the rooms, a studio, was designed and furnished by Estrid Ericson and Josef Frank, respectively the founder and lead designer of the interior design firm Svenskt Tenn in Stockholm. This interior was launched as an initial example of a new, informal, and multifaceted interior style that was much followed around the world in the years after the Second World War under the name Swedish Modern.

But the roots of Josef Frank's design were not so much in Sweden as they were in another part of Europe, namely in Vienna. Along with Oskar Wlach, in the 1920s Frank founded an interior design firm there known as Haus & Garten. Building upon his previous work, Frank developed for his company a series of eclectic designs for furniture and fabrics that made use of various traditions and styles, from Biedermeier to the Far East. The most important aspect was the need for comfort, well-being and individual freedom. The ideal interior was one where no piece of furniture was the same, and where no addition made by the inhabitant could detract from the whole. Frank was as opposed to the idea of a *Gesamtkunstwerk* (for example by architects such as Josef Hoffmann) as he was to the modernist compulsion for renewal. He also had a great aversion to what he saw as the 'romantic' idea of a machine aesthetic, as advocated by Le Corbusier, Mies van der Rohe and Gropius.

The political situation forced Frank to leave Vienna in 1933, and he settled in Sweden, the homeland of his wife. There he soon began collaborating with Estrid Ericson. For her company Svenskt Tenn, he designed many pieces of furniture, as well as various fabrics, rugs, lamps and other objects until the 1960s. Frank and Ericson also designed many style rooms for exhibitions and museums, and for the Svenkst Tenn shop in Stockholm (which still exists).

The studio at the World's Fair was one of the most concise and modest arrangements that they created. The kidney-shaped writing desk, chairs, lamps and side tables were typical of Frank's extensive furniture oeuvre. The books and pillows, of course covered in Frank's fabric designs, were carefully arranged to look 'spontaneous'. They also showed the hand of Ericson, who assembled the bright collection of furniture and objects into an overall whole. The informal nature and the colourful, clashing patterns and colours, brought together in a small area, became the hallmark of Swedish Modern, and still live on today, for example in the IKEA catalogue. (dvg)

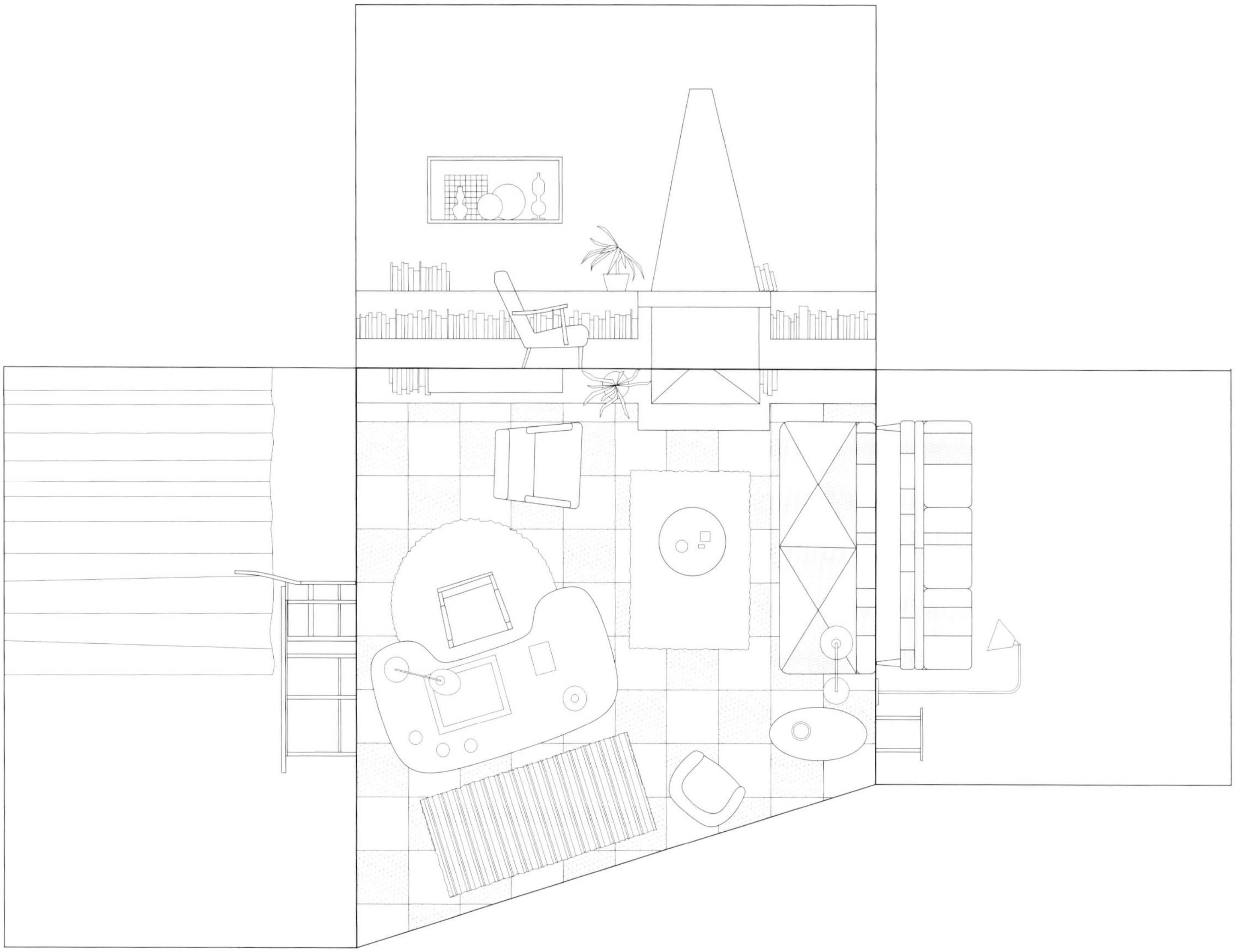

0 1m

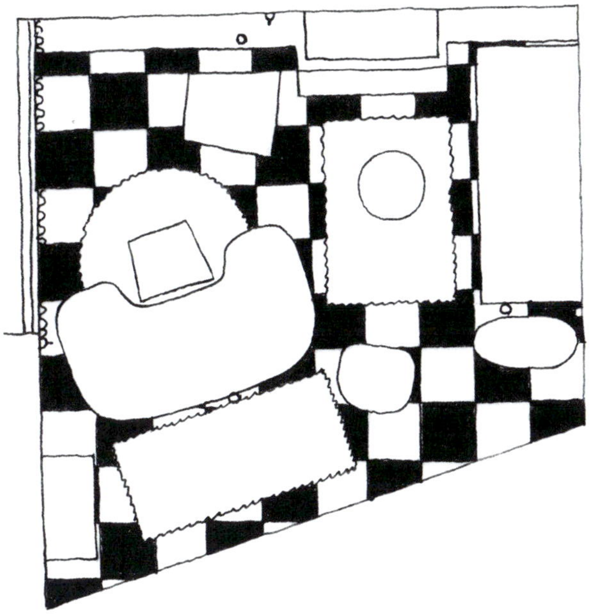

Ontwerpschets plattegrond
Design sketch of floor plan

Svenskt Tenn 966 leunstoel
Svenskt Tenn 966 armchair

Svenskt Tenn opstelling (studio) zoals tentoongesteld in het Zweeds paviljoen, wereldtentoonstelling New York, 1939

Svenskt Tenn installation (Studio) as exhibited at the Swedish Pavilion, New York World's Fair, 1939

Interiør -52 Trondheim (NO)

Finn Juhl

Interiør -52: interieur in het / interior in the Nordenfjeldeske Kunstindustrimuseum (The National Museum of Decorative Arts and Design), Trondheim, 1952
Initiatief/Initiative: T. Krohn-Hansen, directeur / director of the Nordenfjeldeske Kunstindustrimuseum
Vloeroppervlak/Floor area: 27 m²
Materialen en kleuren/Materials and colours: *Wanden*: oregon pine (naturel); diep groen en geel geschilderd; *Plafond*: smalle houten rabatdelen (Kalmar pine, naturel); *Vloer*: brede houten delen (Kalmar pine, naturel) / *Walls*: Oregon pine (natural); painted deep green and yellow; *Ceiling*: narrow wooden tongue-and-groove planks (Kalmar pine, white); *Floor*: wide wooden boards (Kalmar pine, white)
Meubels/Furniture: twee *Stool 60* krukken (Alvar Aalto); *Wall Sofa* en stoel *Model 45* (Finn Juhl); palissandertafeltje (Peder Moos); *LCM – Molded Plywood Lounge Chair* (Charles Eames); bureaustoel *Model 109, Chieftains Chair* en bureau (Finn Juhl); vitrinekasten en schappen op paneelwand / two *Stool 60* stools (Alvar Aalto); *Wall Sofa* and *Model 45* chair (Finn Juhl); small rosewood table (Peder Moos); *LCM Molded Plywood Lounge Chair* (Charles Eames); *Model 109* office chair, *Chieftains Chair* and desk (Finn Juhl); display cases and shelves on panel wall
Overig/Diverse: vloerkleed (Barbro Nilsson); gordijnen(Paula Trock); Grand Prix zilverwerk (Kay Bojesen); porseleinen tafelservies (Tias Eckhoff) en aardewerk (Axel Salto en anderen); houten sculptuur Twee Mensen (Erik Thommesen) / rug (Barbro Nilsson); curtains (Paula Trock); 'Grand Prix' silverware (Kay Bojesen); porcelain tableware (Tias Eckhoff) and pottery (Axel Salto and others); wooden sculpture 'Two People' (Erik Thommesen)
Tentoonstelling/Exhibition: permanente opstelling / permanent display

Bronnen/Sources:
Esbjørn Hiort, *Finn Juhl. Furniture. Architecture. Applied Art. A Biography by Esbjørn Hiort* (Kopenhagen/Copenhagen: The Danish Architectural Press, 1990), 78-79.
Roberto Rizzi (red./ed.), *Civilization of Living. The Evolution of European Domestic Interiors* (Milaan/Milan: Edizione Lybra immagine, 2003), 154-155.
Birgit Lyngbye Pedersen, *Finn Juhl and His House* (Ostfildern: Hatje Cantz Verlag, 2014), 41-42.
http://www.finnjuhl.com/wp-content/uploads/2012/01/rødt-FJ-katalog.pdf
http://www.nkim.no/english
Steffen Wesselvold Holden, curator Nordenfjeldeske Kunstindustri-museum (mailwisseling met de auteur, september 2014 / e-mail exchange with the author, September 2014)

Interiør -52, Nordenfjeldeske Kunstindustrimuseum, Trondheim, 1952
Interiør -52, National Museum of Decorative Arts and Design, Trondheim, 1952

De Deense architect Finn Juhl (1912-1989), de 'vader van het Deens design', krijgt in 1950 opdracht van de Noorse kunsthistoricus T. Krohn-Hansen, op dat moment directeur van het Nordenfjeldeske Kunstindustrimuseum in Trondheim, om als onderdeel van de permanente collectie van het museum een museumvertrek in te richten als werkkamer. Deze kamer moet de dialoog aangaan met het bestaande Henry van de Velde-interieur in het museum. Het nieuwe vertrek moet met het karakter van de ruimte, de materialen en decoratieve objecten de manier van leven uit de jaren 1940-50, de periode van het Scandinavisch design, typeren.

Finn Juhl krijgt aanvankelijk een treurig stemmende, langwerpige en smalle ruimte van 3,3 x 6,8 m met twee raamopeningen aan de lange zijde toebedeeld. Om zijn doel te kunnen verwezenlijken, heeft hij echter meer ruimte en licht nodig. Hij overtuigt de museumdirectie te investeren in een bouwkundige ingreep: over een lengte van 4 m voegt Juhl een 1,1 m diep erkerraam toe dat van vloer tot plafond uitzicht biedt op de stad en de Trondheimsfjord, en ook voldoende ruimte biedt aan een bureauopstelling. Direct naast de entree van het vertrek spaart hij – eveneens verdiepinghoog – een smalle glasstrook uit met een diepe negge.

De sfeer van de kamer wordt bepaald door verschillende houttoepassingen: vloerdelen, gelegd in half-om-half verband met een expressief ritme van bevestigingspennen; een paneelwand-met-deur, voorzien van glazen vitrinekasten en houten schappen, en smalle rabatdelen als verlaagd plafond. Op de overige wanden brengt Juhl homogene kleurvlakken aan door, diametraal tegenover de houten paneelwand, de entreewand diep groen, en het muurvlak haaks daarop en het muurvlak tegenover de erker geel te schilderen.

Juhl werd volgens museumcurator Steffen Wesselvold Holden in beslag genomen door de notie van het representeren van kleinere individuele ruimten binnen een groter geheel, waar dezelfde ruimte verschillende functies kan hebben, gebaseerd op de verschillende meubels in het vertrek, en waarbij ieder meubelstuk een individuele ruimte vertegenwoordigt.

In *Interiør -52* combineert Juhl werkruimte met een meer private ruimte binnen hetzelfde vertrek. Deze laatste wordt hier gerepresenteerd door de hoek-met-sofa.

Naast twee krukjes, ontworpen door Alvar Aalto, is de enige stoel in deze setting die Juhl niet zelf ontworpen heeft van de hand van Charles Eames, wiens werk Juhl al eerder geïnspireerd heeft in zijn ontwerpen voor de Deense meubelfabrikant Bovirke. De *Wall Sofa*, de stoelen *45* en *46*, de *Chieftains Chair*, en het bureau zijn allen designklassiekers; de meeste daarvan zijn het afgelopen decennium opnieuw in productie genomen.

Interiør -52 toont – in zeer geconcentreerde vorm – Juhl's holistische opvatting over interieurontwerp van de kamer als een uitwisseling tussen kunst, meubels, wanden, bekleding en kleuren en reageert daarmee op eigentijdse wijze op het *Gesamtkunstwerk* van Henry van de Velde. (pk)

Danish architect Finn Juhl (1912-1989), the 'father of Danish design', was commissioned in 1950 by Norwegian art historian T. Krohn-Hansen (at the time, director of the Nordenfjeldeske Kunstindustrimuseum in Trondheim) to furnish one of the museum's rooms as an office, to be part of the museum's permanent collection. This workspace was meant to enter into a dialogue with the museum's existing Henry van de Velde interior. By means of the character of the space, the materials and the decorative objects, the new room was meant to typify the lifestyle of the years 1940-1950, the period of Scandinavian design.

Finn Juhl was initially given a dreary, elongated and narrow space of 3.3 x 6.8 m, with two window openings on the long side. But to achieve his goal, he needed more space and light. He convinced the museum's directors to invest in an architectural intervention: over a length of 4 m, Juhl added a 1.1-m-deep bay window that offered floor-to-ceiling views of the city and the Trondheim Fjord, while also providing enough space to accommodate an office arrangement. Immediately next to the entrance to this space, he installed a narrow strip of glass (also from floor to ceiling) with a deep jamb.

The atmosphere of the room was determined by diverse uses of wood: floor boards laid in half-and-half fabric with an expressive rhythm of fastening pins; a panel wall with a door, equipped with glass display cabinets and wooden shelves; and narrow tongue-in-groove planks as a suspended ceiling. On the other walls, Juhl applied homogenous colour surfaces by painting the entrance wall (diametrically across from the wooden panel wall) a shade of deep green, and by painting the wall surface perpendicular to that entrance wall, and the wall opposite the bay window, a shade of yellow.

According to museum curator Steffen Wesselvold Holden, Juhl was taken by the notion of representing smaller individual spaces within a larger whole, where the same space could have different functions, based on the different types of furniture in the room, and whereby each piece of furniture would represent an individual space.

In *Interiør -52*, Juhl combined a workspace with a more private space within the same room. The more private room is represented here by the corner sofa.

Apart from the two stools designed by Alvar Aalto, the only chair in this arrangement that Juhl did not design himself was made by Charles Eames, whose work had previously inspired Juhl in his designs for the Danish furniture manufacturer Bovirke. The *Wall Sofa*, the *45* and *46* chairs, the *Chieftains Chair*, and the desk are all design classics; most of them have been put back into production over the past decade.

Interiør -52 shows, in a very concentrated form, Juhl's holistic views on the interior design of the room as an exchange between art, furniture, walls, coverings and colours, and thereby responds in a contemporary way to the *Gesamtkunstwerk* of Henry van de Velde. (pk)

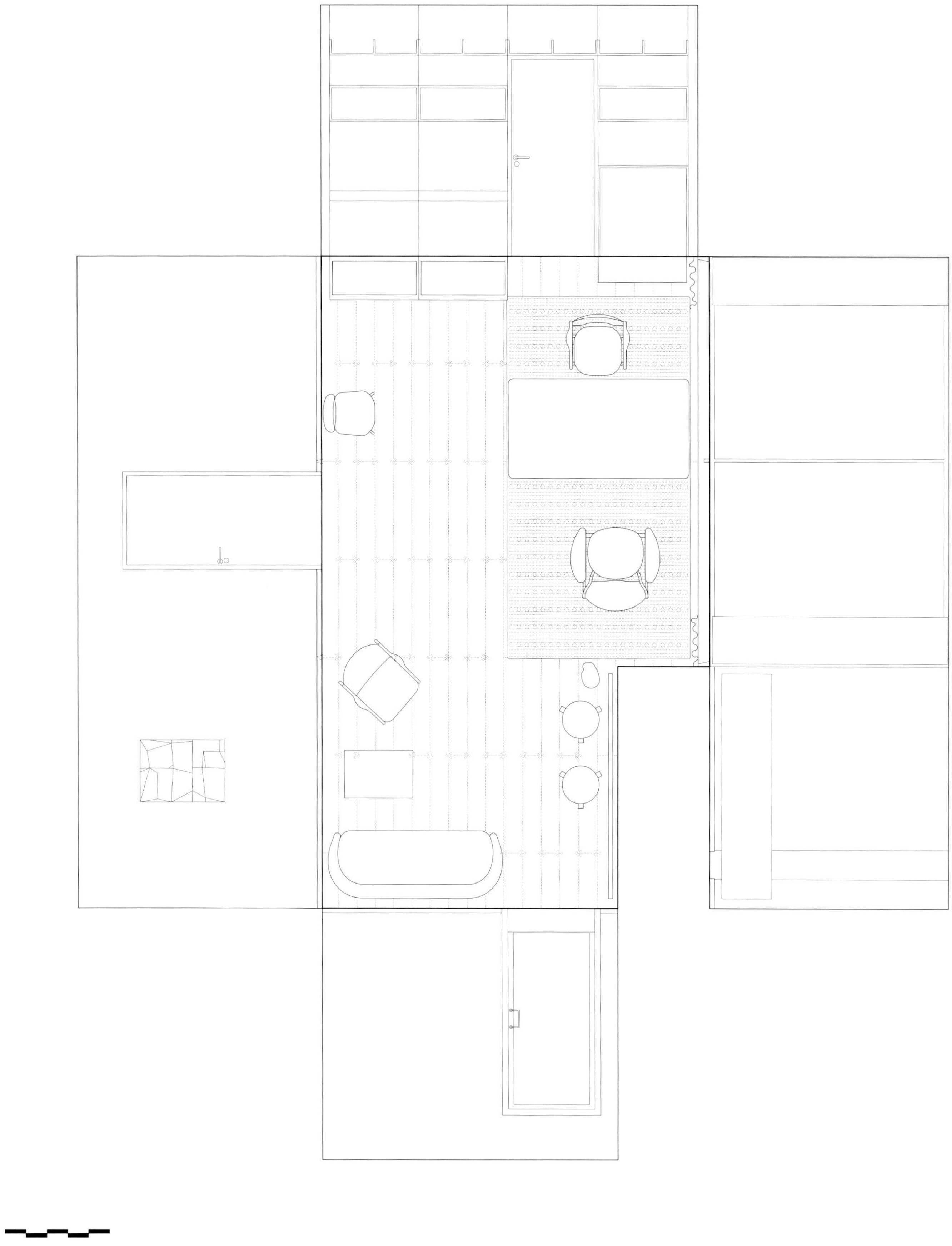
0
1m

Zicht op entreewand met houten sculptuur
View of the entrance wall with wooden sculpture

Werkruimte, Interiør -52, Trondheim, 1952
Workspace, Interiør -52, Trondheim, 1952

p. 120-121
Ontwerpstudie met details
Design study with details

NORDENFJELDSKE KUNSTINDUSTRIMUSEUM – FORSLAG TIL INDRETNING AF RUM. MÅL 1:20.
FORSÆNKET FYRRELISTE - LOFT
INSULIGHT - RUDER
EAMES STOL
BAKER BORD M. AALTO GLAS
VODDER STOL
ERIK THOMMESEN
RADIATOR
FAST SOFA
MOOG - BORD
BAKER STOL
FLYTTET ÅBNING
AALTO TABURETTER
PANELDØR
PANEL-DØR
GLASDØR TIL HOVEDTRAPPE
PLAN
FLYTTET ÅBNING

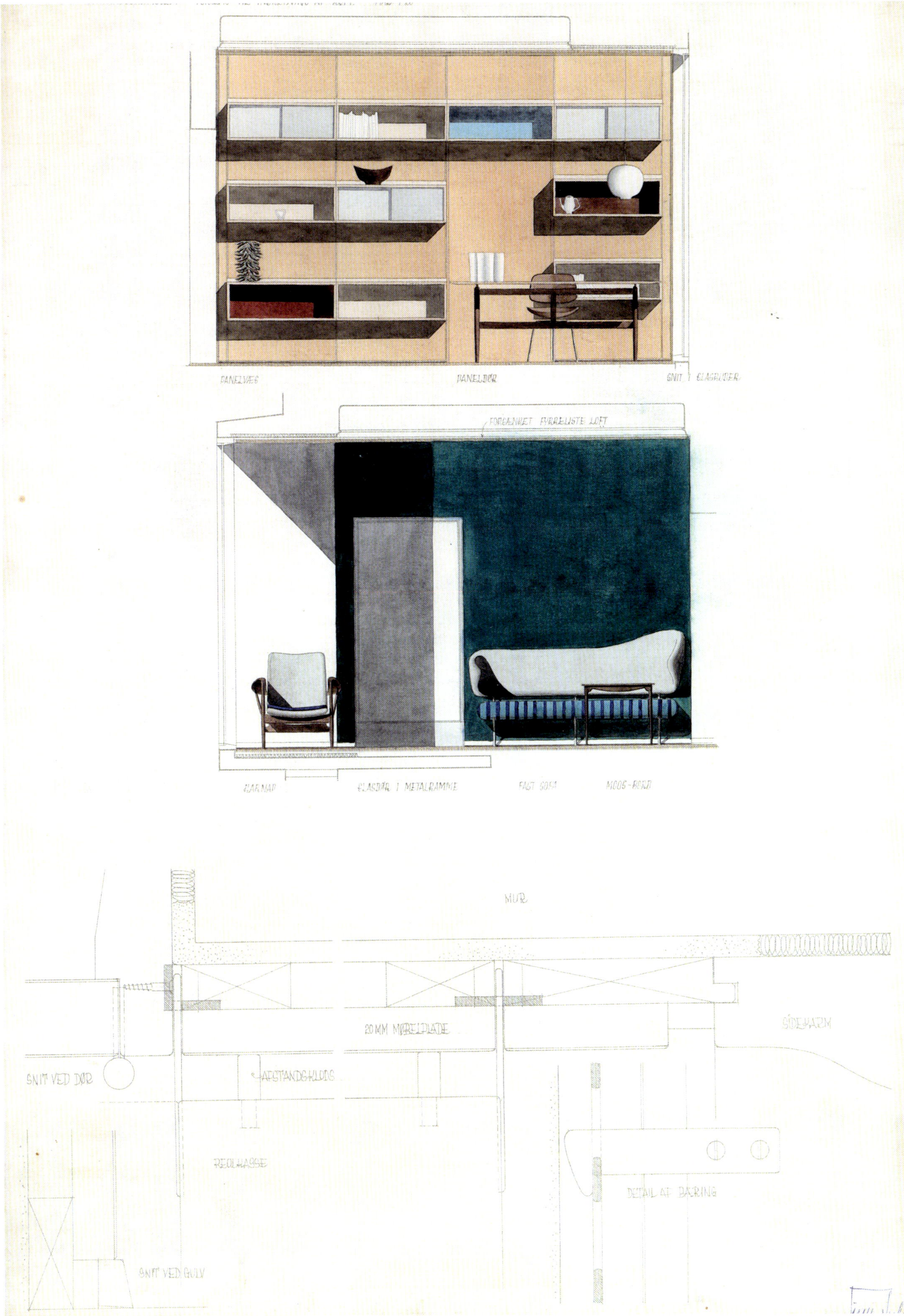
PANELVÆG
PANELDØR
FORSÆNKET FYRRELISTE LOFT
GLASDØR I METALRAMME
FAST SOFA
MUR
20 MM MØBELPLADE
SIDEKARM
SNIT VED DØR
AFSTANDSKLODS
REOLKASSE
DETAIL AF BÆRING
SNIT VED GULV

Wohnung für eine Familie von sechs Personen Brussel/Brussels (BE)

Karl Augustinus Bieber en/and Ernst Althoff, tekeningen/drawings Marie Marcks

Modelappartement voor zes personen/Model Apartment, for six persons: afdeling 'Stad en Woning', Paviljoen Bondsrepubliek Duitsland, Expo 58, Brussel, 1958 / 'City and Home' department, Pavilion of the Federal Republic of Germany, expo 58, Brussels, 1958
Initiatief/Initiative: NOWEA (*Nordwestdeutsche Ausstellungs-Gesellschaft mbH*) en *Deutscher Werkbund* voor de West-Duitse regering / NOWEA (*Nordwestdeutsche Ausstellungs-Gesellschaft mbH*) and the *Deutscher Werkbund* for the West German Government
Uitvoering/Execution: Firma Johannes Althoff, Krefeld en anderen/and others
Vloeroppervlak/Floor area: 100 m²
Materialen en kleuren/Material and colours: *Wanden*: houten panelen, glas; *Plafond*: houten raamwerk / *Walls*: wooden panels, glass; *Ceiling*: wooden frame
Meubels/Furniture: eettafel met stoelen (Hans Schwippert), klapstoel en stoel met gevlochten zitting (Egon Eiermann) / dining table with chairs (Hans Schwippert), folding chair with woven seat (Egon Eiermann)
Tentoonstelling/Exhibition: 17 april 1958 – 19 oktober 1958 / 17 April – 19 October 1958

Bronnen/Sources:
Iris Bauwens en/and Céline Goessaert, *Modelwoningen op Expo 58. Drie cases: de Nederlandse, Duitse en Franse paviljoenen* (Gent/Ghent: Universiteit Gent/Ghent University, masterscriptie, 2006).
Wend Fischer (red./ed.), *Wereldtentoonstelling Brussel 1958. Duitsland.* Tentoonstellingscatalogus/Exhibition catalogue (Brussel/Brussels: Commissaris Generaal van de Bondsrepubliek Duitsland bij de Wereldtentoonstelling te Brussel/Commissioner General of the Federal Republic of Germany at the Brussels World's Fair 1958, 1958).
Wend Fischer (red./ed.), *Weltausstellung Brüssel 1958. Deutschland. Bildband* (Düsseldorf: August Bagel, 1958).
Wend Fischer en/and G.B. von Hartmann, *Deutschlands Beitrag zur Weltausstellung Brüssel 1958. Ein Bericht* (Düsseldorf: Generalkommissar der Bundesrepublik Deutschland bei der Weltausstellung Brüssel/Commissioner General of the Federal Republic of Germany at the Brussels World's Fair 1958 [na/after 1958].

Modelappartement zes personen, Paviljoen Bondsrepubliek Duitsland, Expo 58, Brussel, 1958
Model apartment for six people, Pavilion of the Federal Republic of Germany, Expo 58, Brussels, 1958

Het paviljoen van de Duitse Bondsrepubliek op de Expo 58 in Brussel was ontworpen door architecten Egon Eiermann en Sep Ruf. Het tentoonstellingstraject leidde bezoekers via lichte loopbruggen door acht individuele, transparante volumes van verschillende grootte. Bezoekers bereikten de afdeling 'Stad en Woning' via de bovenste verdieping, gewijd aan het thema 'Stad.' Hier werden diverse stedelijke projecten en uitdagingen van de voorbije decennia gepresenteerd, inclusief de initiatieven van het Bauhaus, de CIAM, de verwoesting van de oorlog en wederopbouwprojecten, zoals het Hansaviertel in Berlijn. De afdeling nam geen uitgesproken positie in over het toenmalige hoogbouwdebat in Duitsland, maar belichtte eerder de voordelen van een diversiteit aan woontypologieën.

Op de benedenverdieping kwam het thema 'Woning' aan bod en stond opnieuw de diversiteit centraal. Twee modelappartementen illustreerden de nieuwe sociale woningbouw, terwijl een eetkamer en kwalitatieve interieurproducten in vitrines het meer luxueuze segment toonden. Een kleine patiowoning die aan het paviljoen was toegevoegd vertegenwoordigde het wonen 'in direct contact met de natuur'.

Het zijn vooral de modelappartementen die een bijzonder ontwerpexperiment tonen: een groot appartement van 100 m^2 voor een gezin van zes personen en een vrijgezellenflat van 30 m^2, beide ontworpen door Karl Augustinus Bieber en Ernst Althoff. De appartementen zijn opgevat als vrijstaande volumes, waarbij de contouren geen façades zijn, maar een maximale inkijk in de flats bieden. Door deze ontwerpbeslissing sluiten de modelwoningen aan bij het concept van een politiek geladen 'transparantie' die het hele paviljoen beheerst. Een dergelijke transparantie was volgens architectuurhistorica Deborah Ascher Barnstone van symbolische betekenis en moet in verband gebracht worden met Duitslands ambitie om zich te herprofileren als transparante, open, toegankelijke en egalitaire staat.

Met hun transparante wanden tonen de modelappartementen een 'eerlijk' en 'volledig' beeld van het Duitse interieur, ingericht met 'goedkope standaard producten uit de industriële productie'. Er wordt ook een suggestie van bewoning opgeroepen: vaasjes met bloemen, een kindertekening, rondslingerend speelgoed... In de keuken is zelfs het onzichtbare zichtbaar en wordt de inhoud van de kasten getoond, zoals de warmwaterboiler of het afvalemmertje onder de gootsteen. De 'eerlijke transparantie' van deze presentatie onderlijnt natuurlijk de functioneel-technische aspecten van het keukenontwerp, maar kan ook gelezen worden als een extreme interpretatie van het thema van het paviljoen. Tegelijk contrasteert deze ingreep met alle elementen die de modelinterieurs als echt of bewoond willen voorstellen.

De buitenschil van het interieur – zowel de houten als glazen onderdelen – zijn voorzien van cartoons van grafisch vormgever en illustrator Marie Marcks, die als een soort gebruiksaanwijzing voor het appartement kunnen worden gezien, maar die ook commentaar geven op het nieuwe, bevrijde wonen: de energie van het kinderspel en de achterblijvende rommel, de huishoudelijke activiteiten, het klussen, het probleem van een te kleine behuizing, enz. (ff/rd)

The pavilion of the Federal Republic of Germany at Expo 58 in Brussels was designed by architects Egon Eiermann and Sep Ruf. The exhibition route led visitors via light walkways through eight individual, transparent volumes of different sizes. Visitors reached the 'City and Home' sector via the top floor, which was dedicated to the theme of 'the city'. Various urban projects and challenges from the past decades were presented here, including the initiatives of the Bauhaus, the CIAM, the devastation of the war, and reconstruction projects such as the Hansaviertel in Berlin. The sector did not take a strong position on the high-rise debate that was taking place in Germany at the time, but it did highlight the benefits of a diversity of housing typologies.

On the ground floor, the theme of 'the home' was discussed, and diversity again played a central role. Two model apartments illustrated the new form of social housing, while a dining room and quality interior products in display cases showed the more luxurious segment. A small patio home that was added to the pavilion represented the idea of living 'in direct contact with nature'.

It was mainly the model apartments that formed a special design experiment: a large apartment of 100 m^2 for a family of six, and a bachelor's flat of 30 m^2, both designed by Karl Augustinus Bieber and Ernst Althoff. The apartments were designed as freestanding volumes, whereby the contours were not façades, but instead offered the maximum amount of insight into the homes. With this design decision, the model homes aligned with the concept of a politically charged 'transparency' that permeated the whole pavilion. According to architecture historian Deborah Ascher Barnstone, this kind of transparency was of symbolic significance, and was meant to be associated with Germany's ambition to re-profile itself as a transparent, open, accessible and egalitarian state.

With their transparent walls, the model apartments gave a 'fair' and 'complete' image of the German interior, decorated with 'inexpensive standard products from industrial production'. A suggestion of inhabitation was also evoked: vases with flowers, a child's drawing and toys strewn about. In the kitchen, the invisible became visible, and showed the contents of the cabinets, such as the water heater or the trash bin under the sink. Of course, the 'honest transparency' of this presentation emphasized the functional and technical aspects of kitchen design, but it could also be read as an extreme interpretation of the pavilion's theme. At the same time, this intervention contrasted with all of the elements that tried to suggest that the model interiors were real or inhabited.

The outer shell of the interior – both the wooden and the glass parts – featured cartoons by graphic designer and illustrator Marie Marcks. These could be seen as a kind of manual for the apartment, but they also commented on the new, liberated form of dwelling: the energy of the child's play and the mess it left behind, the household activities, the small jobs, the problem of too small housing, and so forth. (ff/rd)

0
2m

Eetkamer
Dining area

Zitkamer met elektrisch orgel
Sitting area with electric organ

Kamer van de oudere kinderen
Room for the older children

Kamer van de jonge kinderen
Room for the young children

Plattegrond Paviljoen nr. 3
Floorplan Pavilion No. 3

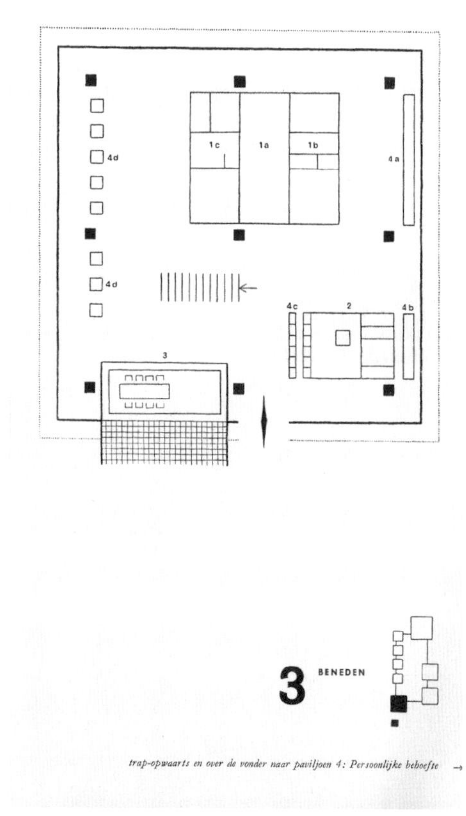

Exterieur paviljoen nr. 3, Paviljoen Bondsrepubliek Duitsland, Egon Eiermann en Sepp Ruf, 1958 (met op de begane grond zicht op een modelappartement)
Exterior of Pavilion No. 3, Pavilion of the Federal Republic of Germany, Egon Eiermann and Sepp Ruf, 1958 (with, on the ground floor, a view of a model apartment)

Keuken
Kitchen

Total Furnishing Unit New York (US)

Joe Colombo met/with Ignazia Favata

Total Furnishing Unit: 'Italy: The New Domestic Landscape' installatie in het/installation at the Museum of Modern Art, New York, 1972
Uitvoering/Execution: ANIC-Lanerossi, Elco-FIARM, Boffi, Ideal-Standard, met/with Sormani
Vloeroppervlak/Floor area: 28 m^2
Materialen en kleuren/Materials and colours: kunststof, metaal, hout en glas / plastic, metal, wood and glass
Tentoonstelling/Exhibition: 26 mei 1972 – 11 september 1972 / 26 May – 11 September 1972

Bronnen/Sources:
E. Ambasz (red./ed.), *Italy: The New Domestic Landscape. Achievements and Problems of Italian Design* (New York: The Museum of Modern Art, 1972).
Mateo Kreis (red./ed.), *Joe Colombo: Inventing the Future* (Weil am Rhein: Vitra Design Museum, 2005).

In 1972 vond in het MoMA in New York de invloedrijke expositie 'Italy: The New Domestic Landscape' plaats. Curator Emilio Ambasz bracht 180 gebruiksvoorwerpen en 11 installaties van Italiaanse ontwerpers bij elkaar om de verhouding tussen ontwerper, gebruiker en (geïndustrialiseerde) maatschappij te onderzoeken. Italië, op dat moment het meest toonaangevende designland, diende daarbij als model voor de gehele geïndustrialiseerde wereld.

In de tentoonstelling was onder de noemer *counter-design* en *contestatory objects* ruimte voor kritische geluiden tegen de consumptiemaatschappij. Het collectief Archizoom stelde in een lege kamer een luidspreker op die in harde bewoordingen de vernietiging van voorwerpen en instituties becommentarieerde en vervolgens een zoetgevooisde beschrijving van een utopische wereld liet horen. De zeer in het oog springende installatie van Joe Colombo, de Total Furnishing Unit, behoorde niet tot deze kritische inzendingen, maar deed wel uitspraken over de veranderde relatie tussen de hedendaagse mens en zijn woning.

Total Furnishing Unit, 'Italy: The New Domestic Landscape', MoMA, New York, 1972

Volgens Joe Colombo die een jaar voor de tentoonstelling op zijn 41e verjaardag stierf, dient de moderne woonruimte niet opgevuld te worden met huishoudelijke objecten, maar moeten deze worden geïntegreerd in de gebruiksruimte. De idee van een uitklapbare, transformeerbare en – in principe – transporteerbare woonuitrusting ligt ook ten grondslag aan de Total Furnishing Unit die in New York werd tentoongesteld. De Unit bestaat uit vier compartimenten die respectievelijk de keukenfunctie herbergen, de opslag van spullen, de slaapbenodigdheden en het sanitair. Elk compartiment is zelfstandig en kan op elke gewenste plek in de ruimte neergezet worden (al suggereert Colombo zelf een aantal voorkeursopstellingen, gebaseerd op te verwachten gebruikspatronen).

Ook de compartimenten zelf kunnen worden getransformeerd. Twee uitschuifbare elementen in het slaapgedeelte kunnen als bed dienen. Met een eveneens uitschuifbaar tafelblad in combinatie met vier *multi-chairs* (ontworpen in 1970) kan een eetopstelling of een werkplek worden gemaakt. Zo is een keur aan configuraties mogelijk, die de ruimte waarin de TFU staat opgesteld elke mogelijke woonfunctie kunnen verlenen.

Wat betreft zijn vormgeving en kleurgebruik is de Total Furnishing Unit overduidelijk een product van de vroege jaren 1970. Daar staat tegenover dat de belofte van tijdelijk ruimtegebruik en een minimale footprint die de TFU in zich draagt, juist sterk resoneert in het huidige tijdsgewricht. In die zin is dit ontwerp van Joe Colombo nog steeds wat het in 1972 ook was: een blik in de toekomst. (pvdp)

In 1972, the influential exhibition 'Italy: The New Domestic Landscape' was held at the MoMA in New York. Curator Emilio Ambasz assembled 180 household objects and 11 installations by Italian designers in order to investigate the relationship between the designer, the user and (industrialized) society. Italy, which at that time was the leading country in terms of design, served as a model for the entire industrialized world.

In the exhibition, the headings 'counter-design' and 'contestatory objects' allowed room for criticism of the consumer society. The Archizoom collective set up a loudspeaker in an empty room, which in harsh terms commented on the destruction of objects and institutions, and then played a mellifluous description of a utopian world. The quite eye-catching installation by Joe Colombo, called Total Furnishing Unit, was not among these critical entries, but it did make statements about the changing relationship between contemporary people and their homes.

According to Joe Colombo (who died on his 41st birthday, one year before the exhibition), the modern dwelling should not be filled with household objects; instead, these objects should be integrated into the functional space. The idea of a foldable, transformable and (theoretically) transportable dwelling arrangement also formed the foundation of the Total Furnishing Unit, which was exhibited in New York. The Unit consisted of four compartments, which respectively housed the kitchen function, the storage of objects, the sleeping accessories and the sanitation facilities. Each compartment was independent, and could be placed anywhere within the space (even though Colombo himself suggested some preferred arrangements, based on expected patterns of use).

The compartments themselves could also be transformed. Two extendable elements in the sleeping area could serve as a bed, and the equally extendable table surface, with four 'multi-chairs' (designed in 1970) could also be used to create a dining or working area. A variety of configurations were thus possible, which allowed the space where the Unit was exhibited to be used for every possible dwelling function.

In terms of its design and use of colour, the Total Furnishing Unit was clearly a product of the early 1970s. Yet the promise that the Unit expressed in terms of a temporary use of space, together with a minimal footprint, still very much resonates in the current era. In that sense, this design by Joe Colombo is still what it was in 1972: a look into the future. (pvdp)

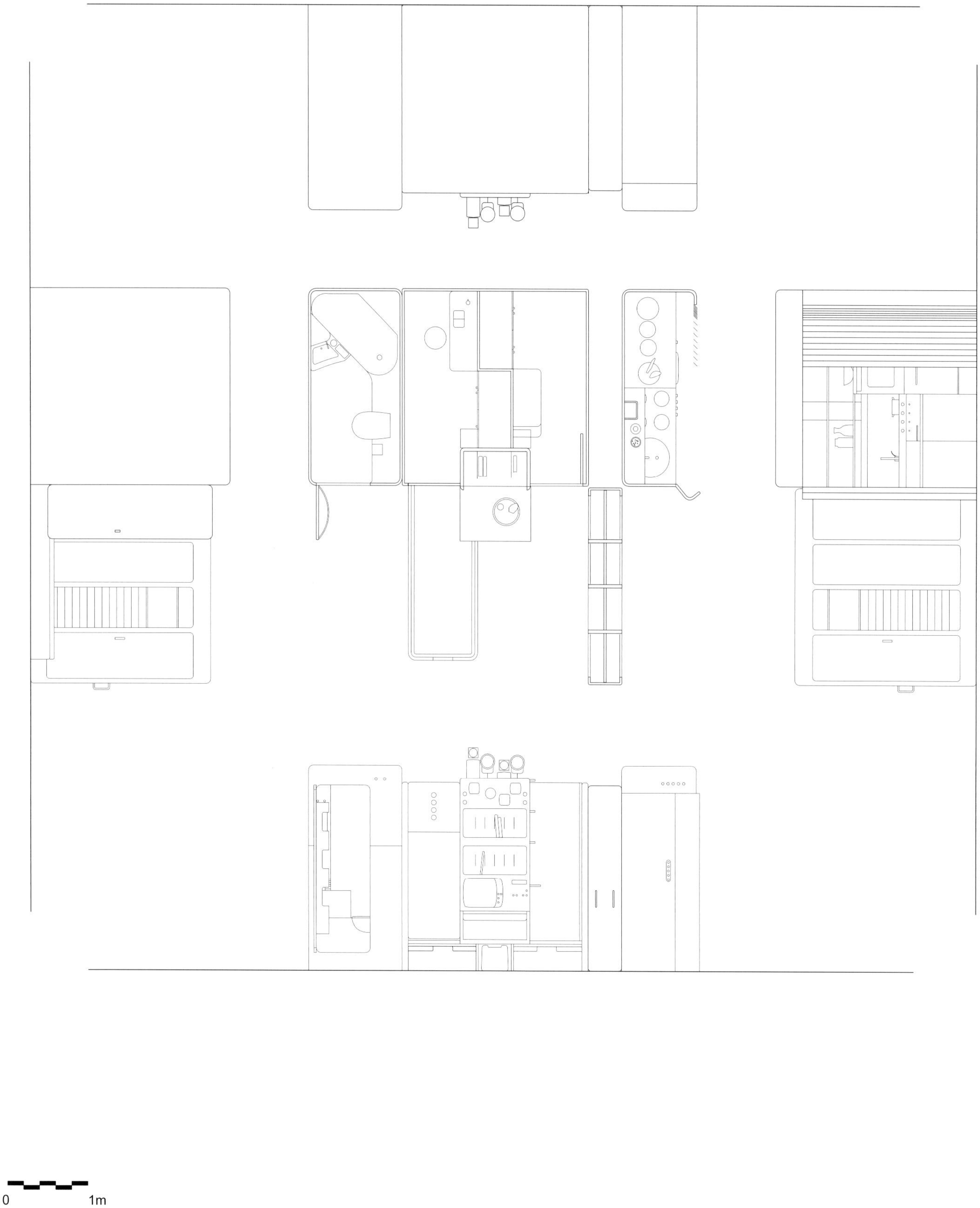
0
1m

Voorzijde met uitgeschoven bedden en kastelement
Front side with extended beds and wardrobe element

Interieur badkamer
Bathroom interior

Gebruiksvarianten
Use variants

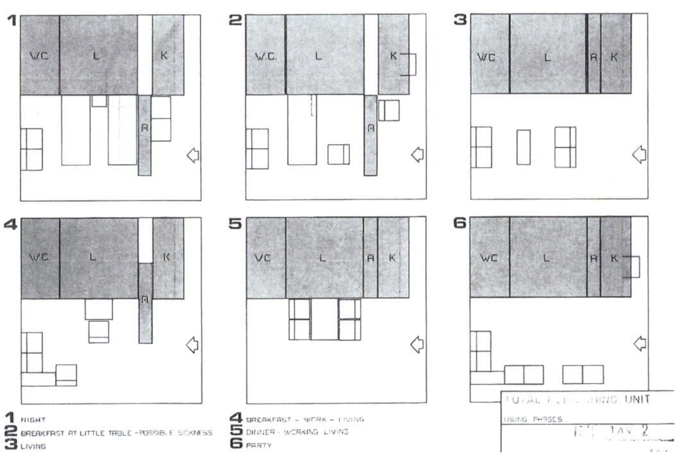

Perspectivische schets
Perspective sketch

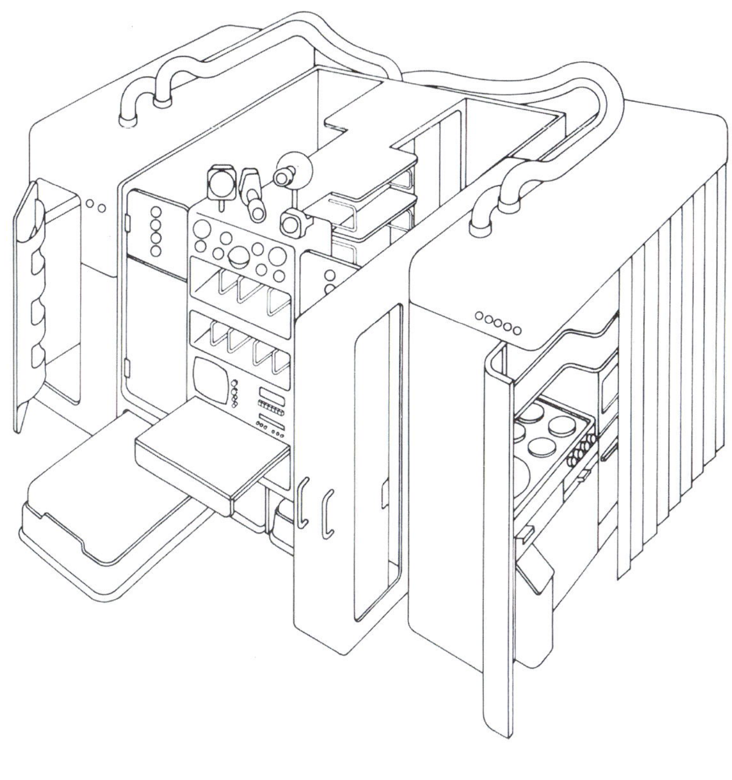

La serie Misura *Domus*, nr./no. 517

Superstudio

Misura-meubelen/Misura furniture: meubelcollectie geproduceerd door Zanotta voor het label Quaderna (1970-1971), fotoreportage voor *Domus*, nr. 517 (december 1972)/ furniture series produced by Zanotta, labeled Quaderna (1970-1971), fotoshoot for Domus, no. 517 (December 1972)

Materialen en kleuren/Materials and colours: meubilair: tweepersoons bed, eettafel met drie stoelen, gestoffeerde stoel, bank, boekenkast, bureau, twee vrijstaande klerenkasten, drie gestapelde bijzettafels en de spiegeldoos *Specchio Misuratore*. Alle meubilair is voorzien van een formica-fineer uit de collectie van Abet. Wit met zwartgestreept raster van 3x3 cm. Kussens donkerblauw / furniture: master bed, dining table and three chairs, chair with upholstery, bench, book case, desk, two freestanding closet cabinets, three stacked end tables and mirror box 'Specchio Misuratore'. All furniture in surface veneer Print Abet Formica sheets. White with black lined 3x3 cm grid. Cushions dark blue.

Overig/Diverse: vier borden, fruitschaal, fruit / four plates, fruit bowl, fruit.

Tentoonstellingen en evenementen/ Exhibitions and events: Misura meubelprototypen/furniture prototypes, Chianti, 1969, gefotografeerd door/photographed by CristianoToraldo di Francia; Rocca Malatestiana di Fano, Multipli-tentoonstelling/Multipli exhibition: catalogus van de/ catalogue of the *Istogrammi d'architettura en de Specchio Misuratore*, 1971; *Picnic in Bellosguardo*, 1971 (Istogrammi)

Bronnen/Sources:
'Dai Cataloghi del Superstudio: Istogrammi', *Domus*, nr./no. 497 (april/April 1971), 46.
'Superstudio: dal catalogo degli Istogrammi la serie "Misura"', *Domus*, nr./no. 517 (December/ December 1972), 36-37.
Roberto Gargiani en/and Beatrice Lampariello, *Superstudio* (Rome-Bari: Editori Laterza, 2010), 117.
Superstudio, *Catalogo degli Istogrammi di Architettura* (Milaan/Milan: Plura Edizioni, 1970).
Interview met/with Adolfo Natalini.
Interview met/with CristianoToraldo di Francia.

Misura-meubelen zoals afgebeeld in Domus 517, 1972
Misura furniture as shown in Domus 517, 1972

De ontwerpen van Superstudio voor de meubelcollectie die in eerste instantie bekend stond als *Le tombe degli architetti*, toen als *Istogrammi* en vervolgens als *Misura*, werden bedacht om een tegenwicht te bieden aan de eindeloze vraag van de markt naar nieuwe consumentenproducten.

Van de vroegste Istogrammi bestonden verschillende modellen en versies die bij elkaar een uitgebreide reeks huishoudelijke oplossingen voor het dagelijks leven boden. De Istogrammi bestonden uit samenstellingen van gestapelde en gerasterde blokken die zuivere geometrische vormen, torens, piramidepunten en andere primaire architectonische vormen combineerden tot een oneindig aantal mogelijke configuraties. Deze gerasterde blokken inspireerden Edoardo Boncinelli ertoe ze de naam Istogrammi te geven. Normaal gesproken zijn *histogrammen* geometrische representaties van data, die vaak worden gebruikt om de geluidsactiviteit van audioapparatuur te registreren en weer te geven. In zekere zin doen de Istogrammi van Superstudio hetzelfde: fluctuaties geometrische modellen voorzien in de behoeften van de individuele gebruiker.

De Istogrammi komen voort uit een reeks schetsen die gemaakt werd in de zomer van1968, ongeveer in dezelfde periode dat het concept voor *Monumento Continuo* vorm kreeg. Rond 1968 waren Adolfo Natalini en Cristiano Toraldo di Francia bezig met het ontwerp van een reeks huizen voor particulieren, en ze kregen steeds meer moeite met het omgaan met de individuele grillen van de klanten. Op een schets getiteld *Catalogo di ville*, die Natalini op 1 september 1968 maakte, krabbelde hij een opmerking over 'klanten die het huis dat voor hen wordt gebouwd niet verdienen'. De tekening is een van de vroegste afbeeldingen van een huis met een rasterpatroon op de buitengevel en op de gevel van de binnenhof. Diezelfde zomer duiken er schetsen op waarop zowel het concept van Monumento Continuo (later geperfectioneerd voor de Trigon-tentoonstelling in Graz in 1969) als dat van Le tombe degli architetti aan de orde komt, gelijksoortige schaalloze objecten die pasten in de huiselijke omgeving.

De groep werkte de schetsen uit tot een reeks miniatuurschaalmodellen, gemaakt van wit karton, met een rasterpatroon van droge-overdrukvellen. Hoewel Potronova een collectie van Superstudio-objecten in productie had, zag het bedrijf af van de productie van de Istogrammi. Die tegenslag was voor Superstudio aanleiding de Istogrammi-serie tot een unieke lijn Misura-meubilair te transformeren. In 1970 droeg Superstudio de rechten van de Misura-serie, met zijn raster van 3x3 cm, over op Aurelio Zanotta, wiens beroemde bedrijf de meubels nog steeds produceert voor het Quaderna-label. (pl)

First referred to as *Le tombe degli architetti*, Superstudio's designs for the *Istogrammi* and subsequent *Misura* furniture series were conceived as countermeasures geared to undermine the market's unending demands for new consumer products.

The earliest *Istogrammi* came in a number of shapes and varieties that together constituted a comprehensive set of household solutions for everyday living. The *Istogrammi* formed an assembly of stacked and gridded blocks, combining pure geometrical forms, towers, pyramid tops and other primary architectural shapes into an open number of possible configurations. These gridded blocks were what inspired Edoardo Boncinelli to suggest the name *Istogrammi*. Typically, histograms are geometrical representations of data, commonly used to track and display sound activity on audio equipment. In a sense, Superstudio's *Istogrammi* perform a similar kind of action, responding to the individual user's needs through fluctuations in its various geometrical shapes.

The *Istogrammi* originate from a series of sketches made in the summer of 1968, about the same time the concept for the *Catalogo di ville* took shape. Around 1968 Adolfo Natalini and Cristiano Toraldo di Francia were engaged in the design of a series of houses for private clients, and they were becoming increasingly tired of dealing with the client's individual whims. On a sketch titled *Catalogo di ville*, made by Natalini on 1 September 1968, he scribbled a note about *clients who do not deserve the house built for them*. The drawing is one of the earliest depicting the house with a grid pattern on its exterior façade and on its interior court façade. That same summer, sketches emerge that deal both with the concept of the *Catalogo di ville* (later perfected for the 1969 Graz Trigon exhibition) and *Le tombe degli architetti*, similarly scale-less objects to fit within the domestic environment.

From the sketches the group elaborated a series of miniature scale models, made from white cardboard with its grid pattern made using dry transfer film. Despite a line of Superstudio objects under Potronova's manufacture, the company decided against undertaking the production of *Istogrammi*. The setback prompted Superstudio to transform the *Istogrammi* series into a unique line of *Misura* furniture. By 1970 Superstudio transferred the rights to the *Misura* series, with its 3x3 cm grid, to Aurelio Zanotta, whose historical company continues to produce them under the Quaderna line. (pl)

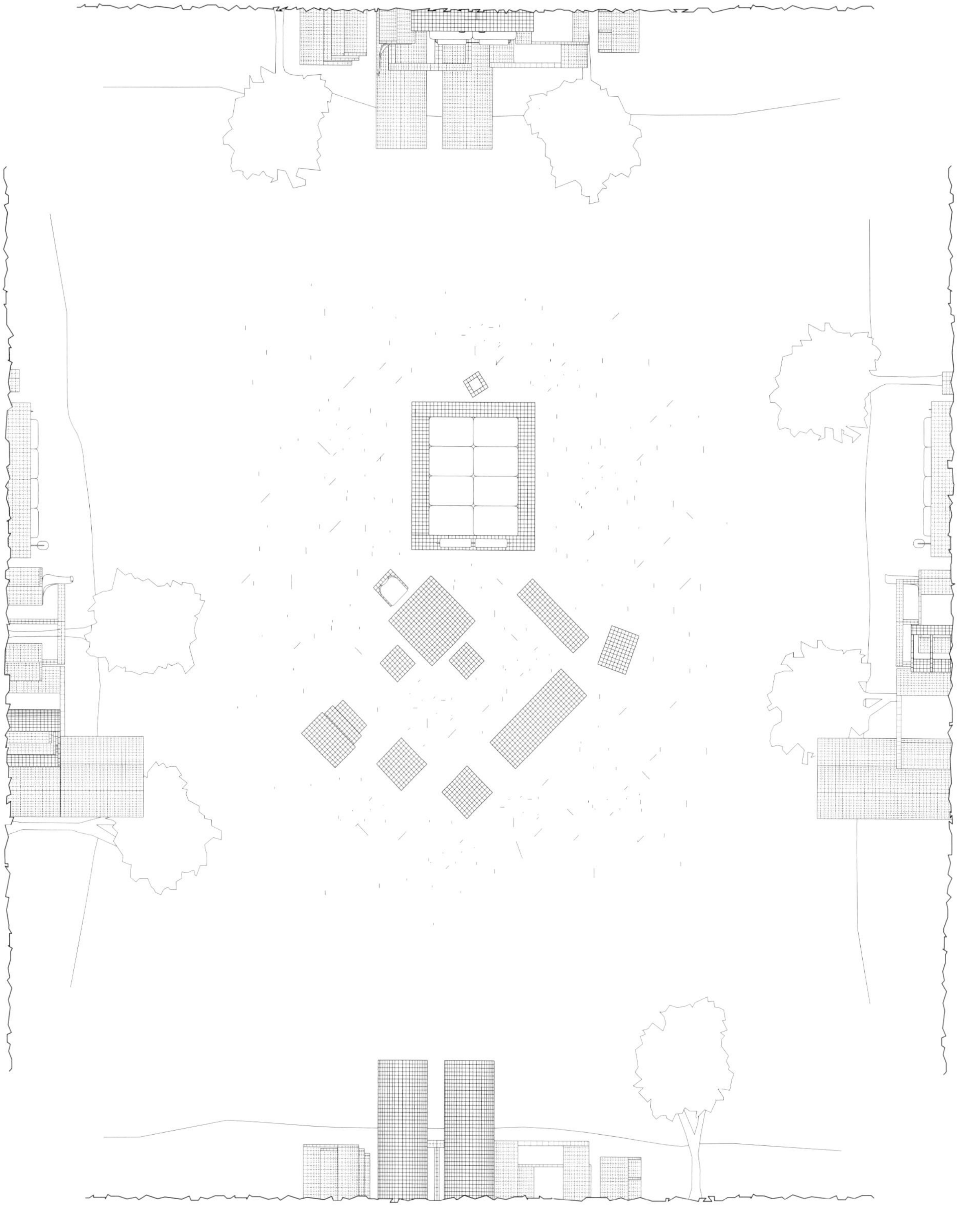

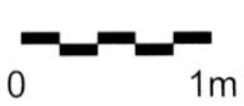
0
1m

Misura-meubelen, zoals afgebeeld in *Domus*, nr. 517, december 1972
Misura furniture as depicted in *Domus*, no. 517, December 1972

Misura-bed, isometrie
Misura bed, isometry

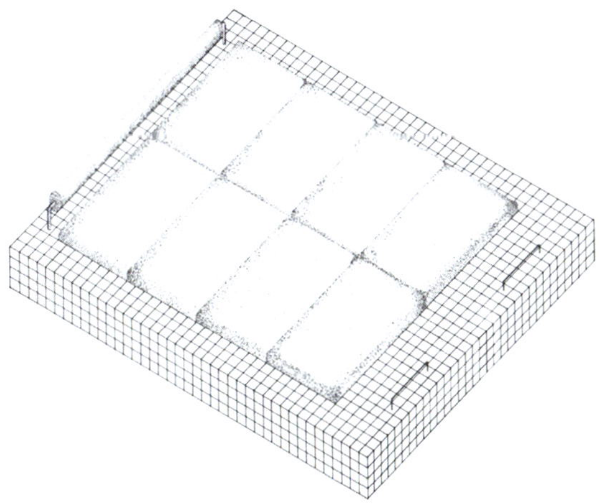

Misura-meubelen, zoals afgebeeld in *Domus*, nr. 517, december 1972
Misura furniture as depicted in *Domus*, no. 517, December 1972

Isometrie met de verschillende _Misura_-meubelen
Isometry with various *Misura* furniture

La Casa Telematica Milaan/Milan (IT)

Ugo La Pietra

La Casa Telematica: installatie/installation 61st Fiera Internazionale di Milano
Initiatief/Initiative: curator: Gianfranco Bettetini met/with Also Grasso, Ugo La Pietra
Vloeroppervlak/Floor area: 238 m^2
Materialen en kleuren/Materials and colours: kalkzandsteen, laminaat, schuimrubber, neon / sand-lime brick, laminate, foam rubber, neon lights
Meubels/Furniture: Ugo La Pietra, Giambattista Luraschi, Clara Mantica, Pallucco, Denis Santachiara
Tentoonstelling/Exhibition: april/April 1982

Bronnen/Sources:
Ugo La Pietra, *La Casa Telematica* (Venetië/Venice: Marsilio Editori, 1981)
Gianfranco Bettetini, Aldo Grasso, Ugo La Pietra, *La Casa Telematica* (Milaan/Milan: E.A. Fiera Internazionale Milano & Societa Editrice Kata, 1983)

De Italiaanse architect en kunstenaar Ugo La Pietra ontwikkelde al in 1971 een eerste concept voor de Casa Telematica in het kader van de tentoonstelling 'Italy: The New Domestic Landscape' die in 1972 in het MoMa in New York plaatsvond. Het concept behelsde een in doorsnede driehoekig huis, waarin La Pietra de mogelijke impact van techniek en technologie op de woning en het huiselijk leven onderzocht. La Pietra presenteert het huis – in beelden die doen denken aan Superstudio's *The Continuous Landscape* – als een ruimte waarin mensen samenkomen, maar waarin ook op allerlei manieren informatie-apparatuur is verwerkt, waarmee met de buitenwereld gecommuniceerd kan worden.

In het kader van de internationale jaarbeurs van Milaan die in 1982 gehouden wordt, pakt La Pietra het vraagstuk van techniek en de huiselijke sfeer weer op, en ontwikkelt hij opnieuw de Casa Telematica. In plaats van de enkelvoudige driehoekige ruimte is er nu een eenvoudige vierkante plattegrond met rechthoekige doorsnede, min of meer traditioneel onderverdeeld in woonkamer, keuken, slaapkamers, enz. In de inrichting heeft de Italiaanse avant-gardistische toon plaats gemaakt ten gunste van een postmoderne vormentaal: primaire vormen, neonlicht en uitgesproken kleuren. Juist door een traditionele indeling van het huis te kiezen, kon La Pietra de verschillende huiselijke rituelen problematiseren.

Niet geheel onverwacht wordt het hele huis gedomineerd door tal van televisieschermen en camera's die voorzien in entertainment, familiearchieven en werkplaatsen. Neonlicht accentueert lijnen en kolommen in het interieur, dat schijnbaar daglicht ontbeert, waardoor het aandoet als een televisieset. In de keuken staat een computer waar de kok het recept van de dag kan inzien en de benodigde producten kan bestellen. De woonkamer en keuken worden van elkaar gescheiden door een reeks dicht opeenstaande kolommen, maar verbonden door de tafel die de woonkamer domineert. Het uiteinde van deze driehoekige tafel steekt door de wand heen de keuken in, waardoor het eten automatisch uit de keuken op de tafel geserveerd lijkt te kunnen worden. Door de driehoekige vorm is de blik van de aanwezigen gericht op een televisiescherm dat aan het einde van de tafel en tegen de keukenwand is opgesteld. De favoriete programma's hoeven niet gemist te worden onder het eten. Ook niet tijdens de toiletgang: in de grond van het toilet is een scherm gemonteerd. In de slaapkamer is het schermleven radicaal doorgezet: het tweepersoonsbed is gesplitst, waarbij elke helft een afzonderlijk scherm heeft, alsof benadrukt wordt dat ieder een eigen relatie heeft met het scherm. Op andere plaatsen in het huis kan worden gekozen om individueel of gezamenlijk televisie te kijken. Naast de tafel staan drie stoelen achter elkaar; elk van de stoelen heeft in de achterleuning een televisiescherm, terwijl ook gezamenlijk naar een hoofdscherm gekeken kan worden. (ht)

Eetruimte, La Casa Telematica, Fiera de Milano, 1982
Dining area, La Casa Telematica, Fiera di Milano, 1982

In 1971, Italian architect and artist Ugo La Pietra had already developed a first draft of the Casa Telematica for the exhibition 'Italy: The New Domestic Landscape', which took place in 1972 at the MoMa in New York. The concept included a house with a triangular cross section, which La Pietra used to examine the potential impact of engineering and technology on the home, and on domestic life. Using images reminiscent of Superstudio's *The Continuous Landscape*, La Pietra presented the house as a space where people come together, but also one in which a variety of information-processing equipment has been included, which allowed for communication with the outside world.

In the framework of the International Trade Fair of Milan that was held in 1982, La Pietra again addressed the issue of technology and the domestic environment, and redeveloped the Casa Telematica. Instead of the single triangular space, there was now a simple square floor plan with a rectangular cross section, more or less traditionally divided into living room, kitchen, bedrooms, etcetera. In this arrangement, the Italian avant-gardist appearance made room for a postmodern idiom: primary shapes, neon lights and bold colours. Precisely by choosing a traditional layout of the house, La Pietra was able to question various domestic rituals.

Not entirely unexpectedly, the whole house was dominated by many television screens and cameras, which provided entertainment, family archives and working areas. Neon lights accentuated the lines and columns in the interior, which was apparently void of daylight, making it feel like a television set. In the kitchen was a computer where the cook could see the recipe of the day and order the required products. The living room and kitchen were separated by a series of closely spaced columns, but connected by the table that dominated the living room. The end of this triangular table protruded through the wall and into the kitchen, making it seem like the food could be automatically served from the kitchen to the table. The triangular shape meant that the audience's view was focused on a television screen located at the end of the table and against the kitchen wall; it was no longer necessary to miss your favourite programmes during meals. The same applied to using the toilet: a screen was installed on the floor of the bathroom. This emphasis on screens continued into the bedroom: the double bed was split in two, with each half having a separate screen, as if to emphasize how each person has his or her own relationship with the screen. In other places in the house, the choice could be made to watch television either individually or collectively. Next to the table, three chairs were lined up in a row; each of the chairs had a television screen in the back of the backrest, while a main screen allowed for collective viewing. (ht)

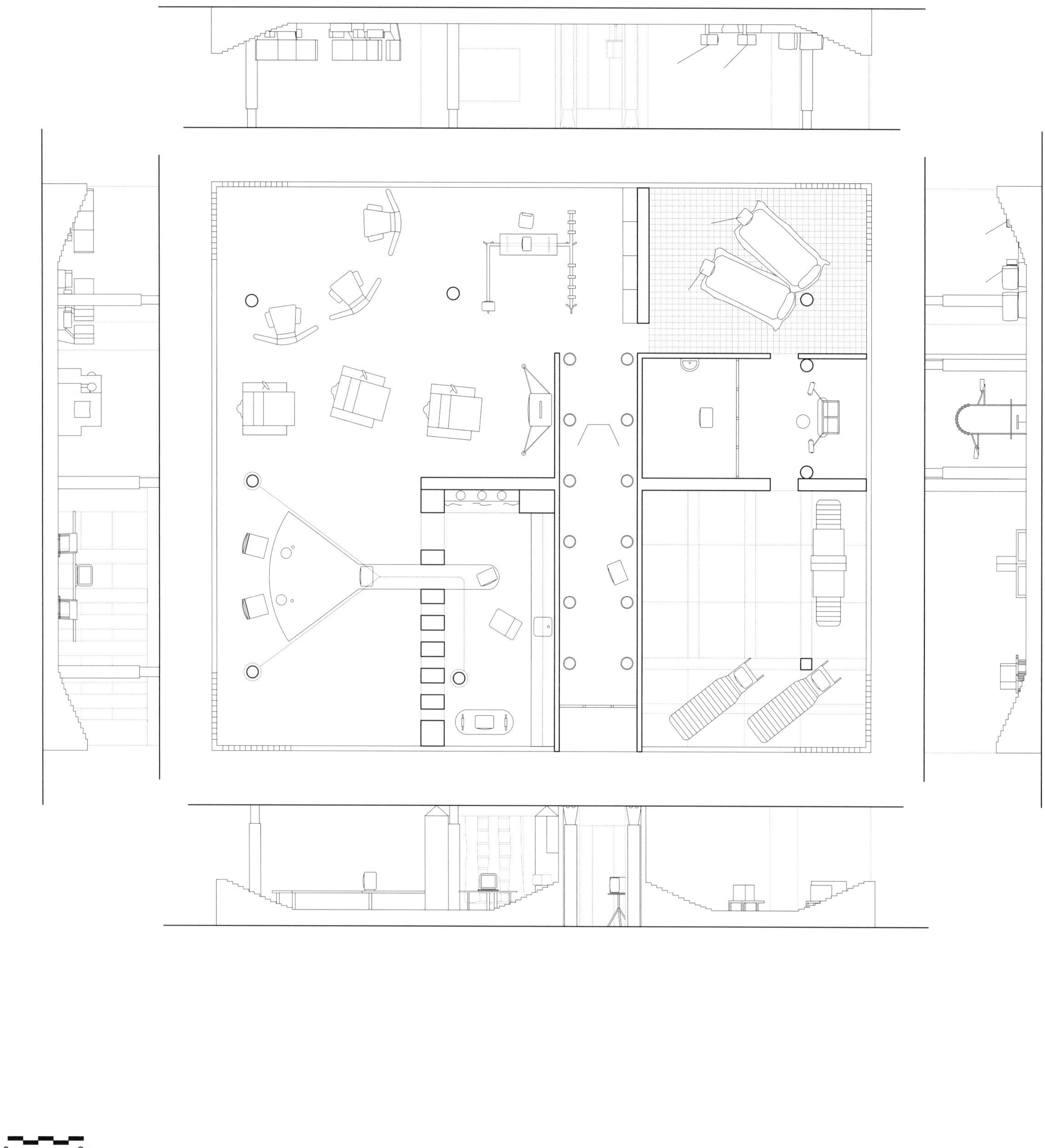
0
2m

Zitruimte met TV-fauteuils
Sitting area with TV armchairs

Keuken
Kitchen

Badkamer met opmaaktafel
Bathroom with vanity

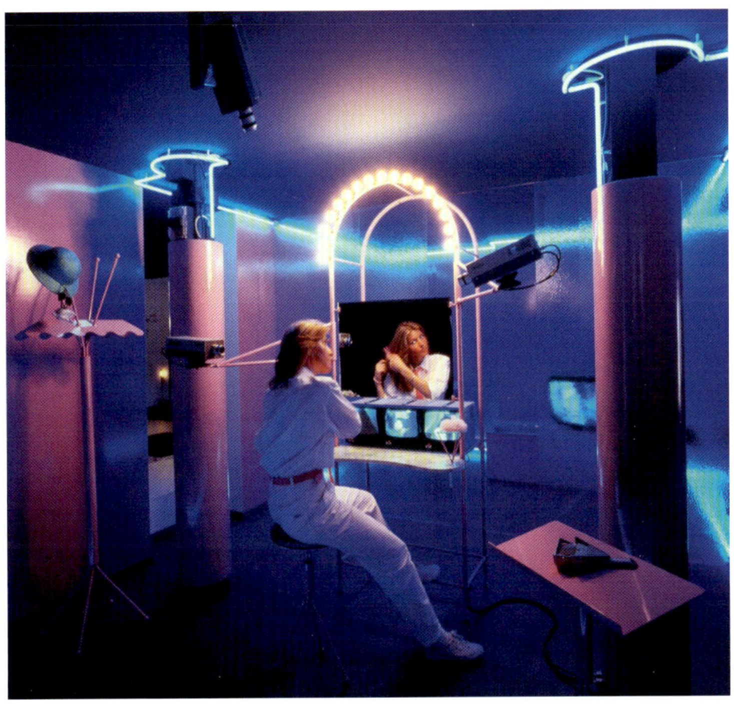

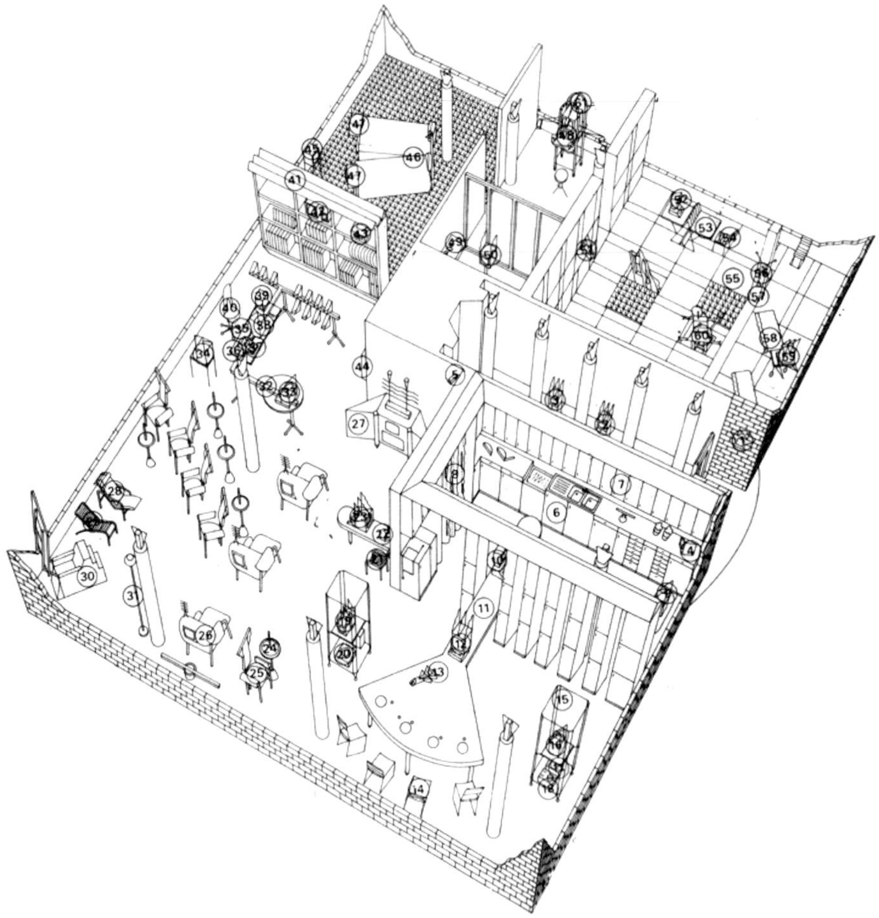

Isometrie van La Casa Telematica
Isometric drawing of La Casa Telematica

Legenda / Legend

1 **videofoon** / video intercom (Inelco Elettronica Professionale S.p.A.)
2 **monitor verbonden aan videofoon** / monitor connected to video intercom (Inelco Elettronica Professionale S.p.A.)
3 **monitor verbonden aan externe camera (omgevingsbewaking)** / monitor connected to external camera (neighbourhood surveillance) (Inelco Elettronica Professionale S.p.A.)
4 **monitor verbonden aan camera (5) voor bewaking in de woning** / monitor connected to camera (5) for domestic surveillance (Inelco Elettronica Professionale S.p.A.)
5 **bewakingscamera** / closed-circuit camera (Inelco Elettronica Professionale S.p.A.)
6 **'Oikos' kastsysteem** / storage system (Driade)
7 **decoratief laminaat** / decorative laminate (Cartiere Ambrogio Binda & Abet Laminati)
8 **eetbare algen** / edible algae (Laboratorio di Biologia Marina)
9 **videotel online service** (Servizio SIP)
10 **'VIC 20' personal computer met**/with **monitor** (Computeria: dealer van/of 'Commodore computer' – Brionvega)
11 **tafel** / table (Driade)
12 **monitor** (Brionvega)
13 **afstandsbediening** / remote control
14 **audiotoren** / audio tower (verdeler / joint distribution 'sistema Metro')
16 **monitor** (Barco)
17 **video recorder** (JVC, geleverd door/supplied by Bell & Howell Italia S.p.A)
18 **video disc** (Philips Laservision)
19 **monitor** (Mivar)
20 **HI-FI set** (National Panasonic Italiana)
21 **gemonteerde twee-zitter** / mounted two-seater (Pallucco)
22 **console voor videoprogramma's en spelletjes** / console for video programmes and games (Mattel Electronics)
23 **monitor** (Brionvega)
24 **'Servomuto' tafeltje** / small table (Zanotta)
25 **leunstoel** / armchair (Zanotta)
26 **TV-leunstoel met antenne en geïntegreerde monitor** / TV-armchair with antenna and integrated monitor (Zanotta Brionvega)
27 **mobiele** / mobile TV & monitor set (Modello Brionvega)
28 **'Genni' chaise longue** (Zanotta)
29 **'Herbst' chaise longue** (Pallucco)
30 **projector** KP 7210 PS (Sony)
31 **'Parola' staande lamp** / floor lamp (Fontana Arte)
32 **'Burdick Group' kantoorsysteem** / office system (ICF)
33 **'Biblioteca' terminal met programma** / with programme (I.B.M. Centrale Computer C.S.I.S. 3C)
34 **werkplek met computer** / workstation with computer (Computervision)
35 **antwoordapparaat** / answering machine (Servizio S.I.P.)
36 **multifunctioneel telefoontoestel** / multifunctional telephone device (Servizio S.I.P.)
37 **automatische verdeelkast** / automatic distribution device (Servizio S.I.P.)
38 **'Apple II plus' personal computer** (Computeria: dealer van/of 'Apple Computer')
39 **'R 18' (Inelco Elettronica Professionale S.p.A. – Radiocor nieuws-agentschap** / news agency)
40 **'Supporto' stoeltje** / small chair (I.C.F.)
41 **bibliotheek voor boeken en tapes** / library for books and tapes (I.C.F.- M.E.E. s.r.l. benodigdheden voor data-centra / supplies for data centres)
42 **cardio telefoon** / telephone (Servizio S.I.P.)
43 **monitor verbonden aan extern apparaat voor meteorologische informatie via satelliet** / monitor connected to external device for meteorological information via satellite (Mivar – Tecnel)
44 **Telestart** (Servizio S.I.P.)
45 **televisie bloemen** / television flowers (videotape: Studio Azzurro Film, vaas/vase: Memphis, monitor: Brionvega)
46 **'Jap' tweepersoonsbed** / double bed (Drim Italia)
47 **monitor** (Brionvega)
48 **monitor verbonden aan bewakingscamera** / monitor connected to closed-circuit camera (Inelco elettronica professionale S.p.A.)
49 **sanitair** / sanitary fittings ('City Bagno' dealer: Pozzi Ginori)
50 **monitor** (Barco)
51 **'Gilberto' robot** (Alfa Auto S.p.A. – Dipartimento di Meccanica del Politecnico di Milano)
52 **'Sinclair' personal computer, printer en**/and **monitor** (Computeria dealer van / of 'Rebit computer' – Brionvega)
53 **studeertafel** / study table (Pallucco)
54 **'Suomi' stoel / chair** (Pallucco)
55 **decoratief laminaat** / decorative laminate (Cartiere Ambrogio Binda & Abet Laminati)
56 **'Cambalache' radio** (ARC 74)
57 **'Agitato' klok** / clock (ARC 74)
58 **televisie-kar** / television cart (Pallucco)
59 **console voor videoprogramma's en spelletjes met monitor** / console for video programmes and games with monitor (Mattel Electronics - Brionvega)
60 **pop** / doll
61 **opmaaktafel met bewakings-camera's** / closed-circuit dressing table

Entree met videofoon
Entrance with video intercom

Tweepersoonsbed 'Jap'
Double bed 'Jap'

Leunstoel met projector
Armchair with projector

Bibliotheek
Library

Some New Items for the Home – Part I

Berlijn/Berlin (DE)

Jasper Morrison

Some New Items for the Home – Part I: installatie voor het project Designwerkstatt in de DAAD Gallerie, Berlijn, 1988 / installation for the *Designwerkstatt* project at DAAD Gallery, Berlin, 1988
Initiatief/Initiative: Berliner Designwerkstatt / Christian Borngräber
Vloeroppervlak/Floor area: 15 m^2
Materialen en kleuren/Materials and colours: *Wanden*: underlayment-platen naturel; achterwand beschilderd met deur in witte lijnen; één zijwand beschilderd met boekenkast in witte lijnen en boeken in diverse kleuren; *Vloer*: underlayment-platen naturel / *Walls*: underlayment panels (natural); rear wall painted with door in white lines; one side wall painted with bookcase in white lines, and books in various colours; *Floor*: underlayment panels (natural)
Meubels/Furniture: vier plywood-stoelen en tafel / four plywood chairs and table (Jasper Morrison)
Overig/Diverse: drie groene flessen / three green bottles (Jasper Morrison), kapstok / coat hanger (Jasper Morrison), ingelijste Dymaxion World Map / framed Dymaxion World Map (Buckminster Fuller), tekening / drawing 'Works: A Plan for a Factory'
Tentoonstelling/ Exhibition: herfst/ autumn 1988

Bronnen/Sources:
Jasper Morrison, 'The Unimportance of Form', *Ottagono*, nr./no.100 (September 1991), 74.
Jasper Morrison, *Everything but the Walls* (Baden, CH: Lars Müller Publishers, 2006), 14-19.
Gabriele Neri, *Jasper Morrison* (Milaan/Milan-Pero: 24 ORE Culturasrl., 2011), 33-39 en/and 52-54.
Christian Borngräber, *Berliner Wege: Prototypen der Designwerkstatt* (Berlijn/Berlin: Ernst & Sohn, 1988), 11.

Some New Items for the Home – Part I, DAAD Gallerie Berlijn, 1988
Some New Items for the Home – Part I, DAAD Gallery Berlin, 1988

Jasper Morrison wordt gerekend tot de succesvolste productontwerpers van deze tijd. Hij heeft een oeuvre opgebouwd dat varieert van meubilair tot keukenapparaten en schoenen. Zijn werk heeft vaak een wat neutrale of anonieme uitstraling, die ook veel designproducten uit de jaren 1950 en 1960 jaren kenmerken. Zelf merkt Morrison daarover op dat vorm voor hem minder belangrijk is en vaak afgeleid kan worden uit het bestaande. Er schuilt grote schoonheid in het vanzelfsprekende en alledaagse voorwerp, aldus Morrison.

Een jaar voor zijn afstuderen aan de *Kingston Polytechnic School of Design* (1982) bezoekt ontwerper Jasper Morrison de *Salone di Mobile* in Milaan. Hier is hij getuige van de lancering van de Memphis-groep, geïnitieerd door Ettore Sottsass, waar het postmodernisme een bijna iconische verschijningsvorm krijgt: 'Het was een hele vreemde gewaarwording: op een bepaalde manier voelden we ons verstoten (althans, zo voelde ik dat), maar tegelijkertijd voelden we ons bevrijd omdat regels volledig overboord werden gegooid. Het was een verwarrende emotie: dus terug op school maakte ik mijn enige Memphis-werk, dat gelukkig geheel verdwenen is.'(geciteerd in Gabriele Neri, 34). De installatie *Some New Items for the Home* die Morrison na een verblijf van drie maanden in Berlijn ontwerpt, is duidelijk een afrekening met de Memphiscultuur, waar gebruiksvoorwerpen welbewust tot onherkenbare kunstwerken worden getransformeerd om op tentoonstellingen en in tijdschriften te schitteren. De installatie, te zien in de DAAD Gallerie in Berlijn, vormt het decor voor de presentatie van een aantal uiterst eenvoudige, geraffineerde ontwerpen. Het bekendst zijn de plywood-stoelen, die volledig uit een multiplexplaat zijn gezaagd, en de groene (standaard) flessen, waarvan de halsuiteinden zijn bewerkt. Het zijn onopvallende en vanzelfsprekende items en hun minimalistische karakter wordt versterkt door de plaatsing in een opvallend Spartaanse stijlkamer.

Door de deur en de boekenkast in deze kamer met vage witte lijnen op de wanden te tekenen, versterkt Morrison het decorachtige karakter van de ruimte. Verder voegt hij een aantal voorwerpen toe, waarvan de bedoeling niet onmiddellijk is te begrijpen, zoals een uitgebrande kaars op tafel, een vreemde wereldkaart en een plattegrondtekening, vastgeprikt op de wand.

Een jaar later toont Morrison een tweede stijlkamer (Part II) in Gallery Facsimile in Milaan. Hier hebben de wanden plaats gemaakt voor gestippelde lijnen op de vloer en keren dezelfde items terug, aangevuld met vloerkleden en enig meubilair. (jz)

Jasper Morrison is considered to be one of the most successful product designers of our time. He has built up a body of work that ranges from furniture to kitchen appliances and shoes. His work often has a somewhat neutral or anonymous appearance, which also characterizes many design products from the 1950s and 1960s. Morrison himself has stated that for him, form is less important, and can often be derived from what already exists. Great beauty, he said, lurks in the obvious and ordinary object.

A year before graduating from Kingston Polytechnic School of Design (1982), Jasper Morrison visited the *Salone di Mobile* in Milan. Here he witnessed the launch of the Memphis group, initiated by Ettore Sottsass, where postmodernism took on an almost iconic appearance: 'It was a very strange sensation: in a certain way we felt rejected (at least I did), but at the same time we felt free thanks to a total breaking of the rules. It was a confusing emotion: so when I got back to college I made my one and only Memphis piece, which fortunately has vanished forever' (cited in Gabriele Neri, 34). The installation *Some New Items for the Home*, which Morrison designed after a three-month stay in Berlin, was clearly a way of settling accounts with the Memphis culture, where utensils were deliberately transformed into unrecognizable pieces of art, so as to shine at shows and in magazines. The installation, which was exhibited at the DAAD Gallery in Berlin, formed the setting for the presentation of a number of extremely simple, refined designs. The best known are the plywood chairs, which are completely cut from multiplex plywood, and the green (standard) bottles, whose necks have been treated. These are unobtrusive and obvious items, and their minimalist character is enhanced by their placement in a strikingly Spartan style room.

By drawing the door and the bookcase in this room with faint white chalk lines on the walls, Morrison reinforced the stage-like character of the room. He also added a number of objects whose purpose was not immediately clear, such as a burnt candle on the table, an unusual map of the world and a floorplan-drawing pinned to the wall.

A year later, Morrison showed a second style room (Part II) at Gallery Facsimile in Milan. The walls were replaced by dotted lines on the floor, and the same items returned again, now supplemented by carpets and some furniture. (jz)

0 1m

Deurkruk
Door handle

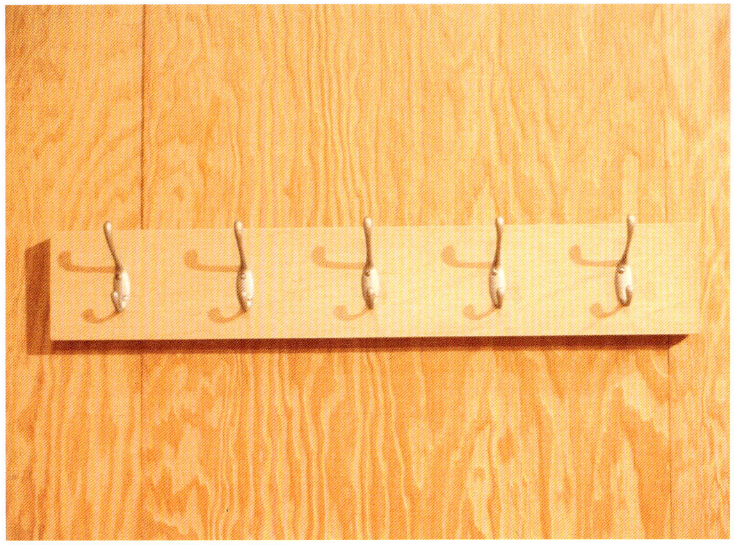

Kapstok
Coat hanger

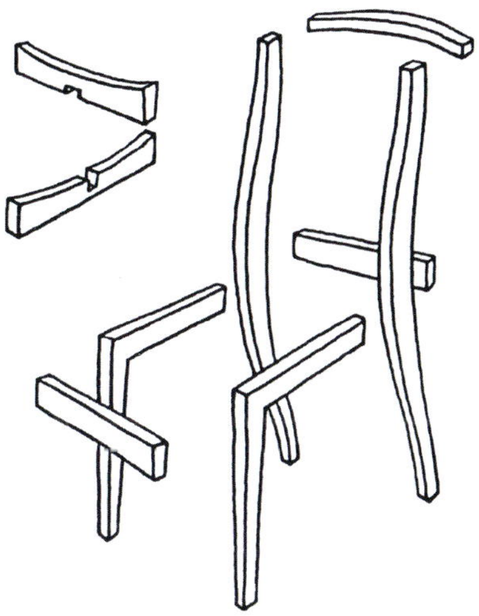

Schets opbouw plywood-stoel
Sketch of how the plywood chair is built

Schets tafel met stoelen
Sketch of table with chairs

Drie groene flessen
Three green bottles

Ideal House – Hella Jongerius

Keulen/Cologne (DE)

Jongeriuslab met/with EventArchitectuur

Ideal House: installatie in de vide van hal 3 van de Jaarbeurs, Keulen, 2005 / installation in the atrium of Hall 3 of the *Koelnmesse* (Cologne Exhibition Centre), Cologne, 2005
Initiatief/Initiative: Rat für Formgebung / German Design Council
Uitvoering/Execution: Internationale Möbelmesse (IMM), onderdelen door Jongeriuslab / parts by Jongeriuslab
Vloeroppervlak/Floor area: 160m^2
Materialen en kleuren/Materials and colours: *Wanden*: vurenhouten vakwerken, voornamelijk onbehandeld, sommige zwart of grijs geschilderd, met houten betimmeringen van underlayment, deels rood geschilderd. Bij sommige wanden is ook kippengaas toegepast; *Vloer*: houten vloer, zwart geschilderd; houten verdiepingsvloer, bestaande uit vuren balken en houten platen; *Trap*: hergebruik bestaande trap, toegevoegd halve steektrap met bordes / *Walls*: pine trusses, mostly untreated, some painted black or grey, with underlayment panelling, partly painted red. Chicken wire is also used on some walls; *Floor*: wooden floor, painted black; wooden landing, consisting of pine beams and wooden boards; *Stairs*: reuse of existing staircase, supplemented by a half-sized straight staircase with landing
Meubels en overig/Furniture etcetera: *Wand 1 en 2*: 3 vintage kasten; *Wand 2*: A4 textielkleuren samples Pantone tm; *Wand 2, 3 en 4*: moderne, klassieke en vintage stoelen; *Wand 5, 6, 7 en 8*: lampen; *Onder de trap*: schoonmaakspullen; *Wand 8*: vintage borden met kabelbinders bevestigd op prefab, geperforeerde plastic panelen; *Wand 8, 9, 10 en 11*: porseleincollectie Hella Jongerius voor Rosenthal; *Wand 9 en 10*: op verdiepingsvloer: opgerold Danskinatapijt, kaarsen, opgevouwen linnen lakens; *Wand 10 en 11*: vazen Hella Jongerius; *Wand 11*: vintage deur en raam; *Wand 4 en 11*: banieren met print JongeriusLab en banieren met 'Repeat', meubelstof ontwikkeld door Hella Jongerius voor Maharam, N.B. Geen meubels op de vloer; het huis is leeg, niet ingericht / *Walls 1 and 2*: 3 vintage cabinets
Wall 2: A4 textile colour samples by Pantone tm; *Walls 2, 3, and 4*: modern, classic and vintage chairs; *Walls 5, 6, 7, and 8*: lamps; Under the stairs: cleaning supplies; *Wall 8*: vintage plates mounted on prefabricated, perforated plastic panels with rip-ties; *Walls 8, 9, 10, and 11*: 'Hella Jongerius for Rosenthal' porcelain collection; *Walls 9 and 10*: on the first floor: rolled Danskin carpet, candles, folded linen sheets; *Wall 10 and 11*: Hella Jongerius vases; *Wall 11*: vintage door and window; *Walls 4 and 11*: banners printed with 'JongeriusLab' and banners with 'Repeat'; upholstery fabric designed by Hella Jongerius for Maharam. Note: No furniture on the floor; the house is empty, not furnished
Tentoonstelling/Exhibition: 17 – 23 januari/January 2005

Bronnen/Sources:
Frame, nr./no. 44 (mei-juni/May-June 2005), 114-125
http://www.designartnews.com/pagina/1idealehuis.htm (bezocht op 12 september 2014 / accessed 12 September 2014)
Louise Schouwenberg (red./ed.), *Hella Jongerius: Misfit* (Londen/London; New York: Phaidon Press, 2010).

Ideal House, IMM Keulen, 2005
Ideal House, IMM Cologne, 2005

De jaarlijkse meubelbeurs in Keulen heeft een traditie in het uitnodigen van toonaangevende ontwerpers die hun visie op het ideale wonen presenteren in een installatie. Zo werd in 2005 Hella Jongerius uitgenodigd.

Hella Jongerius begon haar carrière in het begin van de jaren 1990 en presenteerde haar eerste ontwerpen onder de vlag van Droog Design, dat het conceptuele ontwerp binnen de internationale designwereld tot een groot succes wist te maken. Al vrij snel ging ze haar eigen weg, omdat haar wijze van werken maar ten dele aansloot bij de Droog-filosofie. In tegenstelling tot andere, 'conceptuele' ontwerpers besteedt Jongerius altijd veel aandacht aan de uitvoering, waarbij ze doorgaans de voordelen van ambachtelijke vervaardiging verbindt met het industriële productieproces. Door de sporen van imperfectie (onvermijdelijk bij ambachtelijke productie) in de eindproducten te benadrukken, krijgen haar ontwerpen een eigen en uniek karakter.

De opgave voor een ideaal huis greep ze aan om een statement over veranderlijkheid te maken. Hella Jongerius zegt hierover: 'Ik zou over mijn eigen huis kunnen zeggen dat het op dit moment prima functioneert en dus ideaal voor mij is. Maar dat kan ik toch niet invullen voor anderen? Bovendien hou ik ook in mijn eigen huis alle opties open.' In nauwe samenwerking met theoretica Louise Schouwenberg besloot ze de openheid van het begrip 'ideaal' te vertalen naar wat in het persbericht omschreven wordt als 'een archief van het geheugen en een magazijn vol mogelijkheden'. Vanwege haar affiniteit met het werk van architect Herman Verkerk werd hij betrokken bij het architectonische ontwerp van de installatie.

De installatie bestaat uit 11 vakwerkwanden die op een onderlinge afstand van 160 cm staan. Voor de eerste wand bevindt zich een artificiële tuin met perken en een breed middenpad. Dit pad sluit aan op een reeks openingen in de wanden, die in elkaars verlengde liggen. In het stelsel van vakwerkwanden is een verscheidenheid aan gebruiksvoorwerpen, meubels, stoffen en lampen ondergebracht. Daarbij gaat het niet alleen om voorwerpen en stoffen die door Hella Jongerius ontworpen zijn, maar ook om designklassiekers, vintage voorwerpen van de rommelmarkt en wegwerpartikelen. De lichte uitvoering van de opgehangen vakwerken en het eigen karakter van iedere wand roept sterke associaties op met toneeldecors, waarmee het thema van het tentoongestelde wooninterieur op scherp wordt gezet.

Een trap aan de buitenkant van de installatie verbindt een aantal lege plateaus die dwars door de wanden heen steken en die de eigenlijke 'woonruimte' tonen: een onbeschreven blad waar een keuze uit alle voorwerpen die op de toonzalen en beurzen bijeengebracht zijn, uiteindelijk haar plaats zal vinden. (ls/jz)

The annual furniture fair in Cologne has a tradition of inviting leading designers to present their vision of 'ideal living' in the form of an installation. Hella Jongerius was invited in 2005.

Hella Jongerius began her career in the early 1990s, and presented her first designs under the banner of Droog Design, which managed to make conceptual design a great success in the international design world. She soon went her own way, because her way of working only partially matched the Droog philosophy. Unlike other 'conceptual' designers, Jongerius always pays a great deal of attention to the implementation, whereby she usually combines the advantages of artisanal production with the industrial production process. By emphasizing the traces of imperfection (inevitable in artisanal production) in the finished products, her designs take on their own unique character.

She used the assignment for an ideal house as a way of making a statement about changeability. As Jongerius has said: 'I could say about my own home that it works fine at the moment, and is therefore ideal for me. But I can't say the same for someone else, can I? Moreover, in my own home I also love the idea of keeping all options open.' In close collaboration with theorist Louise Schouwenberg, she decided to translate the openness of the concept of 'ideal' into what the press release described as 'an archive of memories and a warehouse full of possibilities'. Because of her affinity with the work of architect Herman Verkerk, he was involved in the architectural design of the installation.

The installation consisted of 11 truss walls at 160-cm intervals. In front of the first wall was an artificial garden, replete with garden beds and a wide centre aisle. This path connected to a series of openings in the walls, which were lined up with each other. The system of truss walls housed a variety of household objects, furniture, fabrics and lamps. These were not only objects and fabrics designed by Hella Jongerius, but also design classics, vintage items from the flea market and disposable items. The light execution of the suspended trusses and the individual character of each wall evoked strong associations with stage sets, which drew attention to the theme of an exhibited domestic interior.

A staircase on the outside of the installation connected a number of empty plateaus that cut straight through the walls and also showed the actual 'living' space: a blank page where a selection of all the objects brought together in the showrooms and trade shows will eventually find a place. (ls/jz)

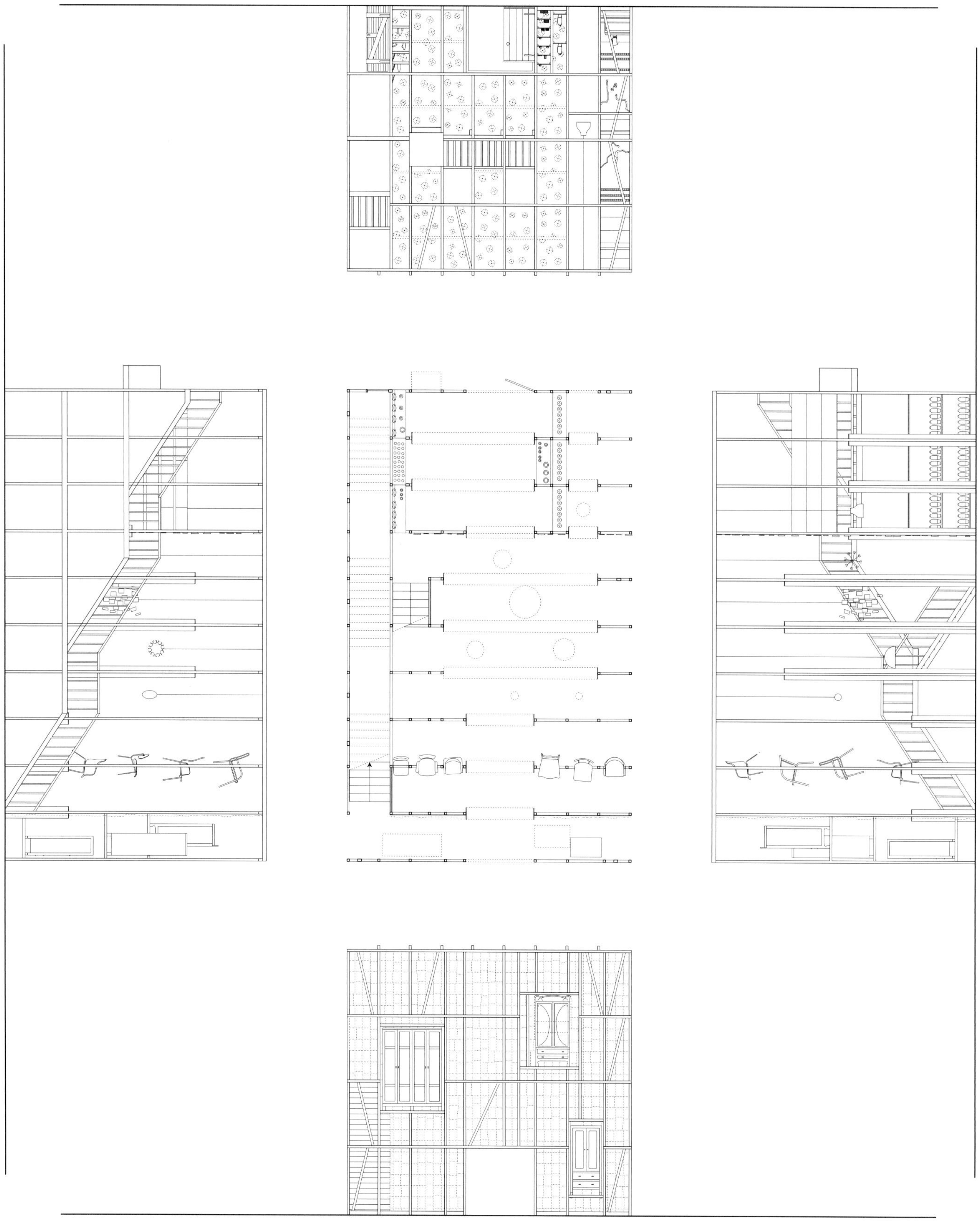

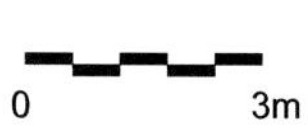
0
3m

Ideal House, voorzijde, IMM Keulen, 2005
Ideal House, front, IMM Cologne, 2005

Achteringang met vazen Hella Jongerius
Back entrance with Hella Jongerius vases

Stoelenwand
Wall of chairs

Presentatietekening vakwerk-wanden
Presentation drawing of lattice walls

Ontwerpschets
Design sketch

Bordenwand
Wall of plates

Tsunago Milaan/Milan (IT)

Kengo Kuma

Conceptwoning Tsunago/Concept Home Tsunago: gepresenteerd op de meubelbeurs Salone del Mobile, Milaan, 2007 / presented at the Salone del Mobile furniture fair, Milan, 2007
Initiatief/Initiative: Mitsui Fudosan Residential Co.
Vloeroppervlak/Floor area: c. 70 m^2
Materialen en kleuren/Material and colours: bamboe, hout, glas, natuursteen, keramiek / bamboo, wood, glass, natural stone, ceramics
Meubels/Furniture: bed, lamp en slaapkamerkast (Fabio Calvi & Paolo Brambilla) / bed, lamp and bedroom cabinet (Fabio Calvi and Paolo Brambilla)
Overig/Diverse: *tsukubai* waterbassin/water basin (Kenya Hara)
Tentoonstelling/Exhibition: 18-23 april/April 2007

Tsunago, Salone del Mobile, Milaan, 2007
Tsunago, Salone del Mobile, Milan, 2007

Op de meubelbeurs van Milaan (2007) presenteert de Japanse projectontwikkelaar Mitsui Fudosan een conceptwoning met de naam Tsunago, ontworpen door Kengo Kuma. De woning laat ideeën en concepten zien die het bedrijf wil gebruiken in appartementengebouwen voor de Japanse markt. *Tsunago* betekent 'verbinden' en dit thema heeft Kuma op verschillende niveaus uitgewerkt. Een verbinding met de Japanse cultuur is gemaakt door in de woning elementen van traditionele (woning)architectuur terug te laten komen. De wanden van het huis zijn uitgevoerd als bamboeschermen, in Japan *sumushiko* geheten. Niet alleen vervlecht Kuma zijn ontwerp hier met de Japanse bouwtraditie, het transparante karakter van de *sumushiko* stelt ook de verbinding tussen de binnenwereld van de woning en de buitenwereld op scherp. De plattegrond is een eenvoudige rechthoek, opgedeeld in kwadranten. Dit type plattegrond wordt 'rijstveld-karakter' plattegrond genoemd, vanwege de gelijkenis met het Chinese karakter ta (田) – rijstveld. Hier is de plattegrond uitgebreid met een veranda over de hele breedte.

De woning kent twee buitenruimten, die beide het thema verbinding verder etaleren. Ten eerste is er een entreeruimte, gemodelleerd naar de traditionele *doma*, die hier is uitgevoerd in steen in plaats van de gebruikelijke aangestampte aarde en houtskool. De *doma* van Tsunago heeft wanden maar geen plafond, wat een ambigue relatie tussen binnen en buiten teweegbrengt. De prominente watersculptuur is een verwijzing naar soortgelijke voorzieningen bij boeddhistische tempels, *tsanukai*, waar ze een rituele reiniging mogelijk maken voordat men de tempel betreedt.

De tweede buitenruimte is de veranda aan de achterkant van de conceptwoning, de *engawa*. De gebruikelijke typering van deze ruimte als een buffer tussen privé en publiek komt in het ontwerp van Kuma op losse schroeven te staan doordat de architect juist de veranda heeft gekozen als plaats voor het ligbad. De intieme handeling van de lichaamsverzorging vindt dus plaats op een podium.

Tussen de *doma* en de *engawa* ontwikkelt zich de rest van de woning, wederom onder verwijzing naar het thema verbinding. In de keuken/eetkamer bijvoorbeeld, heffen het transparante tafelblad en fornuis de barrière op tussen gast en gastheer, kok en eter.

Het huis van Kuma is kortom een plek waar de gebruiker voortdurend geconfronteerd wordt met zijn verhouding tot de wereld. Of het nu gaat om de relatie van 'ik' tot 'zij', tot 'binnen en buiten', tot 'privé en openbaar', of tot 'zichtbaar en onzichtbaar', telkens vindt er een bewustwording plaats van de eigen identiteit en die van anderen, en van de handelingen en rituelen die tot het wonen behoren. In een bouwwereld die zich graag in cijfers en gebruiksoppervlakten uitdrukt, is Tsunago daarom een interessante bron van ideeën. (pvdp)

At the 2007 Milan Furniture Fair, the Japanese project developer Mitsui Fudosan presented a concept home called Tsunago, designed by Kengo Kuma. The home showed ideas and concepts that the company wanted to use in apartment buildings for the Japanese market. *Tsunago* means 'connect', and Kuma elaborated on this theme on various levels. A connection to Japanese culture was created by imbuing the home with elements of traditional (residential) architecture. The walls of the house were designed as bamboo screens, known in Japan as *sumushiko*. Kuma here not only interwove his design with the Japanese building tradition; the transparent character of the *sumushiko* also focused on the connection between the inner world of the home and the outside world. The floor plan was a simple rectangle, divided into quadrants. This type of plan is called a 'rice field character' plan, because of its similarity to the Chinese character ta (田), which means rice field. Here, the floor plan was extended with a veranda over its entire width.

The home had two outdoor spaces, both of which further showcased the theme of connection. Firstly, there was an entrance space modelled after the traditional *doma*, which here was implemented in stone instead of the usual hard-packed soil and charcoal. The Tsunago *doma* had walls, but no ceiling, which produced an ambiguous relationship between inside and outside. The prominent water sculpture was a reference to similar features in Buddhist temples, namely *tsanukai*, where they enable a ritual cleansing before one enters the temple.

The second outdoor space was the veranda at the back of the concept home, the *engawa*. The usual characterization of this space as a buffer between private and public was turned upside down in Kuma's design, as the architect chose to situate the bathtub on the veranda. The intimate act of cleaning the body thus takes place on a stage.

The rest of the home developed between the *doma* and the *engawa*, again referring to the theme of connection. In the kitchen/dining room, for example, the transparent tabletop and stove eliminated the barrier between guest and host, and between cook and diner.

In brief, Kuma's house was a place where the user was constantly confronted with his relationship to the world. Whether this concerned the relationship between 'me and them', or between 'inside and outside', 'private and public', or 'visible and invisible', in each case an awareness of one's own identity and the identity of others was set in motion, as was an awareness of the actions and rituals that form part of the home. In a construction industry keen on expressing things in digits and user surface areas, this makes Tsunago an interesting source of ideas. (pvdp)

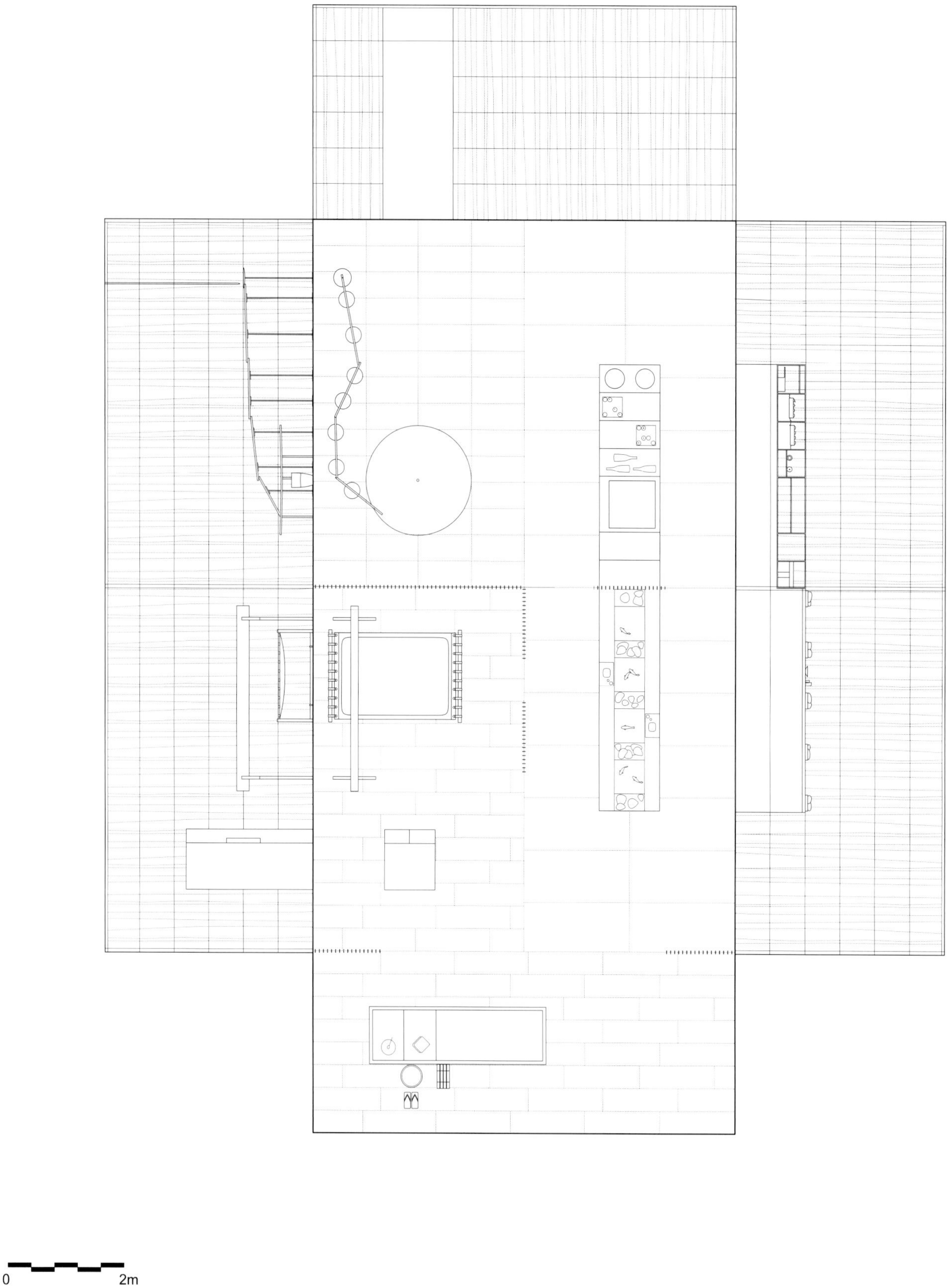
0
2m

Keuken/eetruimte
Kitchen/dining area

Slaapruimte
Sleeping space

Entreeruimte detail
Entrance area, detail

Entreeruimte
Entrance area

Irene Cieraad is cultureel-antropoloog en senior onderzoeker, verbonden aan de leerstoel 'Architecture of the Interior', Faculteit Bouwkunde, van de TU Delft. De publicaties van haar hand gaan over veel verschillende soorten onderwerpen, maar ze specialiseert zich in antropologisch onderzoek naar het gebruik van het Nederlandse woninginterieur. Ze is de redacteur van *At Home: An Anthropology of Domestic Space* (Syracuse University Press, 2013 [3e druk].
Irene Cieraad is a cultural anthropologist and senior researcher in the chair of Architecture of the Interior, Faculty of Architecture TU Delft. Her publications represent a wide range of topics, but she specializes in anthropological research of the usage of Dutch domestic space. She is the editor of *At Home: An Anthropology of Domestic Space* (Syracuse University Press, 2013 [3rd edition]).

Rika Devos, ingenieur-architect, is sinds 2012 als voltijds associate professor aangesteld bij de groep BATIR (Building, Architecture & Town Planning) van de École Polytechnique (faculteit ingenieurswetenschappen) van de Université Libre de Bruxelles (BE). Zij doceert hedendaagse architectuurgeschiedenis en architectuurtheorie, alsook architectuurontwerp. Haar proefschrift onderzocht de rol van de moderne architectuur op Expo 58 (UGent, 2008). Haar huidige onderzoekinteresses spitsen zich toe op de naoorlogse architectuur- en constructiegeschiedenis, de rol van de staat als bouwheer en de architectuur van wereldtentoonstellingen.
Rika Devos, engineer-architect, has worked since 2012 as a full-time associate professor at the BATIR group (Building, Architecture & Town Planning) of the École Polytechnique (Faculty of Engineering) at the Université Libre de Bruxelles (BE). She teaches contemporary architectural history and theory, as well as architectural design. Her doctoral thesis was about the role of modern architecture at Expo 58 (Ghent University, 2008). Her current research interests focus on post-war architectural and construction history, the role of the state as a building client, and the architecture of world's fairs.

Fredie Floré is ingenieur-architect en hoofddocent in het vakgebied geschiedenis en theorie van interieurarchitectuur en design aan de KULeuven, faculteit architectuur (BE). Daarnaast doceert ze aan de UGent, vakgroep architectuur en stedenbouw. Ze promoveerde in 2006 aan de UGent met een proefschrift over woonvoorlichting in België tussen 1945-1958. De handelseditie *Lessen in goed wonen* verscheen bij Leuven University Press (2010). Vandaag spitst het onderzoek van Fredie Floré zich toe op de geschiedenis van vertogen over wonen, architectuur, interieur en vormgeving uit de twintigste eeuw.
Fredie Floré is engineer-architect and senior lecturer in the field of 'the history and theory of interior architecture and design' at KULeuven, Faculty of Architecture (BE). She also teaches at Ghent University's Department of Architecture and Urban Planning. She obtained her PhD in 2006 at Ghent University with a dissertation about dwelling education in Belgium between 1945-1958. The commercial edition, *Lessen in goed wonen*, was published by Leuven University Press (2010). Today, Fredie Floré's research focuses on the history of discourses about dwelling, architecture, interior and design from the twentieth century.

Peter Lang is professor in architectuurgeschiedenis en architectuurtheorie aan het Royal Institute of Art, afdeling architectuur te Stockholm (SE). Hij publiceert over de geschiedenis en theorie van de naoorlogse Italiaanse architectuur, met de focus op het experimentele ontwerp, media en gebouwde omgeving uit de jaren 1960 in Italië. Samen met Luca Molinari en Mark Wasiuta was Lang medecurator van de tentoonstelling 'Environments and Counter Environments: Italy: the New Domestic Landscape, MoMa 1972', die september 2013 bij de Graham Foundation in Chicago werd gehouden.
Peter Lang is professor in Architecture History and Theory at the Royal Institute of Art, in the Department of Architecture, Stockholm (SE). He writes on the history and theory of post-war Italian architecture, with a focus on 1960s Italian experimental design, media and environments. Togetehrwith Luca Molinariand Mark Wasiuta, Peter Lang co-curated the exhibition 'Environments and Counter Environments: Italy: the New Domestic Landscape, MoMa 1972' that was last presented at the Graham Foundation Chicago in September 2013.

Hans Teerds is als onderzoeker verbonden aan de Faculteit Bouwkunde van de TU Delft, waar hij schrijft aan een proefschrift over architectuur en het publieke domein, gezien vanuit het geschreven werk van de filosofe Hannah Arendt. Samen met Tom Avermaete en Klaske Havik publiceerde hij de anthologie *Architectural Positions, Architecture, Modernity and the Public Sphere* (2009), en samen met Johan van der Zwart *Levend Landschap, Manifest voor stad en land* (2012). Teerds is lid van de redacties van de architectuurtijdschriften *OASE* en *DASH.*
Hans Teerds is a researcher in the TU Delft's Faculty of Architecture, where he is working on a thesis about architecture and the public domain, as seen from the writings of the philosopher Hannah Arendt. Together with Tom Avermaete and Klaske Havik, he published the anthology *Architectural Positions, Architecture, Modernity and the Public Sphere* (2009), and together with Johan van der Zwart, *Levend Landschap, Manifest voor stad en land* (2012). Teerds is a member of the editorial boards of the architecture magazines *OASE* and *DASH.*

Jurjen Zeinstra studeerde architectuur aan de Faculteit Bouwkunde van de TU Delft. Hij was redacteur van de architectuurtijdschriften *Oase* en *Forum.* Samen met Mikel van Gelderen richtte hij het bureau Zeinstra van Gelderen architecten op, dat verscheidene projecten realiseerde, van groot tot klein. Tegenwoordig werkt hij als waarnemend associate professor bij de leerstoel 'Architecture of the Interior', Faculteit Bouwkunde, van de TU Delft. Hij initieerde het programma 'Culture of care' in 2012. In 2013 was hij de eindredacteur van *Amsterdam Places; Interiors, Buildings and Cities.*
Jurjen Zeinstra studied architecture at the Faculty of Architecture TU Delft and has been editor of the architectural magazines *OASE* and *Forum*. Together with Mikel van Gelderen he founded Zeinstra van Gelderenarchitecten, that has realized projects on various scales. Currently he works in the Department of Architecture as acting Associate professor in the Chair of Architecture of the Interior, where he teaches design. He initiated the program 'Culture of Care' in 2012 and has edited *Amsterdam Places; Interiors, Buildings and Cities* in 2013.

Projectdocumentatie/
Project Documentation

Tekst/Text
Frederique van Andel, Rika Devos, Fredie Floré, Dick van Gameren, Julia Hegenwald, Paul Kuitenbrouwer, Peter Lang, Pierijn van der Putt, Louise Schouwenerg, Hans Teerds & Jurjen Zeinstra

Tekenwerk/Drawings
Guido Greijdanus, Carlyn Simoen & Davida Rauch

Omslag/Cover
Modelwoning tentoongesteld tijdens 'Wir bauen ein besseres Leben/We're Building a Better Life', Berlijn/Berlin, 1952, uit/from: Greg Castillo, *Cold war on the home front: the soft power of midcentury design* (Minneapolis, University of Minneapolis Press; 2010), 66

Dank voor het aanleveren van tekeningen en beeldmateriaal/We would like to thank the following firms and authorities for contributing drawings and images:
Victoria and Albert Museum, Londen/London; Bildarchiv und Grafiksammlung; Österreichische Nationalbibliothek; Collectie Het Nieuwe Instituut, archief ; Banque d'images ADAGP; Archivio Fotografico La Triennale di Milano; Svenskt Tenn archive; Nordenfjeldske Kunstindustrimuseum, Studio Joe Colombo; Archivo Ugo La Pietra; Studio Morrison; Jongeriuslab; Eventarchitectuur; Kengo Kuma and Associates

De redactie bedankt de volgende personen voor hun bijdrage aan de totstandkoming van dit nummer/The editors are indebted to the following people fort their contribution to the realization of this issue:
Cederick Ingen-Housz, Peter Prokop, Helmut Smits, Mikel van Gelderen, Julia Hegenwald, Herman van Bergeyck, Yvonne Brentjens, Alfred Marks, Frederique van Andel, Per Ahlden, Elvia Redaelli, Dick van Gameren, Paul Kuitenbrouwer, Steffen Wessenvold Holden, Ernst Althoff, Fredie Floré, Rika Devos, Guido Greijdanus, Enrico Forestieri, Elisabetta Borgatti, Peter Lang, Orsina Simona Pierini, Simona Cesana, Miranda Clow, Jasper Morrison, Herman Verkerk, Siska Diddens, Mariko Inaba

Hans Teerds
p. 4 Heinricht Kulka, *Adolf Loos*, Wenen 1979, Löcker Verlag
p. 8 Benedotto Gravagnuolo, *Adolf Loos*, Milaan 1982, Idea Books
p. 13 links boven/top left Life, 10 Januari 1924
p. 13 rechts boven/top right Martin Pawley, *Architecture versus Housing* (New York/ Washington: Praeger Publishers, 1971)
p. 13 onder/bottom courtesy of Denise Scott Brown en/and Robert Venturi
p. 15 boven/top © Guillaume Van Der Bijl
p. 15 midden/middle © Thomas Demand

Jurjen Zeinstra
p. 18 Steven Parissien, *Interiors: The Home since 1700* (Londen/London, Laurence King: Publishing, 2008)
p. 20 © Victoria and Albert Museum, Londen/London
p. 22 ÖNB/Wien/Vienna
p. 24 ÖNB/Wien/Vienna; Paul Asenbaum e.a./a.o., Otto Wagner; Möbel und Innenräume, (Salzburg, Wien/Vienna: Residenz Verlag, 1984)
p. 26 Kenneth Frampton, *Studies in Techtonic Culture: The Poetics of Construction in Nineteenth and Twentieth Century Architecture* (Cambridge, MA/Londen/London: The MIT Press, 1995), 176
Gustav Platz, *Wohnräume der Gegenwart* (Berlijn/Berlin: Im Propyläen Verlag, 1933), 313
p. 28 Gerda Wangerin, Gerhard Weiss, *Heinrich Tessenow: Ein Baumeister 1876-1950, Leben, Lehre, Werk* (Essen: Verlag Richard Bacht GmbH, 1976)

Fredie Floré, Rika Devos
p. 32, 36 onder/bottom, 43 rechts boven/ top right Wend Fischer (red./ed.), *Weltausstellung Brüssel. 1958. Deutschland* (Düsseldorf: August Bagel, 1958)
p. 36 boven/top & midden/middle, 43 links & rechts onder/bottom right Archief Vakgroep Architectuur en Stedenbouw, UGent, foto/photo: Willems
p. 39 Fonds Expo 58, Algemeen Rijksarchief (Brussel/Brussels)
p. 39 midden links/middle left 'Wij bouwden een huis voor U!' (folder), Kortrijkse Kunstwerkstede Gebroeders De Coene, s.d. (c. 1958)
p. 39 midden rechts/middle right Dienst Fotogrammetrie, Archief Regie der Gebouwen (Brussel/Brussels)
p. 39 rechts onder/bottom right Archieven Stichting De Coene
p. 40-41 Archief Vakgroep Architectuur en Stedenbouw, UGent, foto/photo: Les Frères Haine

Peter Lang
p. 48, 52 links onder/bottom left 55, 57, 59 © Superstudio archive, Florence
p. 52 boven/top midden/middle & rechts onder/bottom right © Fondazione Palazzo Strozzi (Florence)
p. 52 onder midden/bottom middle foto/ photo: Cristiano Toraldo di Francia
p. 59 rechts onder/bottom right © Peter Lang

Irene Cieraad
p. 62, 68-69, 71-72 © IKEA
p. 66 links boven/top left *Goed Wonen in Nieuw-West* (2001), 17. Foto/photo: Jan Versnel (1956)
p. 66 boven midden/top middle *Wat maken wij van ons huis?* (1959/1970), 114
p. 66 rechts boven/top right *Encyclopedie voor de Vrouw* (1951), 180
p. 66 links midden/middle left Cover *Goed Wonen in Nieuw-West* (2001). Foto/photo: Jan Versnel (1959)
p. 66 rechts onder/bottom right *Forum* 1 (1946), 22

Interview met/with Louise Schouwenberg
p. 76 Helmut Smits
p. 79 boven/top Eva Jaeger
p. 79 links onder/bottom left Stephanie Goh Hui En
p. 79 rechts onder/bottom right Stephanie Goh Hui En
p. 80 top Ina Hollmann
p. 80 links onder/bottom left Sarah Daher
p. 80 rechts onder/bottom right Sarah Daher
p. 81 Allison Crank
p. 82 Dan Adlesic
p. 83 Corinne Mynatt

Projectdocumentatie/
Project Documentation

Speisezimmer
p. 88, 91 links boven/top left & onder/ bottom Max Osborn, 'Die modernen Wohn-Raume im Waren-Haus von A. Wertheim zu Berlin', *Deutschen Kunst und Dekoration* (Darmstadt, 1902/1903), 291-293
p. 91 rechts boven/top right foto/photo: Julia Hegenwald

Wohnzimmereinrichtung
p. 92, 95 onder/bottom Prof. Curt Stoeving & Emil Högg, 'Neue Wohn Raüme, neues Kunstgewerbe, dem Hause eigen, nach Entwürfen von Künstlern unter Leitung von Prof. Curt Stoeving', *Deutsche Kunst und Dekoration* (Darmstadt, 1905), 643-699
p. 95 boven/top © Collectie Het Nieuwe Instituut, archief (code): BERL Portfolio 667

Kleinbürgerliches Wohnzimmer
p. 96, 99 links onder/bottom left Heinrich Tessenow, *Wohnhausbau* (München/Munich: Callwey, 1927), 77
p. 99 boven/top Gerda Wangerin, Gerhard Weiss, *Heinrich Tessenow: Ein Baumeister 1876-1950, Leben, Lehre, Werk* (Essen: Verlag Richard Bacht GmbH, 1976), 264, 268
p. 99 rechts onder/bottom left Waltraud Strey, *Die Zeichnungen von Heinrich Tessenow: Der Bestand in der Kunstbibliothek Berlin* (Berlijn/Berlin: Reimer, 1981), 88

Glasraum
p. 100 Wolf Tegethoff, *Mies van der Rohe; Die Villen und Landhausprojekte* (Essen: Verlag R. Bacht GmbH, 1981), 9.2
p. 103 boven/top & rechts onder/bottom right Kenneth Frampton, *Studies in Techtonic Culture: The Poetics of Construction in Nineteenth and Twentieth Century Architecture* (Cambridge, MA/Londen/London: The MIT Press, 1995), 174
p. 103 midden/middle Wolf Tegethoff, *Mies van der Rohe; Die Villen und Landhausprojekte* (Essen: Verlag R. Bacht GmbH, 1981), 9.5
p. 103 links onder/bottom left Karin Kirsch, *Die Weissenhofsiedlung: Werkbund-Ausstellung 'Die Wohnung' – Stuttgart 1927* (Stuttgart: Deutsche Verlags-Anstalt, 1987), 37

Équipment intérieur d'une habitation
p. 104 Banque d'images ADAGP, foto/ photo 1101847
p.107 onder/bottom & rechts boven/top right foto's/photos: Jean Collas, Archives Charlotte Perriand (uit/from: Mary McLeod (red/ed.), *Charlotte Perriand: An Art of Living* (New York: Harry N. Abrams Inc, 2003), 55, 57, 61
p. 107 links boven/top left & midden/middle Gustav Platz, *Wohnräume der Gegenwart* (Berlijn/Berlin: Im Propyläen Verlag, 1933), plaat/plate X, 304

Ambiente di soggiorno e terrazzo
Archivio Fotografico © La Triennale di Milano

Svenskt Tenns utställningsrum
p. 112 www.improvisedlife.com/2014/03/06/black-white-checker-board-floor-look-good-everywhere
p. 115 links boven/top left Kristina Wängberg-Eriksson, Jan Christer Eriksson, *Josef Frank: Möbelformgivaren* (Stockholm: Carlsson Bokförlag, 2014)
p. 115 rechts boven/top right, onder/bottom foto's/photos: Svenskt Tenn

Interiør -52
p. 116 Finn Juhl Arkiv, Kunstindustrimuseet, uit/from: Per H. Hansen, *Finn Juhl and his house* (Ostfildern: Hatje Cantz Verlag, 2014), 41
p. 119 foto's/photos: Steffen W. Holden, 2014, Nordenfjeldske Kunstindustrimuseum
p. 120-121 Nordenfjeldske Kunstindustrimuseum

Wohnung für eine Familie von sechs Personen
p. 122, 125, 126, 127 Wend Fischer (red./ed.), *Weltausstellung Brüssel. 1958. Deutschland* (Düsseldorf: August Bagel, 1958)

Total Furnishing Unit
p. 128, 131 Studio Joe Colombo
p. 131 rechts onder/bottom right Gustau Gili Galfetti, *Pisos Piloto, Model Apartments* (Barcelona: Editorial Gustau Gili S.A., 1997), 80

La Serie Misura
p. 132, 135 Superstudio,'Dal Catalogo degli Istogrammi La Serie "Misura"', *Domus*, nr./no. 517 (1972), 37
p. 135 midden/middle FRAC, Superstudio, La Serie Misura 1969-1972, 010-028003

La Casa Telematica
p. 136, 139, 141 rechts onder/bottom right Archivo Ugo La Pietra, Milaan/Milan
p. 141 Gianfranco Bettetini, Aldo Grasso, Ugo La Pietra, *La Casa Telematica* (Milaan/Milan: Fiera Internazionale Milano, Società Editrice Katà, 1983), 49, 61, 57

Some New Items for the Home – Part I
Studio Morrison

Ideal House - Hella Jongerius
p. 146, 149 boven/top, 150 boven/top, 151 Jongeriuslab
p. 149 onder/bottom, 150 onder/bottom Eventarchitectuur

Tsunagu
Kengo Kuma and Associate

Aankondiging van DASH nr. 12/ Announcement DASH 12
foto/photo: Rohan Varma

Onafhankelijk peer-reviewed architectuurtijdschrift, halfjaarlijks uitgegeven door nai010 uitgevers voor de afdeling Architectuur, leerstoel Woningontwerp aan de faculteit Bouwkunde van de Technische Universiteit Delft
Independent peer-reviewed Journal for Architecture, published twice a year by nai010 publishers for the Chair of Architecture and Dwelling of Delft University of technology

TU Delft

DASH
Delft Architectural Studies on Housing
Leerstoel Architectuur en Woningontwerp
(Chair of Architecture and Dwelling)
Julianalaan 132-134
2628 BL Delft
Postbus 5043
2600 GA Delft

Redactie/Editors
Dick van Gameren
Frederique van Andel
Dirk van den Heuvel
Olv Klijn
Annenies Kraaij
Paul Kuitenbrouwer
Harald Mooij
Pierijn van der Putt
Hans Teerds
Jurjen Zeinstra

Wetenschappelijk comité/Academic Board
Koos Bosma
Monique Eleb
Marc Glaudemans
Joan Ockman
Max Risselada

Adviesraad/Advisory Board
Francine Houben
Frits van Dongen
Piet Vollaard
Ton Schaap
Han Michel

Tekstredactie/Copy editing
Gerda ten Cate, D'Laine Camp

Vertaling/Translation
Maria van Tol
Engels-Nederlands: essay Lang, projecten documentatie Wohnzimmereinrichtung, La serie Misura en Speisezimmer
Christine Gardner
Dutch-English: interview Schouwenberg
Douglas Heingartner
Dutch-English: editorial, essays Zeinstra and Cieraad, project documentation
Laura Vroomen
Dutch-English: essays Floré & Devos and Teerds

Vormgeving/Design
Joseph Plateau, Amsterdam

Papier/Paper
Perigord 1.1, 150 gr/m²

Druk/Printing
Die Keure, Brugge/Bruges

Projectleiding/Production
Mehgan Bakhuizen, nai010 uitgevers/publishers

Uitgever/Publisher
Marcel Witvoet, nai010 uitgevers/publishers

nai010 uitgevers is een internationaal georiënteerdeuitgever, gespecialiseerd in hetontwikkelen, produceren en distribuerenvan boeken over architectuur, beeldendekunst en verwante disciplines. www.nai010.com

Voor informatie over verkoop en distributie in Nederland en België, stuur een e-mail naar sales@nai010.com of kijk op www.nai010.com.

nai010 publishers is an internationally orientated publisher specialized in developing, producing and distributing books on architecture, visual arts and related disciplines. www.nai010.com

nai010 books are available internationally at selected bookstores and from the following distribution partners:

North, South and Central America - Artbook | D.A.P., New York, USA, dap@dapinc.com

Rest of the world - Idea Books, Amsterdam, the Netherlands, idea@ideabooks.nl

For general questions, please contact nai010 publishers directly at sales@nai010.com or visit our website www.nai010.com for further information.

Printed and bound in Belgium

ISSN 1877-7007
ISBN 978-94-6208-165-9

Abonnementenadministratie/
Subscriptions and administration

Abonnementenland
P.O. Box 20
1910 AA Uitgeest
The Netherlands
Tel +31 (0)900 – ABOLAND
(0900-2265263 - € 0,10 p.m)
www.aboland.nl

Abonnementen/Subscriptions
DASH verschijnt twee keer per jaar. Recht op reductie hebben: studenten aan universiteiten en academies van bouwkunst, houders van CJP. Abonnementen worden stilzwijgend verlengd. Opzeggingen (uitsluitend schriftelijk) dienen 4 weken voor afloop van de abonnementsperiode in het bezit te zijn van de administratie. Prijswijzigingen voorbehouden.
DASH is published twice a year. For subscriptions please contact the administration. Subscriptions are renewed automatically. If you wish to cancel, please inform the administration in writing 4 weeks before the end of the subscription period. Prices are subject to change.

Abonnementen in Nederland en België
particulieren € 49,50
instellingen € 49,50
studenten€ 45,00

Abonnementen Europa/
Subscriptions in Europe
particulieren/individuals € 59,50
instellingen/organisations € 59,50
studenten/students € 52,50

Abonnementen buiten Europa/
Subscriptions outside Europe
particulieren/individuals € 59,50
instellingen/organisations € 59,50
studenten/students € 52,50

Nieuwe open ruimte in het woonensemble
New Open Space in the Housing Ensemble

Essays van/by **Willemijn Wilms Floet, Dick van Gameren & Olv Klijn, Karin Theunissen**
Interview met/with **Ton Schaap**

Plandocumentatie */ Plan Documentation*
Rapp + Rapp, De Grote Hof, Pijnacker-Nootdorp 2006
De Architecten Cie., Dick van Gameren, VMX, Block 23 IJburg, Amsterdam 2005
Meyer en Van Schooten, Claus en Kaan, ANA, Block 24 IJburg, Amsterdam 2005
Geurst & Schulze, Schuttersveld, Delft 2003
S333, Monnikhof, Groningen 2002
Soeters Van Eldonk, Zwanenwoud, Heerenveen 2002
Venhoeven CS, Rietlanden, Amsterdam 2001
Van Reeth AWG, Mariaplaats, Utrecht 1998
Bosch & Van Eyck, Het Pentagon, Amsterdam 1983
P. Blom, De Kasbah, Hengelo 1974
Eduard Cuypers, Veronesestraat, Amsterdam 1929
J.B. van Loghem, Tuinwijk-Zuid, Haarlem 1922

Het luxe stadsappartement
The Luxury City Apartment

Essays van/by **Olv Klijn & Pierijn van der Putt, Vincent Kompier, Paul Meurs, Dick van Gameren & Christoph Grafe, Monique Eleb. Interviews met**/with **Huub Smeets, Winka Dubbeldam**

Plandocumentatie */ Plan Documentation*
Neves & Slemenson, Parque Cidade Jardim, Sao Paulo, 2013
Herzog & de Meuron, 40 Bond Street, New York 2007
AWG Architecten, Detroit, Amsterdam 2005
Sáenz de Oíza, Torres Blancas, Madrid 1968
Schipporeit & Heinrich Associates, Lake Point Tower, Chicago 1968
L.M. van den Berg & J.J. Groenema, Duinwyck, Den Haag/ The Hague 1932
F.A. Warners, Westhove, Amsterdam 1923
Auguste & Gustave Perret, Avenue de Wagram, Parijs/Paris 1902
R. N. Shaw, Albert Hall Mansions, Londen/London 1886

Het woonerf leeft
The 'Woonerf' Today

Essays van/by **Ivan Nio, Dick van Gameren & Harald Mooij, Nynke Jutten & Willemijn Lofvers, Tom Avermaete & Eva Storgaard, Pierijn van der Putt. Interviews met**/with **Alex van de Beld, Benno Stegeman**

Plandocumentatie*/Plan Documentation*
M. Välikangas, Puu Kapyla, Helsinki 1925
E. S. Persson, Friluftstaden, Malmo 1948
N. De Boer, Emmerhout, Emmen 1965
H. Klarenbeek, De Negen Nessen, Bergen (NH) 1968
Lyons & SPAN, Punch Croft, New Ash Green 1968
D. Zuiderhoek/H. Klunder, Park Rozendaal, Leusden 1971
B. Stegeman, Krekenbuurt, Zwolle 1975
Tegnestuen Vandkunsten, Fuglsangsparken, Farum 1983
Onix, Verandawoningen, Almere 2006
Tegnestuen Vandkunsten, Kvistgardhusene, Kvistgard 2008

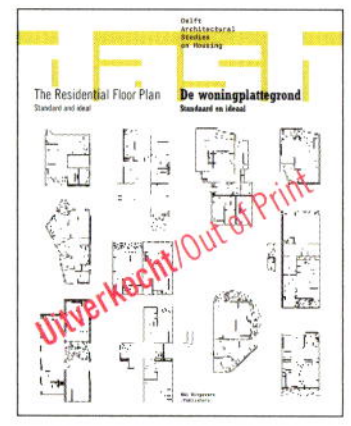

De woningplattegrond
The Residential Floor Plan

Essays van/by **Dorine van Hoogstraten, Dirk van den Heuvel, Bart Goldhoorn**
Interviews met/with **Edwin Oostmeijer, Frits van Dongen**

Plandocumentatie*/Plan Documentation*
A. Rading, Wohnturmhaus, Wroclaw 1928-1929
Dranger & Helldén, Peterstorp 3, Malmo 1937-1938
W. van Tijen, Zuidpleinfl at, Rotterdam 1949
H. Scharoun, Zabel-Kruger-Damm, Berlijn/Berlin 1970
Van den Broek & Bakema, Elvirafl at, Delft 1964
K. Frampton/ D. Stephen & Partners, Corringham, Londen/London 1964
Buszko & Franta, Kukurydze, Katowice 1979
Apon, van den Berg, ter Braak, Tromp, Verdiweg, Amersfoort 1968
F. van Dongen/de Architekten Cie, Botania, Amsterdam 2002
Diener & Diener, Hofblok Hoogwerf, Amsterdam 2001

De stadsenclave
The Urban Enclave

Essays van/by **Dick van Gameren & Pierijn van der Putt, Christopher Woodward, Elain Harwood, Lara Schrijver, Dirk van den Heuvel**
Interview met/with **Rob Krier**

Plandocumentatie*/Plan Documentation*
Het Groot Begijnhof, Leuven ca. 1230
Robert, John, James & William Adam Adelphi complex, Londen/London 1768-72
A.J Kropholler Linnaeushof, Amsterdam 1924-28
Herman Aichinger & Heinrich Schmid Rabenhof, Wenen/Vienna, 1925-29
Fernand Pouillon Residence du Point-du-Jour, Boulogne-Billancourt, Parijs/Paris, 1957-63
Chamberlin, Powell & Bon Barbican, Londen/London, 1955-82
Piet Blom Oude Haven, Rotterdam 1978-84
Rob Krier Noorderhof, Amsterdam 1995-99
OMA e.a./a.o. Chasse Park, Breda 1997-07
Frits van Dongen (de Architekten Cie.) e.a./a.o. Funenpark, Amsterdam 1998-2005

Wonen in een nieuw verleden
Living in a New Past

Essays van/by **Dick van Gameren, Wolfgang Voigt, Cor Wagenaar, Nelson Mota, Dirk Baalman. Interview met/with Peer, Thomas & Pieter Bedaux**

Plandocumentatie*/Plan Documentation*
M.H. Baillie Scott Waterlow Court, Londen/London, 1908-1910
Paul Schmitthenner Gartenstadt Staaken, Berlijn/Berlin, 1914-1917
A.H. van Wamelen Frisia-woningen, Amersfoort, 1920-1922
J. H. Roggeveen Merelhof, Bergen (NH/North Holland), 1949-1950
Mario Ridolfi & Ludovico Quaroni Tiburtino, Rome, 1949-1954
François Spoerry Port Grimaud, Saint-Tropez, 1963-1974
Mecanoo Ringvaartplasbuurt, Rotterdam, 1989-1993
Leon Krier & Ken Morgan Poundbury, Dorchester, 1988-2024
Thomas Bedaux, Bedaux De Brouwer Bosrijk, Eindhoven, 2004-2007
West 8 & AWG Cronenburgh, Loenen aan de Vecht, 2001-2009

Het ecohuis
The Eco House

Essays van/by **Piet Vollaard, Daniel A. Barber, Jacques Vink, Machiel van Dorst, Steve Baer. Interview met**/with **Jean-Philippe Vassal**

Plan documentatie*/Plan Documentation*
Frank Lloyd Wright Jacobs House 2, Middleton, Wisconsin, 1943-1948
Ralph Erskine Villa Engstrom, Lison, Sodermanland,1955-1956
Steve Baer Zome House, Corrales, New Mexico, 1971-2012
Otto Kolb Solarhaus, Wermatswil, 1980-1982
Frei Otto, Hermann Kendel et al. Baumhauser, Berlijn/Berlin, 1987-1991
Lacaton & Vassal Maison Latapie, Floirac, 1993
DAAD Architecten & Eric de Leeuw Woonwerkhuis Hoogland, Groningen, 1997-2007
Carlos Weeber & CASArchitects Casa Weeber, St Willibrordus, Curacao, 2005-2006
KieranTimberlake Associates Loblolly House, Taylors Island, Maryland, 2004-2006
FAR Frohn & Rojas Casa Muro, Santiago de Chile, 2004-2007
2012Architecten Villa Welpeloo, Enschede, 2005-2009

Samen bouwen
Building Together

Essays van/by **Dick van Gameren, Pierijn van der Putt, Annet Ritsema & Vincent Kompier. Interviews met**/with **Frank van Beek & Frank Veen, Lingotto, Hein de Haan, CASA architecten**

Plan documentatie */ Plan Documentation*
J.C. van Epen (i.s.m. / *with* M.J.E. Lippits)
Harmoniehof, Amsterdam (NL), 1919-1922
Frank Lloyd Wright (en anderen/*and others*) Usonia, Pleasantville (NY, USA), 1947-1952
Atelier 5 Thalmatt 1, Herrenschwanden (CH), 1967-1974
Bayon, Aroca, Bisquert y Martin Calle de Arturo Soria, Madrid (ES), 1976-1978
Hans Ruijssenaars Egelwier, Leusden (NL), 1975-1982
Davidson, Yuen, Simpson architecture WindSong Cohousing, Langley (CA, USA), 1998
BKK-3 Miss Sargfabrik, Wenen/Vienna (AT), 1998-2000
Tegnestuen Vandkunsten Egebakken, Nodebo (DK), 2002-2004
CASA architecten Vrijburcht, Amsterdam (NL), 2005-2007
Zanderroth Architekten Zelterstrasse, Berlijn/Berlin (DE), 2008-2010
Bastiaan Jongerius architecten Elandshof, Amsterdam (NL), 2004-2012

Woningbouwtentoonstellingen
Housing Exhibitions

Essays van/by **Frederique van Andel, Lucy Creagh, Noude de Vreeze, Sandra Wagner-Conzelmann. Interviews met**/with **Barry Bergdoll, Vanessa Miriam Carlow**

Plandocumentatie*/Plan Documentation*
Joseph Maria Olbrich et al. Ein Dokument Deutscher Kunst, Darmstadt (D), 1901
Mies van der Rohe et al. Die Wohnung unserer Zeit, Berlijn Berlin (D), 1931
Josef Frank et al. Wiener Werkbundsiedlung, Wenen Vienna (AT), 1932
Peter Grund et al. Schaffendes Volk, Düsseldorf (D), 1937
Piero Bottoni et al. Q.T. 8, Milaan Milan (I), 1947
J.T.P. Bijhouwer et al. Plan Internationaal, Doorwerth (NL), 1967
Hinrich Baller et al. Documenta Urbana, Kassel (D), 1982
Josef Paul Kleihues, Hardt-Waltherr Hämer et al. IBA, Berlijn Berlin (D), 1987
Klas Tham et al. Bo01 City of Tomorrow, Malmö (SE), 2001
Uli Hellweg (directeur/managing director) et al. IBA, Hamburg (D), 2013

Studentenhuisvesting
Housing the Student

Essays van/by **Dick van Gameren, Paul Kuitenbrouwer, Harald Mooij, Sergio Martín Blas. Interviews met**/with **Niek Verdonk, Marlies Rohmer, André Snippe.**

Plandocumentatie*/Plan Documentation*
Diverse bouwers en architecten/Multiple contractors and architects, St John's College, Cambridge (UK), van/from 1511
Antonio Flórez Urdapilleta en/and **Francisco Javier de Luque**, Residencia de Estudiantes, Madrid (E), 1913-1923
Willem Marinus Dudok, Collège néerlandais, Parijs Paris (F), 1928-1938
Eero Saarinen, Samuel F.B. Morse and Ezra Stiles Colleges, New Haven (US), 1958-1962
Herman Haan, Patiostudentenwoningen/Patio Student Housing, Enschede (NL), 1964-1965
Philip Powell en/and **Hidalgo Moya**, Cripps Building, Cambridge (UK), 1962-1967
Claude Parent, André Bloc, Moshen Foroughi en/and **Heydar Ghiaï-Chamlou**, Maison de l'Iran, Parijs Paris (F), 1961-1969
Piet Tauber, Hoogeveldt, Nijmegen (NL), 1967-1970
Geir Brendeland en/and **Olav Kristoffersen**, Svartlamoen, Trondheim (N), 2003-2005
Wiel Arets, Anna van Bueren Toren, Den Haag The Hague (NL), 2010-2013